淡江大學中國文學研究所主編

# 文學與美學

第四集

文史哲出版社印行

國立中央圖書館出版品預行編目資料

文學與美學　第四集／淡江大學中國文學研究所主編.--初版.--臺北市：文史哲，民 84
面；　公分
ISBN 957-547-972-6(平裝)

1.文學-論文，講詞等　2.美學-論文，講詞等

810.7　　84009696

文學與美學　第四集

主編者：淡江大學中國文學研究所
出版者：文史哲出版社
登記證字號：行政院新聞局版臺業字五三三七號
發行人：彭正雄
發行所：文史哲出版社
臺北市羅斯福路一段七十二巷四號
郵撥〇五一二八八一二彭正雄帳戶
電話：三五一一〇二八
印刷者：文史哲出版社

實價新台幣五六〇元

中華民國八十四年九月初版



ISBN 957-15-547-972-6

# 序

康德在其著名的批判哲學中，提出了三種面向，一是人類知性的領域，而以《純粹理性批判》加以回應；二是人類意志的領域，以《實踐理性批判》對之反省；而在知識與道德之間，康德留下了第三種可能，並以之做爲知識與道德聯繫的橋樑，此卽美的判斷、欣趣的判斷，此其《判斷力批判》一書的基本精神。

然而，這種努力也有其明顯的困難，例如，如果我們承認純粹理性的判斷乃是實然問題的解決，實踐理性的判斷乃是屬於應然的價値問題領域，而美感判斷乃是獨立於純粹理性與實踐理性之外的話，則三種判斷應該是異質的、彼此獨立的，果如此，則要以美學判斷來溝通純粹理性與實踐理性，便無疑會落入無限後退的困境。易言之，如果吾人乃是有鑑於純粹理性與實踐理性二者間明顯的異質性，而謀以美學判斷加以溝通，今美學判斷又與前二者彼此異質，是以吾人似乎又必須再以某種存在來溝通美學判斷與知識判斷以及美學判斷與道德判斷，同理類推，則無限後退的困境自然無可避免了。由此看來，美學在哲學中的問題仍然非常豐富，値得進一步的研究。

另一方面，如果我們暫且離開純哲學問題的討論，而回過頭來審視文學中的美感經驗，則亦有另一番風味與內容。美在哲學世界中，由於要接受概念的分解，是而突顯出其形式、抽象而普遍的意義。這樣的理解誠然是有意義的，但也在無意間使吾人從具體的美感中漸漸隱退，進而有可能用美學的哲學研究而遠離眞實的美感，而形成自我生命與美感間的異化與疏離。也因此，當我們重新回到文學的美學世界，便如同從一抽象的世界回到具體的人間，而以往被抽離的雜多內容，在文學具體生命的掌握中，又一一呈現出特有的風貌與意義。由此看來，文學與美學之研究誠然有其重要的意義，它召喚吾人重新正視具體的美感經驗，並以此眞實的經驗，再度豐富哲學美學的內容，也可以糾正哲學美學過於抽象所可能導致的疏離。更重要的，是文學美學不止是美的理解，更重視美的欣賞與創造，它是一種強烈的實踐要求之表現，而這種表現不但能對加強現代中國人的美學素養，提供正面的貢獻，同時，也能使現代中國美學生命展現新的生機。

儒釋道三教是中國文化的主流，它們都是實踐的學問，也是生命的學問，尤其重視個人生命意義的提昇與完成，是而其將重心放置在主體生命的修養上，也就成爲當然之論了。只是生命的修養固然當以進德修業爲上，但是它卻不必排斥美感經驗的存在，甚至，只有在美感經驗與生命修養融合無間時，才是生命最高意義的完成，所謂「志於道，據於德，依於仁，遊於藝」，正是此義之寫眞。果如此，則由「興於詩」到「成於樂」，美一方面是生命修養的開端，另一方面也是生命修養的完成，而哲學不過是其間的一段辯證過程罷了，它並不是生命眞正的歸宿。此義既明，則淡江大學中文系所這幾年來對中國美學的用心與努力，便得到充分的意義根據與說明。淡江中文系將秉持如此之信念，繼續號召同道共同努力，也熱切期盼有心人士的支持與指教。

本次文學與美學學術研討會，主要由本系王仁鈞、李正治教授負責，辦會議的辛苦果眞「如人飲水，冷暖自知」，二位教授無怨無尤，獨立率領助教、研究生、同學圓滿完成此次會議的召開，貢獻之鉅，不言而喩。此外，教育部、文建會及本校各級長官的肯定與支持，以及文史哲彭正雄先生的慷慨支援，都是令人感謝再三的。當然，更要感謝所有與會人士的參與，相信各位的智慧將爲中國美學發展提供不可或缺的一章。

淡江大學中文研究所所長
高柏國 84・3・21

# 文學與美學　第四集　目次

# 美學判斷的超越原則

謝大寧

## 一、前　言

對國內的學術界而言，雖然這些年來美學的研究已蔚然成風，但有關哲學美學的研究則似乎尚未進入主流，這方面嚴格說是遠落後於大陸學界的。近幾年來，牟宗三先生在處理完康德的前兩大《批判》後，乃復著手於《判斷力批判》的譯述工作，並提出了一些精闢的批判（註一）。這些批判的確將國內哲學美學的研究，推進到了相當的水準，尤其是他對眞善美的分別說與合一說之建構，不只提供了對康德系統的再思考，也爲中國美學的奠基，樹立了一個里程碑。對於牟先生的這些業績，我個人只能說尚在勉力消化階段，因此除了敬佩之外，實在也有不敢贊一詞之感。不過在整個理解過程中，也確有一些疑惑，本文即企圖將個人的一些疑惑轉化爲其它的思路，以試與牟先生之說相比觀，從而希望對個人的學思有些微的助益。如得蒙學界先進之雅教，則是我最大的榮幸。

## 二、美學判斷之名義

一個審美活動，當然意指著相對立的兩端，一是審美者，一是被審美的對象。而就審美者言，對象之呈現爲一美的事物，自然是通過審美者的一種特殊活動，我們一般卽將它稱爲「審美判斷」。但問題是「判斷」一詞有種種說法，它或者是邏輯的，或者是知識的，那麼審美判斷究竟是一種什麼樣的判斷呢？如所週知，康德卽用了審美判斷這個說法，但他對此有一說明。他說：

作為「先驗直覺之機能」的想像力，藉賴著一特定表象，非有意地被致使和那作為「概念之機能」的知性相一致，而且一愉快之情亦因其如此和知性相一致而遂被引起。如是，則對象必須被看成是對反省判斷力而言的「合目的者」。一個對反省判斷力而言的反省判斷是一個關於「對象之合目的性」的美學判斷，此一美學判斷並不依靠於任何現存的對象之概念，且亦並不供給一對象之概念。（註二）

當然單看這段話，不免會有些沒頭沒腦，我們實有必要作些逆溯式的說明。依這段話，康德所意謂的美學判斷包含著幾個意思。首先，美學判斷是一個只關涉於主體反省判斷力的反省判斷，它不涉及任何概念；其次，美學判斷有一愉快之情，這一愉快之情是由於一個只攝取對象之形式的直覺經由一特定表象——卽自由的想像力之作用——在無意中與認知機能諧和一致而引起，遂亦由這一愉快而使美的對象成爲相對於反省判斷力而言的合目的者。要瞭解康德這一說法，當然得先瞭解何謂反省判斷？何以由反省判斷卽會使對象成爲合目的者？又何以它卽會隨伴以愉快之情？然後我們亦須檢討什麼叫做自由的想像力之與其它認知機能相諧和。關此，我不擬長篇複述康德的論證，我只準備概述個人的理解，諸君欲知其詳，自可覆案《判斷力批判》之引論部。（註三）

依前述問題的次序，首先我們注意到康德討論判斷力這一認知機能的方式。依康德的定義，判斷力即是「把特殊者思之爲含在普遍者之下之機能」，換言之，它即是將某一經驗對象歸屬於某一原則之下的這一歸屬之機能。而依這一定義，康德遂根據這原則是否已事先給定而區分出判斷力之兩種類型，卽決定性的判斷力和反省的判斷力。我們一般說的知識判斷，照康德在《純理性批判》中的說法，皆依靠知性所提供的先驗法則而成立，以此而言，所有知識判斷原則上皆是在法則已被提供的狀況下，來進行個別對象之歸屬，康德卽名此判斷曰決定性的判斷。然而跳開這先驗法則的層次，自然中的經驗對象何止紛紜萬端，在經驗科學中自有種種規律，由之以從各不同角度來掌握這複雜的自然界。當然，這些規律總是經驗的，亦是偶然的，它們就著自然的各種類分給予種種規則性的軌範，但也由於它們總是著眼於自然的各種類分，以至於使我們缺乏對於整個自然的統貫性理解。而一旦當我們試圖尋求對自然作某種角度的統一理解時，我們將會發現種種經驗的特殊規律是不夠用的，這時我們的判斷力將陷於無規則可用的地步——除非我們的判斷力自己給出一些規則。這種爲了某種理解的目的，而由判斷力自行尋求規則的方式，康德卽名之曰反省判斷。一般來說，在自然科學裡是存在著很多由反省判斷而來之規則的，康德曾例舉了三個，卽「自然走最短線」、「自然無跳躍」、「繁多變化可統一於少數規則」，這些規則在近代物理學中雖已不一定適用，或至少已不是康德所理解的形式，但近代科學之發展卻並不意味這些規則之減少，近代物理中種種形式的守恆律卽是很好的例證。於是這便有可說處。

我們可試想，任何一個知識判斷皆必須依循於一個先驗法則來運作，那麼反省判斷力的給出規則是不是也該有一個超越的法則以規範之呢？康德認爲這是當然的，同時這個超越的法則顯而易見的必須先驗地預設給判斷力自身，因爲這法則一則不能再是經驗的，二則它不能由判斷力本身以外的地方引生出來，否則它必不再是反省判斷。而且也由於此，這法則不涉及任何自然對象的認知，判斷力只是根據這自給的法則在自行運作著。那麼這法則是什麼呢？

康德在這問題上引進了一個很特別的概念，亦卽目的的概念。所謂目的，康德云「一對象之概念，當其同時含有此對象底現實性之根據時，它卽被名曰此對象之目的」(註四)。一般而言，我們很少如此理解目的，卽使當康德在他處說以意志的對象爲一目的時，亦不如此用，因此這一目的的概念是極罕見的。那麼他說一對象之概念含有此對象之現實性根據，是什麼意思呢？通常我們經驗地說一對象之概念，實在只是依據現實對象而予以抽象，所以概念常是以其現實性爲根據；而此處所指的目的卻反過來是以概念爲現實性的根據，所以此目的的概念不能是經驗的。還有，它是造成一對象有現實性之根據，所以它亦不是形式或質料，此所以牟先生乃將之等同於亞里斯多德的目的因(或作終成因)之故。換言之，一對象之目的卽是超越說底一對象之所以爲此對象之理。當然，此理不能歸屬給任何經驗事物，它只能歸給宇宙生化之源、歸給神，也就是說它只能由神性的知性，由乾元之德而發。

康德之所以引進這概念，正是爲了方便引出反省判斷的超越原則。因爲反省判斷在試圖尋求對自然作某種角度的統一理解時，他並不是肇因於客觀地認知自然的統一性，而只是主觀地認定上帝應該不會和人們開玩笑。這也就是說反省判斷的運作過程中彷彿是預設著「神性之知性」的。當然，反省判斷力並不能是神性的知性，所以反省判斷作爲一個認知機能，自然也不能認知一對象之目的。但是由於反省判斷是主觀地期望著一對象能符合於神意，所以康德又引申出「合目的性」這概念，亦卽反省判斷是主觀地期望著一對象是合目的的。那麼既然每一自然對象之合目的是每個反省判斷的主觀期望，而且這期望是必須先驗地預設給反省判斷力的，於是康德乃說「自然的合目的性」是反省判斷的超越原則。依此，我們也說明了何以由反省判斷卽會使一對象成爲合目的者這問題。

根據上述，康德復進而說，由於反省判斷主觀地期望其所判斷的對象是合目的的，因此若我們果眞在自然中尋得一符合規律之現象時，自會伴隨著一種欣慰愉快之情。其實這種感情確實常是支持著科學家進行種種探險的主要動力，今天的太空探險不正是最好的例子嗎？論證至此，康德的推論俱是穩健的，以此基礎，他遂進而試圖規定美學判斷也是一種反省判斷。

我們從美學史上知道，康德基本上承襲了經驗論者對美的兩項看法，他認爲美感只是一種主觀心理上的愉悅感，而且美感是不涉及對象之概念的，也就是說美感並不涉及對象的認知（註五）。這兩項經驗事實當然是無可反對的，但康德並不停止在這事實上，他試圖進一步解釋審美愉悅感的來源，並將之和反省判斷相聯結，從而使美的對象成爲一種終極目的的象徵。那麼他是如何轉過來的呢？

於此，康德展現了驚人的「強探力索」之能力。他以爲審美活動固然不是一種涉及概念的認知活動，但審美活動卻是離不開認知活動的。審美活動基本上是透過自由的想像力在作用著的，但自由的想像力對對象形式的攝取卻不能不通過認知作用的襯托，而其間又需有反省判斷力以爲媒介。舉例而言，當我們欣賞一首詩作時，詩的意象自然會提供我們無限的想像空間，但當我的想像力順著某個意象而牽延至另一意象，而我在反省此一意象時這些意象當然意味著是我懂得的，儘管在欣賞時我並不見得去思及我所懂得的內容，但我的欣賞活動需有此一襯托則無疑。於是康德說當自由的想像力攝取一對象之形式（即其意象）時，此對象之意象經由反省恰和我的認知相一致（雖未必是有意的），而引起我的愉悅感。值得注意的是這一審美活動的過程一定需經反省判斷的作用否則無以成立，所以可以說審美活動也是一種反省判斷，美的對象是一個合目的者，由此產生的愉快，因其純屬於主觀的，且絲毫不聯繫於對象之概念，故它亦卽說明了整個審美活動的「主觀的形式的合目的性」。以此之故，康德乃用上了審美判斷一詞。

以上我們概述了康德對審美活動的定性，由此我們可以理解他說審美判斷的確義。康德的這種用法代表了美學史上對審美活動本質的一種極重要，也極具代表性的理解。如果我們並不準備掉書袋，再去談論黑格爾乃至克羅齊等人之理解的話，也許康德的這一理解已可提供我們足夠的反省和批判空間。牟先生是如此作的，因此我也擬用同樣的進路來反省牟先生的批判。底下我卽從牟先生對康德有關審美活動本質之說的批判開始說起。

基本上說，牟先生並不懷疑康德對反省判斷以及審美活動的描述，他的懷疑實只在一點上，亦卽他不明白爲什麼康德一定要把審美判斷和反省判斷聯繫在一起。他說：

試看「這枝花是美的」這一美學判斷。在這一「自然之美」之對象中，有什麼「合目的性」存於其中呢？這一審美判斷表象什麼合目的性呢？人人見美的花皆有一愉快之感，這愉快之感與康德所說的合目的性有什麼關係呢？我百思不得其解！我不知合目的性原則在這裏究竟如何了解其切義。我每看到康德於美學判斷處說合目的性原則時輒感困惑，我找不到它的切義究竟在那裏。我甚至懷疑它在這裡根本沒有切義。那只是「上帝存在之物理神學的證明」之滑轉與混漫。(註六)

此即是說他不認爲有什麼理由把美的對象轉成爲認知性質之合目的的對象。不過牟先生除了認爲康德此說迂曲和穿鑿之外，他並沒有進一步說明理由，而只在論「妙慧」處簡短提到如果一定仍要用審美判斷一詞，則這判斷也不應是認知意義的判斷，至於妙慧的本質爲何，則並未加闡述(註七)，這似乎是容易啓人疑竇的。因爲康德的說法固確有迂曲之嫌，但他畢竟淸晰地說明了審美活動的過程；是以我們如要以妙慧的概念來取代，至少也必須指出其所以迂曲之故，以及如何由妙慧發展出一套審美活動，才是完整的說法。要達成此一目的，則我們應有必要爲牟先生的說法作進一步的反省批判與補充。

## 三、審美判斷的主體

我以爲誠如牟先生所已指出的，康德的最大問題便在硬要將美的問題牽合到認知問題上。審美活動無疑的當然得通過自由的想像力去直覺地攝取一對象，這攝取的意象也當然和對象本身的概念無關。而這意象可自成一機栝以自行發展，不過這發展必須不致越出知性所可掌握的範圍，這亦無可疑。平心而論，康德說法的可疑處實在愉悅感究竟如何發生上，這審美的愉悅眞是發生在對意象之反省之與知性相一致上嗎？還有，這所謂的對意象之反省究竟是一種什麼樣的反省？我總覺得康德的滑轉正是在此。就同樣拿〈天淨沙〉來說吧！「枯藤老樹昏鴉，小橋流水人家」其意象是蕭颯冷肅的，這意象自是由想像力所營造，而和字面的每一概念無關；而當我在反省這一意象時，通常我只拿這意象和我對此意象的感情好惡相比對，而不是拿來和我對這意象的認知相比對。也就是說當我去判斷這首曲時，我的評價只和我是否喜歡這一意象有關，我並不會去想這一意象代表什麼目的。這個例子說明了一個簡單的事實，亦即當我們反省一個審美意象時，那在活動著的並不是一個認知機能，而只是一種主觀上感情的傾向，由審美意象之與我主觀感情對此意象的吻合程度，來決定我的審美愉悅感之高低。所以審美活動中意象反省的作用，無論如何不應該是如康德所說的反省判斷，它和任何認知機能無關，因此像合目的性之類的概念是全然用不上的。這一說明也許可以補足牟先生批評康德迂曲時所不曾指出的部分。

根據上述說明，我們可以瞭解認知機能在審美活動中，頂多只扮演著背景、襯托或者過轉的角色，而整個活動中主要是情感的活動而已。因此，康德有關審美判斷的分析，實在是大體都用不上的。牟先生說康德全部論點只有論質的分析部分是本質相關的（註八），這判斷當然是獨具隻眼，但我以爲亦須有所檢別，何以言之？消極地說，康德是從審美判斷的無涉於概念，而說審美是種無利害關心的活動，並以此而和愉悅於適意及愉悅於善區以別。現在如果我們說審美判斷只是情感的活動，則它自然仍是無涉於概念的，因此我們可以說這種情感的心理活動是一種特別的情感，卽「無關心的情感」。而若積極地說，這種無關心的情感又豈僅是某種特種的心理活動而已嗎？它與其它的愉悅在心理學上只是類的區別而已嗎？抑或它還有其它質的差別？若只是一些類的差別，則審美便將仍只是些偶然的情緒活動，那麼「妙慧」這概念便將毫無意義。而如果牟先生說審美是一種妙慧妙感，並可由之發展出種種說，則這種情感便應另有勝義可說。請嘗試言之。

我常在想康德之所以一定要從反省判斷處說審美，除了我們已熟知的一些理由而外，恐怕還有一個消極目的，那就是他不希望讓審美活動輕易地便被經驗論者解消爲單純的美感心理活動，因此他希望賦予審美一種主體上的根據。然而在心理活動上，康德並不認爲可以找到此一根據，因此他遂轉而求之於認知機能。而今若說康德這一轉向並不成功，那麼我們是不是可以回頭再想想能否從美感心理活動本身找到主體的根據呢？

一般而言，我們在心理學上所考慮的情感活動，多半必須關聯於某種特定的意欲或意志，我因有所得而喜，因有所失而悲。但美感心理由於它不涉及概念，因此它不必關聯於任何特定的意欲或意志，這時自無得失問題，它遂成一種特殊的無關心的情感。這意義其實和布洛的美感距離說是一致的（註九）。然而我們也許可以深一層來考量這個無關心的情感，看看它可不可以超越於心理學之上，而更具有超越的主體性意涵。我們試想這個無關心的情感究竟從何而來呢？由於這情感雖由某一對象而引發，但它實不牽繫於此對象，而只是通過一意象而成情感之自我滿足，此一意象固可千變萬化，隨之而生之喜怒哀樂亦可各自不同，然其爲「一般說的情感」之自在自足則無以異，於是我乃可以由此「情感一般」（借用康德 ingeneral 的用法）之自在自足反而推論一個具有普遍性的情感主體，並即以此一主體之作用貫串所有的審美活動，使審美成爲一種超越於心理活動，而且可被理解、具有超越價值的活動。然則我的理解是否合法？這似乎仍值得進一步申論。

我們前曾述及審美活動的進行方式，基本上它是由自由的想像力之直覺一意象，而後通過一種非認知的反省（或說只是一直覺之反饋），使此意象與我對此意象之好惡相比對，由此比對來決定我的品味。現在特別值得注意的是這比對的程序究竟如何？表面上看，我對意象之好惡是被動地被擾起的，它被擾起以品味那被想像力所攝取之意象。而經驗地說，我對某一意象之好惡亦是後天習得者，即使其中不免有因個性殊異之成素在，亦不影響此好惡之爲習得的性質。但即使如此，我們亦應再深入追問我的感情何以對「意象一般」會有好惡？這好惡代表著所謂感情能力的什麼性質？今由於此「意象一般」實不牽繫於我對對象之意欲，因此我的感情之會對此意象一般有好惡，只能是我的感情能力之自求滿足，而不能有其它緣故。再者，我的感情能力會自求滿足這一性質，並不因任何審美者之特殊性而有不同，是以這性質必須是普遍於一切審美者的。以此，我們可如是證得此一感情能力實可作爲吾人的審美主體；同時亦由於此，審美乃必須是此審美主體之主動作爲。雖然經驗地說，它常被許多客觀條件所限，而使它的好惡表現成爲被決定者，甚至這好惡亦可進一步限制其想像力之運作，如康德說魅力者然(註一〇)，但這並不會使審美成爲偶然的情緒活動，相反地它們只會顯現出在審美主體作用下，審美活動多樣性。我也以爲牟先生所說的妙慧妙感若要有意義，便需要在這層意思上索解。

## 四、審美判斷的超越原則

依據前述，審美主體實是一情感主體，而這一主體之作用只是一種「自求滿足」而已。它和知性主體通過自發的範疇以及統覺的統一，以決定一自然對象不同；亦和實踐主體通過自給的行爲格準，以涉及一自由對象不同。由於審美是與對象全然無關的，因此若我們說「感情之自我滿足性」正是審美活動的一個基本原則的話，則這原則自然只能歸給審美主體自身。同時，這一原則由於是一切審美活動之發源處，所以它本身不能來自於經驗，換言之，即它必須是一由審美主體所自發之超越原則，依此原則以進行一切審美活動，進行之以決定吾人審美愉悅感之表現，而於對象則一無決定。由於它只是一自我之滿足，因此它必須只是主體之純然的靜觀默會，以此，牟先生說此超越原則是一「無相原則」(註一一)，自然也是恰當的；但它亦是在默會之自足中自生愉悅，此則又非無相原則所能表示的了。

若吾人述上推證可被接受的話，則我們也許可以進一步論及具體的審美品鑒。在最純粹的審美品鑒中，審美主體應是在對一意象之純然靜觀默會，獲得自我之滿足；今由此靜觀默會，這對象之意象引發吾人對此意象之好惡，表面上看，這好惡似是被動的，然實則此好惡乃爲吾人情感之自我尋求滿足。以此而言，則此對象之意象亦可以只是媒介，吾人不必定要依賴任何特定意象，只要它有足以引發吾人情感主體活動之媒介，則此情感觸處皆可自足，所謂「好鳥枝頭亦朋友，落花水面皆文章」是也。此係就主體面而言。同時，由於對象之意象只是媒介，因此意象之營造不必刻意迎合特定主體之感受，此時這一意象固是具體的，單一的，而對審美主體言同時亦是普遍的，所以我們亦可稱此意象爲所謂物各付物的「無我之境」。從這角度來看，王國維以無我之境爲最高，這判斷是有客觀意義的(註一二)。

然而在實際審美品鑒中，此對象意象之引發吾人好惡，又確有如下之情形：其一，吾人之好惡並非純然情感之自足，而是一被決定者；其決定條件在時間上可能來自於時代風會，在空間上可能來自於種族、地域，或者主觀上它亦可來自於個人性情的偏向。此時吾人情感之滿足並不能由情感主體自身決定，它必須伴同外在因素而定；而也正因這一伴同遂使審美主體之活動受到限制，致使此一審美顯現特殊之色彩；於是它不能成爲一種純粹的審美品鑒。其二，上說的種種限制條件亦可能擴張其影響力，致使審美主體之活動遂告隱沒，於是整個審美品鑒彷如被一審美主體之外者所控制，於是吾人情感之滿足便反而被某一意象所主宰、呑沒，它遂顯現爲一種「情執」，這當然也不能成爲一種純粹的審美品鑒。

舉例而言，就以今日社會一般的審美傾向而論，由於後資本主義商品經濟的過度發達，美感欣賞也成一種商品，它透過種種快速媒體資訊在消費著，因此整個社會的審美傾向也流於一種浮淺的、感官的刺激，這時若我們硬要拿某種典雅的意象放入此一社會，恐怕是不容易被接受的。不但如此，今天所謂的流行風潮也隨著商品的滲透，成爲一種無遠弗屆的宰制力量，於是它甚至可以把典雅的意象也解讀成一種庸俗的商品廣告，這便是顯著的例證。今天我們可以在什麼建築廣告中聽到命運交響曲，也可以看到把蒙娜麗莎的面像換成猩猩，卽可見一斑。

以上亦是就主體面而言。如果我們換就對象而論，則上說兩種情況中，對象之意象不能只純是一媒介，它同時具有了某種程度的主宰性，也必須與特定主體之感受相結合，因此這意象不再是無我的了(註一三)。我以爲王國維的「有我之境」正是指此而言(註一四)，這一境界不能是純粹的審美，故我們亦可客觀地評斷它的境界是較低的；同時我們亦可依其意象主宰性的高低，而客觀地評斷其相對境界的高低。

如是，吾人所說的審美判斷之超越原則——情感之自求滿足性——同時亦可卽是具體審美的基本判準之一。因此之故，審美問題固然只涉及主觀層面，我對一對象是否爲美的判斷，只是我個人情感主體之作用；但基於由超越原則轉成審美判準後，由原則之超越性所具有的客觀性，遂使審美判斷本身具備了相當的客觀性，它不只是如康德所言，具有一種要求別人同意之權利的主觀普遍性與主觀必然性而已。(註一五)這意思是至爲重要的。在康德，由於合目的性原則並不能轉成爲審美判準的因素，因此他並無權聲稱一個純粹的審美判斷在美感價值上要高於其它的審美判斷，這時審美判斷的是否涉及利害關心，或是魅力激情，或是圓滿性的概念，它只能決定此一判斷是否純粹，這純粹與否是判斷之性質描述，而不是美感價值之評斷(註一六)。然而在我們的考慮中，吾人情感主體之是否能得到最大的自我滿足，它不只決定了審美判斷的性質，同時也決定了其美感價值的高下，因此它乃可以成爲一種具相當客觀性的審美判準。此亦所以我們可以客觀地承認無我之境要高於有我之境之故。據此，我們亦將可以理解在中國傳統的美學批評中，一直有著相當統一之尺度的緣故。

當然我們亦需知整個審美活動是透過情感之感受來進行的，它並不是概念認知的活動，因此感受的程度亦無從量化。以此之故，我們雖可得到一個具有相當客觀性的審美判準，但此客觀性亦不如概念之客觀性一般，具有客觀的普遍性與必然性。於此，康德說的主觀普遍性和主觀必然性仍是值得參考的概念，這是因爲審美皆是通過具有共通性之審美主體以運作之故。至於如牟先生引「不諍」之概念所說的普遍性與必然性，似只能對無我之境說，它恐怕仍是稍嫌狹隘的。(註一七)

說至此，我們似已解決了許多審美的本質問題，亦似乎可據此發展出一套相當客觀的審美判準，但我亦始終覺得仍有一個大問題在。舉例來說，我們都知道李白和杜甫代表了中國詩作登峯造極之境，但他們所創造的意象，其性質之差異是極爲顯著的。杜甫人稱詩聖，此固因其詩作所流露之深刻的人性關懷所致，然則一個道德的主題如何能成爲美感之極致呢？又如周濂溪光風霽月的襟披，窗前草不除的曠達，正所以成就其聖賢之姿，然則一個純粹美感的境界如何能成爲道德之姿態呢？分別地說，美與善當然各有其獨立的領域，美的領域已如前述，善的領域則請參考牟先生所述，茲不詳論。於此，我們的問題是這兩個各具獨立領域的價值可不可能相會合呢？如果可能，則其會合形式爲何呢？它與獨立說的美與善之領域有何關係呢？

關於這些問題，康德採取了一種解決方式，他根據美是無目的的合目的性，而將美的事物關聯到神性的理性上，從而使美成爲善的象徵。康德這種解決方式，其問題是很顯然的，這除了我們前已述及的理由而外，它亦顯然無從解釋何以善的事物會成爲美的極致。由於牟先生基本上反對康德從合目的性原則說美，於是他乃有另一種解決模式，此卽「眞善美的合一說」。我以爲這一說法值得先作一概述。

牟先生說：「導致『卽眞卽美卽善』之合一之境者仍在善方面之道德心，卽實踐理性之心。」（註一八）照牟先生在許多地方的詮解，這個道德心卽是康德所謂的智的直覺，只是它是吾人可呈現者而已。因此，就道德心之朗現言，它卽自給一行爲之普遍格準，以爲吾人應當遵行之無條件命令，由此而顯一絕對之至善。同時，智的直覺之呈現，則此直覺所潤澤之對象，卽以其在其自己之身分而存在，由此而顯絕對之至眞。再者，道德心之朗現本身必停不住其自己，一方面，吾人不能於此事願由仁義行，於彼事則不願，故道德心必自求擴充而不容已；另一方面，吾人願由仁義行之意願本身不能停住其「意願相」，否則卽成義務之否定，因爲我不能爲了那意願自身然後意願去踐履法則，而仍宣稱我是依義務而行，故道德心之朗現必自求化去其朗現相，而成一如如自在。牟先生卽於此說絕對之至美。他說：

到此無相關時，人便顯得輕鬆自在，一輕鬆自在一切皆輕鬆自在。此即「聖心」即函有妙慧心，函有無相之原則，故聖人必曰「游於藝」。在「游於藝」中即函有妙慧別才之自由翺翔與無向中之直感排蕩，而一是皆歸於實理之平平，而實理亦無相，此即「灑脫之美」之境也。故聖心之無相即是美，此即「即善即美」也。(註一九)

據此說明，牟先生乃能從一非分別說之無相中，說出一種即眞即美即善的如相，並以此爲「天地之美，神明之容」。

平心而論，牟先生的說法的確是很具說服力的。即使在形上學的立場上，我們並不一定得贊成智的直覺之說(註二〇)，但也似乎未必就會影響到即善即美之說的合理性。然而，我以爲此處牟先生實有不自覺的滑轉，何以言之？

我以爲最值得注意的一件事，乃是道德心之朗現必自求化去其朗現相這點。照牟先生的形上學立場，道德心之朗現是即理性即情感的，但這道德情感若依牟先生在其它地方所述，它所表現的是對禮義這道德法則的好樂，它並不返而觀照其自己，而成道德情感之靜觀默會。因此，當道德心之自求化去其朗現相時，道德情感亦不會返而觀照其輕鬆自在，於是我們也就無法說道德心即函著妙慧心。而假若無相原則是必須依附在妙慧心這個審美主體上來使用的話，我們便也無法說道德心函著無相原則的使用。如此一來，道德心之大而化之便不一定即是美，而牟先生即善即美的說法便也面臨了考驗。

當然人亦可以辯說，牟先生曾主張無相原則有內用外用之別。內用乃是妙慧之本性，它是「靜觀直感美而顯美相」，而卽由此靜觀「顯一住相而安於此感美之閑適自得中」。至於外用，牟先生有一長段文字說明之：

> 那越乎此無向的外用是表示妙慧之靜觀之「提得起放得下」，並表示：於此提得起放得下之中，此妙慧靜觀離開其自己而復將無相之原則反身應用於其自己乃至應用於其他一切而皆通化之使之皆歸於無相。但此一提得起放得下之通化作用並非顯有「住」相的妙慧靜觀之自身之所能有，因為它若能有或必然地函有，則不能顯「美」相，如是，便喪失了分別說的美之獨立的意義。妙慧審美本是一閑適的靜觀之「靜態的自得」，它本無「提得起放得下」之動態勁力，此後者是屬於道心之精進不已與圓頓之通化，乃屬另一來源者。但當道心之精進不已與圓頓之通化到「提得起放得下」而化一切相時卽顯一輕鬆之自在相，此卽暗合於作為審美之超越原則的「無相原則」，亦卽道心之藏有妙慧心。故此時亦可說為審美之「無相原則」之外用。此外用卽示審美之妙慧心卽藏有道心，或至少亦不違於道心或暗合於道心。(註二一)

依此，牟先生似以爲無相原則亦可依附於道心，由道心圓頓的通化之暗合於審美判斷之無相原則，而使道心之運化顯現爲自在的美感相。這一自在相之與妙慧通過無相原則而來之美感相間的唯一差別，只是通過道心的「動態勁力」而破除了「靜觀閑適」的「住相」。然而若依牟先生此說，則我們便應可以追問道心到底是依據什麼而能發出無相原則呢？這個無相原則如何能暗合於妙慧所發的無相原則呢？而若牟先生此處所說之道心亦可通指道德心，則恐怕便免不了我們前述的質疑。因爲若分解地說，道德心之理性一面是自發道德法則之能力，而道德法則不能是無相原則；道德心之情感一面，是對道德法則之好樂，而道德心之自求化去其朗現相，嚴格論之，即道德法則之由覺情自然流出，它無因違逆於情感所生之勉強相。但這自然流出實爲情感之欣然而動，這欣然而動是會予人輕鬆自在之感，可是欣然而動是不是等於輕鬆自在本身呢？若不等於，則我們便也沒有理由說可以從道德情感發出無相原則，那麼自然也沒有暗合的問題；若說等於，則欣然而動是以道德法則爲對象之一情感活動，輕鬆自在則是對欣然而動外顯型態之描述，它如何可能相等呢？因此，我以爲如果依照牟先生現有的詮釋系統來看，恐怕是很難彌縫美與善之間隙的。

## 五、審美判斷之超越原則底兩種型態

雖然牟先生有關無相原則的兩種運用方式面臨了一些理論上的困難，不過這一思考模式卻是極富啓發性的，這使我注意到了審美判斷之超越原則的一些問題。

依照前文的討論，審美判斷的超越原則乃是情感主體之自求滿足性。此一主體的作用自然不同於那些「依他而起」的心理情緒，它只是主體自我之靜觀默會，由默會中得一自體通暢之滿足感。這一作用如果區分一下能所的話，則通暢之滿足感顯然是主體自足之能之必然帶起的心理情緒；但問題是我們所有的討論似乎都不曾涉及一點，亦即情感主體之自足究竟有那些型態，我們似乎不自覺地假定了情感主體之自足只有一種型態，此卽那通過無論是自然美抑或是藝術美之意象以爲媒介，所觸發的情感主體之自我默會底自足，然而它眞只有這種型態而已嗎？

今茲試想一個例子：當我們見到一幕親子樂享天倫之畫面，以致油然而生溫馨愉悅之感時，它顯然不是前述所謂的純粹的審美，因爲這種溫馨愉悅決不同於一種「靜觀式的閒適」。康德也以爲它不該是一美學判斷，但他說這類判斷實是一目的論判斷，因爲它是通過天倫這一目的概念的設想而得之愉悅。(註二二)然而我們在欣賞這畫面時，眞的需要先揷入一個認知過程嗎？如果說我們因見自然之秩序而生一愉悅，則猶可說它是一目的論判斷；又若當我們見及前述畫面，油然而興「天倫」之讚歎，亦猶可說它是一目的論判斷；但若只是單純見此畫面，則何嘗不只是吾人情感之歆動而已？然則這種情感的歆動，我們應當如何看待？如果我們並不只是將之理解爲自我孺慕之情的投射，而注意到這種情感之歆動有時亦是一種慈愛之流露的話，則會不會觸發我們對審美判斷的某些新思考呢？

我們試想此一慈愛之情，它顯然不是一種意欲之愉悅，因爲眞慈愛是不會以冀求回報爲條件的。而若道德情感只是指述對道德法則之好樂的話，則慈愛亦不必是此種道德情感，因爲此種情感之歆動並不必以理性自給一慈愛之法則爲條件(註二三)；同樣地，它也不必是踐履慈愛法則後之愉悅或莊嚴感。是以，這慈愛之情的歆動顯然是一種特殊的情感。關此，康德曾名之曰一種「盲目的熱情」，盲目的一詞當然未必是貶意，只是說它無關乎理性，換言之，它是一純粹的情感。然而康德並未明說這種情感之所自來，那麼它是偶然而生，不依一切卽由心理之情緒所自起的呢？抑或它也是一種普遍的人性？康德顯然不會主張後者，因爲他很難承認情感也是種具主體性的作用；但我們似乎也很難說慈愛只是人心之偶然情緒，因爲嚴格說的慈愛既不涉及任何利己性的因素，亦和對象之差別無關故。這時我們該如何給它定位呢？

依上述，我以爲嚴格說的慈愛之情如就情感作用的層面看的話，它實和審美無以異，如果我們可說審美是通過情感主體之作用的話，則便沒有理由排拒慈愛之情也是情感主體之作用。進一步說，關於審美判斷的超越原則也應一體適用於慈愛之情，亦卽慈愛之流露。也當該是情感主體自足的一種型態。於是我們彷彿又回到了柏拉圖宣稱的愛卽是美之說法中了，這眞是相當有趣的一件事(註二四)。

綜合上述，則情感主體之自足，至少可取著兩種型態，一種或者是因情感主體之處於純然自由狀態下之自足，而它卽伴隨之以舒暢閒適之感；另一種則是因情感主體爲慈愛所充塞之自足，而它卽伴隨之以溫馨之感。我以爲這二者無一非純粹之至美，而論審美判斷也至少要涵括到這兩個範疇，才是比較完備的。我不知道是否有人能再找出其它的範疇，但至少牟先生對審美判斷之重述是不夠的，則恐怕是無可置疑的事實。

假如我們上述的討論可以被接受的話，也許美與善間的懸隔問題便將不再成困擾了。因爲我們不必再將無相原則視爲審美判斷的唯一範疇，以和善相勾聯，從而導致前述的種種困難。很顯然的，依一純然之慈愛的情感去踐履道德，則此一踐履自不會有勉強相，於是它一方面表現爲美，另一方面表現爲善，這不正就是卽美卽善嗎？當然哲學地說，此一概念恐怕存在著不少疑義，有待進一步商量。

# 六、美與善的合一

關於「依一純然之慈愛的情感去踐履道德」這概念，我們立即遭逢的便是有關道德實踐之動力問題。康德有兩段話明確地否決了這一概念，他說：

行動之道德價值中那本質的東西便是：道德法則定須直接地決定意志。如果意志底決定實依照道德法則而發生，但只因著一種情感，不管是那一種，始能如此，因而也就是說，不是為法則之故而如此，則這行動將只有合法性，但無道德性。（註二五）

依此義，則踐履道德若以一情感爲動力，必致喪失此行爲之道德性的後果。另外，他又說：

愛是情感之事，不是意志或決意之事，而我不能因為我意欲去愛，所以才愛，我亦不能因為我應當去愛，所以才愛。因此，這並無「當作一義務而去愛」這樣的事。但是，仁慈，當作一種行動看（不是仁慈心），卻可以服從一義務之法則。無私的仁慈常被名曰愛；甚至當他人底幸福不被關切，但只把個人自己的一切目的完整而自由地繞屈從於另一存有之目的，愛亦被說為「亦是我們的義務」。但是一切義務都是不得不如此的或强制性的，雖然這强制可以是依一法則而自制。但是凡從强制而作成者並不是從愛而作成者。（註二六）

亦即慈愛無論如何不能作爲踐履道德義務的動力，慈愛這一行動本身可以是一義務，但不能說慈愛這一義務是肇因於仁慈心。換言之，康德決不能認可從任何情感的作用上尋得道德的動力，因爲若是如此，則必將顛倒了對義務的認知，甚而導致道德的狂熱。而在康德的系統中，他只許可唯一一種情感，亦即對於道德法則的尊敬之情，但這種情感卻不是感性的，它並不涵著快樂，甚至它只是從強制服從道德法則之痛苦中，所衍生的一種主觀之自我許可，由之而於義務有一興趣，他說：

> 如果這種尊敬之情真是感性的，因而也就是說，真是「基於內部感取上」的一種快樂之情，則想先驗地去發見這種情感與任何理念之連繫，這必是徒然無益的。但是，（它不是感性的），它是一種「只應用於那是實踐的者」的情感，而是它是依靠於一法則之概念上（這法則是只就其形式說，而不是因為任何對象之故而為一法則），因此，它不能被算作快樂或痛苦，然而它卻能產生一種「服從法則」的興趣，我們名此種興趣曰道德的興趣，此恰如「能感興趣於法則」之能（或「能尊敬道德法則本身」之能），恰當地說即是道德之情。（註二七）

這種情感就誠如康德說的只是「實踐的」，它不能被反轉過來而先驗地成為實踐的動力。康德這一立場說得十分斬截，沒有任何寬假的餘地，但問題是我們是否一定得把所有的情皆視為感性的呢？我們能不能在不違背道德的純淨性上而有更強的實踐動力呢？關此，牟先生即有一深刻的反省。

牟先生以為康德定要把任何對道德法則的自願服從皆否決掉，把意志的自由只視為主觀的假定，事實上並不妥當，因為它必將使整個道德實踐處於一種夾逼扭曲的狀態下，甚至使康德的道德哲學亦塌陷成某種型態的他律道德，這是因為我們並不能甘心情願地服從法則，且這法則亦非由我而來，而是由一睿智體而發之故（註二八）。在此狀況下，自律道德必自陷於不穩定中。因此，牟先生以為若要免除此一夾逼情形，它便必須作一些修正。牟先生論此修正云：

㈠于說自律時必函自願；㈡自律自願必須是我們的實性，性之自律卽是性之自願；㈢實性之可能由于智的直覺可能，智的直覺之所以可能由于自律的意志卽是本心，本心卽是明覺，明覺之自照照他卽是智的直覺，自照就是對于自律的意志（實性）之智的直覺，照他卽是創生萬有，亦是如其為自在物而直覺之，直覺之卽實現之；㈣實性可能，智的直覺可能，則實性有力必發為自願之行，眞正的自律自願的道德始可能。（註二九）

依此義，牟先生說眞要極成自律道德，則便得承認我們對法則有一自願之情，這卽是本心明覺所自發之對法則的心悅誠服，亦卽智的直覺之一義。牟先生以爲這一肯認並不會導致道德的狂熱，因爲本心之悅法則並不意味感性之必能依法則而行，故感性層於道德之險阻並不會被抹殺，這悅並不直接賦予感性，它是睿智界的悅，因著這種悅只是使自律爲可能而已。於是這一悅與能發法則之理性必須是一，意志是心之一作用，心能悅禮義，卽意味意志自能順法則而行。意志之順法則，不是由於意志之強制；意志之不順法則，亦不是因心無悅法則之能力，而是受了感性之拖累所致。是以牟先生於此轉而強調心義、覺義、呈現義，而不是只從設準上說意志自由、上帝存在，這樣道德實踐的客觀動力便突顯了出來，而不是只從一種主觀的、氣性的尊敬法則之情上講一偶然的實踐動力而已。他另一段話說：

本心明覺其自身就是理性（法則），就是覺情（道德之情），……就其為覺情說，它本身自凝聚，自惺惺，自能敬而不肆，自能悅法則。覺情，理性，與法則，這三者是一。這不是先立一特種的道德之情以為法則之根據，如康德之所破斥。理性本身就是覺情（非感性的故曰覺情，亦可曰智情），覺情亦就是理性；它既不先於理性，亦不後於理性，它與理性是一。因此，本心悅理，理義悅心，是直覺地可理解的，不是如康德之所說不可理解，因無任何直覺故。如康德所說，凡是情卽是感性的，凡是心亦是感性的（所謂人心）。是則理性處本心義並未點出。如是，則理性處無心，無情。但它可以影響於情而引生尊敬之情，此則非感性的，而是實踐。這是把理性與敬情拉開分成兩層說，敬情只是一個結果，是後得的。但理性底法則何以就是動力，何以能引生這敬情，則不可理解，因為對於此法則以及自立此法則的意志無任何直覺故。若如此，則人心之悅法則而起敬意全成偶然，它亦可以悅，亦可以不悅，亦可以敬，亦可以不敬。法則擺在那裏，我接受它的影響，才可以起敬意。我若不接受它，它毫無辦法。而我之接受或不接受，則全無定準，全是人心之偶然，因為人心是感性的（屬於氣的）故。若說法則之意識是理性底事實，卽使最未受教育的人亦能知之，如是，人心必能悅，必能尊敬。若如此，則必能悅必能尊敬之心卽是吾人之本心明覺，此則不是感性的（不屬於氣），為何必是結果，而不可翻上來作為原因而與理性為一？如果必能悅必能尊敬之心可以翻上來與理性為一，而卽是本心明覺，則智的直覺卽朗現，卽藏於本心明覺之悅與敬中而朗現。

卽清楚地點明了上述意思。

關於牟先生針對道德實踐動力問題之反省，我以爲確能指出康德系統之盲點所在。康德說自由如何可能是件不可理解的事，但牟先生不僅深入地剖析了康德論證上的問題，也進一步建立了理解自由的進路(註三〇)。雖然如此，但我認爲仍可再進一層說。

首先，有關本心明覺是否卽要等同於智的直覺這一問題，我以爲仍是有疑義的，不過這問題多半牽涉到一些存有論的問題，因此卽使否決了兩者間的關係，也並不一定會影響到對本心明覺之肯認，所以我想暫且撇開這面不論。我以爲可以進一步檢討的則是另一問題。

這個問題主要涉及本心明覺之爲覺情這一面。牟先生在許多地方皆以常惺惺這一覺義與心悅禮義這一悅義來詮釋覺情。以道德而論，心之明覺卽是法則，覺之卽能悅之，這當然能充分說明道德實踐之動力，但我們似亦應問，成就道德爲的是什麼？如果說道德是以最高善爲目的，則最高善意味著什麼？當然我們可以從上帝處想，它代表一全智的心靈之作用，也代表著世界之目的，代表著世間的一切皆在由之而成之一目的王國中取得相應的地位，而吾人亦卽以此成就爲「上帝之愛」的彰顯(註三一)今依牟先生，則此最高善亦可收至本心明覺之呈現處講，而它是否仍代表著世界的目的固可存疑，但在此心之遍潤下，它至少表示了價值意義上對世間一切的成全，然則吾人如何不可對比著上帝之愛而說此成全爲一種非感性的、純屬實踐之愛呢？依此義，則這一實踐上之愛必應也是覺情之一本質上的意義，這愛卽是覺、是悅、是理性。我以爲牟先生有時也把本心明覺之仁引申出來，說一種不安不忍之眞誠悱惻之感，這意思自是極深刻的；我們說仁者愛人，則如何不能將悱惻之感卽直接引申到這愛人之愛上，何必定要一見愛字便以爲是感性的？如是，則我以爲從本心明覺上來說一種實踐之愛，應該也是極順適而條暢的。如此一來，我們乃有理由建立「依一純然的慈愛之情去踐履道德」這概念，因爲這慈愛之情實卽是道德法則之故，吾人依此情以踐履道德，不獨不會顚倒了對義務的認知，而且會因慈愛之滂沛不容已，而獲得更大的實踐動力。我以爲此義當是順牟先生之道德哲學所必然逼至的，而吾人只要承認完全的道德自律並非不可能，此義便應確然而無可疑。

尤有進者，我以爲唯有依據這一說法始可從道德中開出美的義涵。前文我們已指出了牟先生從無相原則之外用處來說道德與美之關聯的不當，因爲悅法則之悅本身並不是一種自在之情之故。然而如依審美判斷超越原則之另一型態說，則一種純然實踐之慈愛，它一則卽是道德，一則又卽是情感主體另一型態之自足，亦卽它就是美。如此一來，此豈非眞正的「卽善卽美」嗎？這一型態之美並不從其自在相上顯美，故與非道德之悠遊之美無涉；又因它卽從善中顯美相，於美中顯善相，故就此極境言，它亦不必如康德定要從崇高莊嚴偉大處來說道德之美相(註三三)，它可以只是在慈愛之潤澤中的輕鬆自在而已。當然表相地說，這一輕鬆自在似亦可予人悠遊之感，但決不可說它們是兩種型態之美之相暗合，因其美之內容義全不相同故。我以爲唯有如此理解，始可把曾點之樂與周濂溪之悠遊朗潤的美感獨特性區別出來，而賦予完整的美學意義。

## 七、本心明覺之二用

綜合前數節所述，我們基本上規範了兩種型態的美，一種是由情感主體之純然自由所透顯的舒暢閒適之美，另一種則是由純然實踐之慈愛所透顯的仁心潤澤之美。這一區別自不同於康德對美與崇高的區分，而亦有進於康德的區分，這是因爲康德由優義處說不到閒適，由莊美處亦說不到仁心遍潤之溫馨故。再者，這一區別一則不同於牟先生所論之「眞善美的分別說」，一則也否決了，「眞善美的合一說」此義則有待詳述。

首先，本文擬先排除掉有關「眞」的討論，因爲分別說的眞與美無涉，合一說的眞涉及到智的直覺與物自身的概念，但承認本心明覺也不必代表此一明覺即是智的直覺，且物自身的概念亦仍有疑義，故暫將這面排除應不會有任何影響。其次，在牟先生美與善的分別說中的美，所謂妙慧的靜觀與妙感的直感，大概和我們前述的第一種型態之美相同，這是沒有疑義的，我們前文亦已分析了這點。但牟先生在分別說中所論之善則有可說處，這可說的地方有二：其一、分別說的善與合一說的善，依牟先生的區別，主要是分別說的善是就著感性之影響於道德實踐說，合一說的善則是就著本心明覺之即爲法則說，這兩面的意思當然皆無問題，我們可以允許如此分別說的善與合一說的善，但問題是我們前文已分析了這合一說的善通過無相原則之外用而與美相合一，這說法根本有問題，除非這合一說的善是轉從「依一純然實踐之愛」以踐履道德處說，然則如此說的美善合一又與分別說的美並無關涉。其二，分別說的善若依康德的說法，它本身亦可聯繫於莊嚴之美感，這一美感顯然是牟先生之系統所無法涵攝的，但依吾人之區別，則可由仁心潤澤之美處往下說，說一感性之情對慈愛之仰望，則凡崇高莊嚴偉大之感，俱可爲吾人之系統所掌握（註三五）。我以爲這正是我們的新系統之有進於牟先生處。

再者，當牟先生於說無相原則之外用，而及於道心之精進不已與圓頓之通化，並由是而說及美善之合一時，他的意思實不只就道德心而說，而亦同時及於道家之玄智與佛家之般若智，只是它們不若「以道德心之純亦不已導致此境（卽眞卽美卽善）之爲專當也」（註三六）。今依牟先生在許多地方的討論，我們固可承認道家的道心與佛家的如來藏心均是一種心覺作用（如來藏心說爲一種心覺，自然只是擬似的說法），今姑且仍不論此一心覺是否卽是智的直覺，但至少此一心覺不能卽是法則。就佛家言，此一心覺是對治情識之執有自性的能力；就道家言，此一心覺甚至不必觸及存有論問題，而只是對治一切凡情執著之能，這如何能說是卽美卽善？我們如何能因這三家皆顯一心覺（或擬心覺）之作用，遂以爲它皆可統攝一切價值？心覺之挺立，意味的是人可完全地清澈自己，而不必只是純感性的動物，但若將此心覺皆混漫地等同於美善之合一體則似不可。我以爲這一混漫是由於牟先生只由無相原則之外用處說美善合一所致，今吾人明美善合一不能由此處講，則可以解消此一誤會矣！

然則，依佛家義，它又是否能觸及美的領域呢？簡單地說，如就如來藏心這一「自性清淨」之擬似心覺的作用言，這亦是心覺之純然自由，它自然亦可顯一舒暢閒適相，由是而涉及純美之領域。唯本質上說，這自性清淨的如來藏心只是憑空綯起之心覺相（註三七），佛之本懷一則不許可眞有一個具自性之心覺，一則這心覺之清涼自在只是對顯於煩惱染污言，因此說這清涼自在可通於純美之舒暢閒適可，說它的本質卽是美則不可，至多也只能說是「非美之美」而已。這是佛家的情況，那麼道家呢？如果說道心亦是一種心覺作用，這心覺只是通過「無」的作用上之遮撥，不斷將來自凡情的各類執著予以泯除，而獲得這心覺主觀上的不斷超越。若如此說，則我根本不以爲這一心覺與我們前述作爲審美主體的情感主體有什麼差別，通過無之遮撥所顯之境，亦與由情感主體自足所顯之閒適無以異。牟先生說從妙慧通過無相原則而得的審美上的靜觀閒適，會與由道心之圓頓通化所顯的悠然自得有一差別，亦即妙慧的閒適不顯一動態勁力，且會有一閒適的住相。但依我們前文所已分析的論點來看，所謂閒適的住相，其實義不過是情感主體在審美時定須通過一意象之媒介而得自足；因此若說這住相意味它定須有意象以爲媒介，則此住相便無意義，因道心之通化亦須在徼向之有中顯的緣故（註三八）。而若說這住相意味著情感主體之自足且即執持這自足，則這自足便即會轉成一種魅力，而喪失情感主體之純然自由之自足義（註三九）。以此之故，我以爲牟先生說妙慧的住相是沒有實義的。至於說妙慧不顯一動態勁力，這需看動態怎麼說；若動態是指自發法則言，則此說無問題，若只是指無之遮撥，則情感主體之遮撥意象，如何不能是一動態？因此我乃以爲道家精神根本就是我們說的第一型態之審美，道心即是情感主體。從道家精神中，通過有的徼向性之擴大解釋，它是非存有論地將世間收攝於道心中，以爲此心覺的「意象」，藝術的意象當然也只是它的一種特殊型態而已。更準確些說，在道心的通化中，它根本就是把天地當成是一個大藝術品，整個生命俱是美，這意思就相當深微了。

總之，依吾人之理解，我只將美區分成了兩種型態，一種是純粹之美，它即比配於道家精神；另一種則是卽美卽善，它卽比配於儒家精神。換言之，我以爲中國的儒道兩家才是眞能客觀地窮盡美之精神者，西方之精神固難預於此極境，而佛家就其本質意義言，亦不在顯此美的精神，雖則自性清淨亦可得其神似。然則猶可補充者，佛家亦喜言慈悲，但於佛家，這慈悲畢竟不是一自發法則之力量，故此慈悲是否能是一心覺亦很難說，牟先生每言佛乃「證如不證悲」者，卽爲此義（註四〇），故亦難說佛可由慈悲而觸及卽美卽善之境，雖則它亦有幾分神似。

至此，我相信已針對客觀說的審美判斷作了一個概括性的檢討，而且亦不自覺地越出了美學問題，進入了中國哲學詮釋系統的一些問題，無論這一越出是否逾分，本文也都到了該結束的時候了，但我心中卻仍有一個不得不發的想法，這想法我可能只能簡單陳述如下，至於詳細的哲學處理，恐怕只有俟諸異日了。

我的想法是這樣的：如果依我們前文所述，情感主體之自足基本上有兩種型態，一個是必須結合著道德主體而表現爲卽美卽善者，一個則是它自身之純然自由而表現爲純美者，這樣的表述豈非把人支解爲好幾種不同的作用了嗎？若說這些主體作用皆是一種心覺，情感主體和道德主體統一爲本心明覺，情感主體復又自我獨立爲一種心覺，則這情感主體又豈非太複雜了嗎？我們能不能換一種角度來看，亦卽根本不要將之視爲兩種心覺？因爲說一個人具有兩種心覺，這在人性論上恐怕也是不妥當的。換句話說，假如我們只把這兩種美視爲同一個本心明覺的兩種表現方式，也許就可以避開前述的諸般責難，甚至也不必再去替情感主體自足之兩種型態再去找一個超越原則了，因爲它很可以只視爲本心明覺之自收自放卽可。這意思我卽名之曰「本心明覺之二用」。二用也者，一爲積極向一切存有處求貞定之用，一爲消極之內斂底清澈，前者顯本心明覺之「積極的自由」義，後者則顯其「消極的自由」義。這二用遂表現了人作爲一價値之存有的全幅義蘊。

假如上述的想法可以成立的話，則這一槪念顯然將會具有無窮的開展性。它不只將在詮釋系統上提供儒道會通的更大可能，而且也將由之展開另一種更具包容性的人性論系統，這意思自然就更複雜深微了。我今獲此靈感，玆陳述如上，但願有助於日後學思的開拓。

## 八、結　語

以上拉雜寫來，主要是我對牟先生近來構造的一套美學思想的批判。嚴格說，我不能算是一個專業的哲學工作者，我今作此工作，於我個人言是極艱難的，故文中必充斥著生澀與謬誤，這是我必須接受批判的。還有，我也必須承認，我的興趣仍只是企圖通過美學來進行中國哲學的詮釋與重構，這也可能局限了我的視野，因此我也期盼能有其它角度的挑戰與刺激。但通過前述的思維歷程，我也仍想提出一個基本肯定，那就是畢卡索亦曾嘆賞的美在中國。我以爲中國的美感心靈是極高明而道中庸的，這兒有著無窮豐富的內容，亟待我們去開發，但願今天一些極端藐視傳統心靈者，千萬不要只知他山之石，而不見自身的珠玉，則家國幸甚！民族幸甚！

## 【註　釋】

註　一　請見牟先生所譯《判斷力之批判》（學生書局八十一年版）（以下簡稱《批判》）及卷首〈以合目的性之原則為審美判斷力之超越的原則之疑竇與商榷〉（以下簡稱〈商榷〉）一文。

註　二　見《批判》〈引論〉部第六節頁一四三。

註　三　同前註頁一〇七—一五七。

註　四　同前註頁一二六。

註　五　在美學史上，這主要是指英國感覺主義的一些人的想法，于斯曼（Dênis Huismann）即謂「在博克和霍謨那裡，康德主義已經潛然存在」（《美學》"Esthétigue" 頁三三，遠流七十九年版）

註　六　見〈商榷〉一文頁一七。

註　七　同前註頁七一。

註　八　同前註頁七〇—七一。牟先生以為康德依量、質、關係、程態以說審美判斷之四相，這是一種權用、虛用，而只有對質相之說明合此虛用義，故不穿鑿。

註　九　我以為美感心理學早期的一些討論，如立普斯的移情說和布洛的距離說等，原本就是從康德轉手而來。康德把無關心套在認知性的反省判斷上說，但只要把它轉套在心理情緒上說，即成布洛等人的說法。

註一〇　見《批判》第十三、十四節頁一九二—一九七。康德說純粹的審美時，不許可有一先在的愉悅，若有一先生的快樂之情影響了審美，那必是對純粹之美的污染。這先在的好惡，即是所謂的魅力。

註一一　見〈商榷〉一文頁七二。

註一二　王國維《人間詞話》對「無我之境」的詮釋用了「優美」這概念，如依他在〈叔本華哲學及其教育學說〉一文中所述，則他的概念顯然是透過叔本華而轉承自康德，這意思當然和我此處所說不同，但我的意思本自康德修正而來，以此義來重解無我之境，應不致有困難才是。

註一三　這意象不只是某種魅力或激情，以及由之而引致的癡心，它甚至亦包括由一些「圓滿性」概念所引生的意象，如《批判》第十五、十六、十七三節所論者。中國所流行的人格品鑒即是一例。

註一四　王國維對「有我之境」的詮釋，也用了康德的壯美概念（同註一二之引文），這用法恐怕有大問題。若「衣帶漸寬終不悔」是有我之境，則它何涉於崇高呢？因此我的修正相信是更妥適的。

註一五　見《批判》六至九節及十八至廿二節。

註一六　康德說純粹的審美只從審美判斷之完全無涉於概念上講，這是一認知原則，他只說由無涉於概念而爲合目的者必引生一愉悅。這樣一種說法，我們常說是一種「形式主義」，而我們通常也不認爲符合於純粹美之條件者，便是一美感價值較高的對象。

註一七　見〈商榷〉一文頁七三—七五。

註一八　同前註頁八三。

註一九　同前註頁八四。

註二〇　請參見拙作〈牟宗三先生哲學基本架構之商榷〉一文（鵝湖月刊主辦第二屆國際新儒家哲學研討會會議論文）

註二一　〈商榷〉文頁八一—八二。

註二二　關此請見《批判》〈引論〉部第八節頁一四七—一五一。

註二三　如此表述，我知道有一些語病在。依牟先生，對道德法則之好樂本身與法則即是一，這意思我在下文亦曾述及。我今如此說，是說這慈愛湧現時，可根本不思及法則；當然我下文亦說這慈愛即是法則，因此我這一表述只能以刻意突顯其輕重主從之「急辭」視之。我知道這樣說並不善巧，特此聲明，幸勿誤會。

註二四　柏拉圖把人追求美的歷程分為對感性之愛，對靈魂之愛，對知識之愛，以迄對絕對的理型之愛。這意思和我們所說的自不相同。詳見其對話錄之〈饗宴〉篇，譯文請參朱光潛譯柏拉圖《文藝對話集》。

註二五　請見康德《實踐理性底批判》第三章，譯文見牟宗三先生譯《康德的道德哲學》（以下簡稱《道德》）頁二四四。

註二六　同前註頁四四二。

註二七　同前註頁二五八。

註二八　牟先生此一論證請見《道德》頁二八四。

註二九　同前註頁二八五。

註三〇　同前註頁二九七—二九八。

註三一　牟先生的論證除上引之說明外，亦請見《現象與物自身》第三章及《心體與性體》綜論部第三章。

註三二　當然這裡能不能說即是上帝之愛，康德的態度也許還是保留的，他應該不反對此義，但由於上帝只是一設準，故卽使說此義亦是虛浮的。不過到了黑格爾等人就直接肯定了這個意思，上帝之理性便是上帝之愛，而且進一步，黑格爾在《耶穌傳》中曾表達了一個意思，他描述了耶穌在最後的晚餐中對門徒的話說：「你們要達到成人具有的獨立自主性，具有自主的意志自由，基于自己的道德力量你們將會產生果實，因爲愛的精神和鼓舞著你們和我的力量是同一的東西。」這意思幾乎和我們底下要表達的意思是完全一致的，愛的精神將卽是道德最好的詮表。

註三三　因康德不許可人有自由以踐履道德，故人之自願服從義務，必將面臨感性的拒斥，而整個道德之踐履卽在由感性之阻滯及隨後湧起之理性力量中，在主體上興起一種崇高莊嚴之感。此義見《批判》於崇高的分析後所附之注說。

註三四　關於這點所涉及的理論比較，前文俱已述及，玆不贅。此處可補充的是當我們說有進於康德時，我意味的倒不重在理論之有進，而更是一種「實踐」的有進。依於實踐的實感，我們可肯定其間境界的高低。

註三五　康德解釋崇高感之心理時，認爲它存在兩個心理步驟，一個是情感之痛苦，一個是向理性之昇華。這樣的心理解釋妥不妥當姑且不論，但在美學意義上它代表著感性生命對理性的仰望，則是康德基本的看法。我以爲這看法基本上是可取的，但整個情感主體的作用，其仰望對象恐怕更應該是情感性的對象才是，故我說崇高是一種感性生命對一絕對之慈愛的仰望之感。

註三六　見〈商榷〉一文頁八三。

註三七　佛教在緣起性空之基本架構下，它是不會允許任何主體性或心覺之概念的，因此如來藏心只是一種方便權巧，接引婆羅門教說梵我者的法門而已。此義請見牟宗三先生《佛性與般若》第二部第五章第一節的疏決。

註三八　這意思在牟先生論道家之諸書中皆曾一再反覆宣說，茲僅引〈商榷〉文頁七二之簡述為證。他說「道家之無首先是遮徼向之有，由此遮撥，始顯妙用之無。既顯無已，復由無之妙以保有之徼，此為道家玄智之全體。」

註三九　〈商榷〉文頁八二云「妙慧靜觀之閑適，必顯一住相，若一住住到底，而無提得起者以警之，則它很可以頹墮而至於放縱恣肆。」這話自是對的。但它一旦放縱，即成妙慧之自我否定，而眞妙慧又豈不能自生一提住之力量？若妙慧即是情感主體，這主體作用又何必如此死煞而無力？因此我以為是眞妙慧便不會放縱頹墮，唯感性之情始會昏沉而至不堪聞問。

註四〇　佛之經典中常言三世諸佛，唯阿彌陀佛悲心最廣，含攝此世間最多最深。若如此，則諸佛悲心可有廣狹，這悲心便是屬氣而不屬理的，這屬氣的悲心最終便需化掉而成如如自在，故牟先生在《五十自述》第六章中乃有「證如不證悲」的判教，當然佛弟子於此可能不服，但若一定要說佛也證悲，則悲需屬理，那悲心最後如何能不致妨礙性空之教義，這恐怕是更不好解的問題。

※本文作者**謝大寧**副教授任教於中正大學中文系

# 當代中國美學之理想主義的困境

## ——試論新儒家會通於康德之美學態度

蔡瑞霖

### 一、楔　子

牟宗三先生在譯就康德第三批判《判斷力之批判》之後，感慨地說：「吾原無意譯此書，平生亦從未講過美學。處此苦難時代，家國多故之秋，何來閒情逸致講此美學？故多用力於建體立極之學」(註一)。意思無非是說，美學研究是偶成的、次要的，儒家道德形上學之建體立極之學，才是坦途。「建體立極」就是「建道德之體以立人極」，這是儒家的學問而今已荒廢矣。牟先生為了重建此儒家學問，遂會通中西哲學而以康德哲學為唯一關聯之「間架」。「我們現在講儒家的學問，若要和西方哲學發生關聯，只有和康德哲學可以接頭」(註二)，其「相會通，只有通過康德的這一間架才可能，其它都是不相干的」。(註三)此「間架」不是別的，而是相對當於「一心開二門」的 phenomena 現象與 noumena 物自身之區分。(註四)因此，必須探討「知性為自然立法」的理論理性之批判（第一批判），及「自由意志為道德立法」的實踐理性之批判（第二批判）——這「兩層立法皆建體立極之學」。除此之外，開出西方美學大方向的康德《判斷力之批判》之會通消化，只是偶成次要的，並非不得不面對之工作。

然而，康德明白說判斷力是溝通自然與自由兩界之「大鴻溝」(große Kluft)的重要橋樑，(註五)可以用來完成批判哲學的完整體系，牟先生焉能不予重視？因此，譯就第三批判之後，他還提醒讀者，以前所寫的《現象與物自身》消化的是第一批判，《圓善論》消化第二批判，至於他在《判斷力之批判》譯文前所撰述之〈以合目的性之原則為審美判斷力之超越的原則之疑竇與商榷〉長文，則消化了康德的第三批判。(註六)

「合目的性」(Zweckäßigkeit)之原則是康德釐定「判斷力」之所以為審美的及目的論的「超越原則」，這是整個第三批判明確宣說的。何以牟先生對此產生疑竇，要加以商榷而後快？牟先生說：

> 以此，遂就審美判斷之超越的原則，即「合目的性之原則」，作一詳明的疏導與商榷，蓋以康德之述此原則有不諦處故。疏釋已，遂就審美判斷之四相重述審美判斷力之本性，然後依中國儒家之傳統智慧，再作真善美之分別說與合一說，以期達至最後之消融與諧一，此則已消化了康德，且已超越了康德，而為康德所不及(註七)。

此中超越康德而為所不及者，在於康德審美判斷既無能擔負溝通兩界之責任，而牟宗三更有眞美善之合一說為康德所無。觀牟先生之會通康德哲學之工作繁而且鉅矣，如今在用以溝通兩界而攸關批判體系之完成與否的「判斷力」之超越原則上，提出針砭，欲攝歸於新儒家的道德的形上學。如此，其商榷不再是閒情逸致之事，而眞是建體立極之學了。無論如何，可以說透過康德第三判批之消化工作，牟先生爲傳統儒家美學正式打開了的新視野，爲當代中國美學之新儒家立場的研究確立了基本態度。這個美學態度，可以統稱爲「理想主義的美學態度」，隸屬於牟宗三所說的「道德的理想主義」。

## 二、以建體立極之學消化康德美學

當美學不再是鮑姆加登所云的研究美之對象及其美感條件（低級的感性知識）之學（註八），而是如康德所做的，不僅是第一批判中理論理性的「超越感性論」之討論內感時空形式（註九），更在第三批判提升爲研究審美的判斷力之學時，這確是一項大扭轉。西方美學自康德之後走上觀念論的路，康德尤其以其「合目的性」之主觀形式的分析被冠上形式主義美學之稱，亦非偶然。

然而，值得注意的是，明白有別於觀念論而相背離發展的意志論（以叔本華、尼采爲代表），同時與唯心論相對立而思以顚倒改造的唯物論（以馬克斯、恩格斯爲代表），都是康德哲學及其美學的對立面。觀念論及唯心論是一樣的意思，從對立面不同而賦以有別的名稱。雖如此，觀念論或唯心論却是十八、十九世紀德國哲學高度發展的成果，是近代理性主義哲學傳統的大宗。以理性主義精神爲大旗，從而開展哲學與美學的研究，自將以理性或主智的態度框限「才情意」之創作表現，視藝術才情爲非理性的甚至反智的渲泄。故德國哲學觀念論之爲大宗，也表現爲一定的强度與限制，這是可以理解的。

牟宗三先生既然舉出「眞美善合一說」以眞正完成康德之「判斷力」所「擔當不了」的溝通兩界的責任(註一〇)，以爲「卽眞卽美卽善之合一之境者，仍在善之道德的心」(註一一)，經「攝美歸善」之會通消化，終而建立圓教義的新儒家美學觀。這樣的判攝會通既是造道於美學而歸向圓善之境，自然有別於康德的原來見解。因此，康德與新儒家美學之間有義理之否同，不可不察。

然而，要察究此中差異，不能只限住在審美判斷之上，而應當追溯到康德「道德的神學」與牟宗三「道德的形上學」之根本差異上。牟先生指出，中西哲學都有道德智慧，都可以成就一套「道德的目的論」。他認爲，康德第二批判卽能充其極開出道德的目的論，通過此道德的目的論可以完成「道德的神學」，從而給出上帝存在之設準一個道德的證明，却未必能建體立極。在儒家，道德目的論卽得以直接完成「道德的形上學」而眞能建體立極。新儒家認爲以此根本立場之差異，將足以會通消化並超越康德。

若據此以論美學，不論其爲美之分析、崇偉之分析，藝術或天才等等之探究，在新儒家看來就不該僅是審美判斷力之美學，以至於「自然的美學」，而應當是「道德的美學」。相對地，依康德，第三批判之兩部分既分屬「審美判斷力」的主觀合目的性之批判，以及「目的論判斷力」的客觀合目的性之批批，則美學自是一主觀合目的性的美學，卽自然的美學（主觀進路成立之自然的目的論），而目的論亦自是一客觀合目的性的目的論，卽自然的目的論（客觀進路成立之自然的美學）。自然的美學，自然的目的論，乃至自然的神學之完成，這與意志自由和道德律令所開展的道德的目的論之方向，儼然分爲兩路走，牟宗三當然批評康德，而替「道德目的」擔憂。

其實，判斷力既以「合目的性」爲超越的原則，康德就主觀的合目的性說「審美目的」（注意康德以「無目的」的合目的性說審美目的），就客觀的合目的性說「自然目的」，這是當然的道理。然則牟宗三批評第三批判，不惟無目的的「審美目的」之成立「有問題」，「自然目的」之成立終只能完成自然的神學——恆不如第二批判之道德的目的論之能完成道德的神學，吸引新儒家之注意。然而，究其極，不論主客觀的自然目的或道德目的，在牟先生看來，康德終也只能歸於神學而非道德的形上學。

何以康德的《判斷力之批判》（不論形式的審美判斷或實在的目的論判斷）只能是從「合目的性」來說的判斷？或者說，何以康德的目的論（不論主觀的審美目的或客觀的自然目的）只能走向「自然的目的論」？如果就如牟宗三所說的，合目的性的判斷或自然的目的論，對於道德的形上學之建立沒有正面作用，何故康德要藉此以溝通兩界，完成批判體系？如果說，自然目的論沒有幫上道德目的論的忙，無能對於道德的形上學之成立提供任何有效的助益，則這樣的目的論康德要它做甚麼？康德何不即以《實踐理性之批判》爲滿足？甚至，如果既使道德目的論也只能提供對「上帝存在之設準」的道德的證明，只能完成道德的神學，通往「道德的形上學」（建體立極之學）的路也只走了一半，功虧一簣，則康德何需此第二批判？反過來看，康德又何必於第二批判寫就後兩年內又出版《判斷力之批判》，才得說批判哲學的工作完全結束？

這些問題原屬於康德的，但却也是新儒家之會通康德所必須面對的——審美判斷及其主觀合目的性，乃至目的論判斷及其客觀合目的性，在整個「純粹的理性之批判」(註一二)構想裏究竟如何定位？這當然也是牟宗三所應面對之問題。此中關鍵及其差異將決定出新儒家美學的康德哲學成分，以及其有別於康德美學的特質。

至此，還未進入康德審美判斷力之批判的內容論述，但已經就牟宗三之會通消化工作，舉出新儒家憑藉康德哲學所展示的當代中國美學將有的立場爲何。可以確定的是：⑴牟宗三不似康德認爲《判斷力之批判》是溝通自然與自由兩界之重要橋樑，也不以爲該批判足以完成批判哲學的體系。⑵牟宗三認爲康德批判工作只能由實踐理性推其極以開出道德的目的論，從而完成道德的神學，只爲上帝存在之設準獲得一道德的證明。⑶在牟宗三看來，形式的審美判斷或主觀合目的性之審美目的，根本就有問題，即便成立也不應以「合目的性」爲其超越原則。⑷依牟宗三，實在的目的論判斷或客觀的合目的性之自然目的，只走向自然神學，以其沒有道德目的之規定，實不足採取。⑸總之，第三批判既無能擔當溝通兩界之責任，更不足云批判體系之完成，因此必須以儒家智慧融攝之於「眞美善之合一說」，庶幾可論矣。

康德第三批判確如牟宗三所云乎？解決方式爲如何？依牟宗三，只有兩個選擇。一是以新儒家道德的形上學會通之，放棄西方的神學傳統，取消不必要的上帝存在之設準，不承認只有上帝才有智的直覺，不贊同物自身或智思界爲不可知。亦卽：轉而承認人有無限心，有智的直覺，可以直知物自身，能通達智思界，更可以建體立極以完成道德的形上學。另一是讓西方哲學堅守其傳統，而承認其神學爲最高善的預設之終不及儒家的智慧。康德果其兩選其一乎？新儒家果眞如此殊勝至極也乎？這從康德與新儒家美學態度之關聯與差異來考察，將不難釐淸。

依康德，審美判斷力依合目的性的超越原則而可能。沒有合目的性爲超越原則，則審美批斷力作爲反思判斷力將失去依據，致不能有「無目的」之合目的性（沒有目的表象之目的論）的特殊規定，美學之批判將不可能成立。換言之，合目的性之超越原則使認知機能中的審美判斷力成爲可能。依牟宗三，康德只有眞美善之分別說而無合一說，少了一環。在他看來，審美判斷無需談論合目的性原則，應改以「無相原則」來取代之。如此才能依「妙慧妙感」來開出「眞美善之合一說」，庶幾得以臻圓善之境（關於牟宗三之說，後詳）。

眞的是這樣嗎？以無相原則代替合目的性原則，眞可以使審美判斷（應說妙慧妙感）無任何困境出現嗎？這個具體問題是上述諸問題的眞正核心！不幸的結果可能是：康德美學中好的一面，誠然被新儒家消化而納入了眞美善之合一說中。然而，康德美學中壞的一面，却更可能使新儒家美學態度之潛在的難題，一一暴現！

## 三、康德判斷力批判的定位

康德所說的自然與自由之間的大鴻溝，指的是「純粹理論理性」與「純粹實踐理性」之間的斷裂和不連貫性。在純粹理性的領域內，理論與實踐是斷成兩橛的。何以如此，因爲康德現象與物自身之區分之故。何以區分？因爲理性知道自己的限度，知道逾越理性的限度將是不合理的。理性首先給自己一個消極的規範性之限度，於此限度內任人類一切心靈機能揮灑自如地自由騁馳。康德是理想主義的觀念論者，要讓理性逞其極地作用就只有從「最大的範圍」來規範它——就是理性自己給出最消極的限度。理性的自我規範，就是爲了讓自己自由地運作！所以，理性的自我規範還比起「知性爲自然立法」及「自由意志爲道德立法」還更優先。

理性如何給出限度（既使是極其消極的）？作爲哲學家，康德只能訴諸知性的表達，以可理解的方式告訴人。所以，用知性的方式表達此理性之自我給出限度之規範自己，這就落在只是「純粹的」理性的考察和批判中。知性的表達眞是不得已極了。它將理性給「純粹化」了、「理論化」了，所以先來個「純粹的理論理性之批判」。此中，康德從知性的觀點把理性自我規範的要求表達了出來——知性伴同感性（概念伴同直覺）只能認知「現象界」，而不能認知「智思界」（卽「物自身」）。理性的自我規範在知性的認知表達中，如實地反映了出來。現象與物自身之區分，於焉成立。

理論理性以其知性（伴同感性）之「認知機能」，將宇宙之內一切自然事物都給「概念地」決定了。依康德，也就是說自然界內一切現象都可以被人類的認知機能，依感性之直覺地給出（雜多）而被知性之運用範疇（純粹概念）所統一地決定，而顯現爲「認知的對象」（表象）。知性是理論理性的「反映」，豈得以知性概念（範疇）來決定理性自我規範以外的「彼界」呢？至多，知性只是觸及邊緣地「知道」有個規範理性的限度在，它不能認知地決定這個限度，甚至爲它立法。更何況理性所消極地「揮開」的「非理性的」餘影殘輝，尤不是知性所得置啄！

因此之故，康德第一批判也只是肯定知性之「爲自然立法」，也知道所立的「法」是自然世界之因果法則性的法，合法則性的法。但，知性如何能爲自然立法，這一種理論理性所如實反映的能力却不是知性（之運用範疇）所能曉得的。這就首先捻出「一橛」。

另一橛是甚麼呢？康德認爲，不從理論或認知的觀點，而直接從實踐的立場，理性還是可以規範自己，給出合理的限度。這就是第二批判的主題，純粹的「實踐理性」。從實踐的立場來看，人類行爲的動機、過程及其結果是最重要的。行爲之發動，不必由知性概念而來，而是發自內心的一箇「念頭」，康德稱爲「意念」（Willkür）。然而行爲之發動所依循的法則，却不在意念上，而是從「自由意志」所下達而來的。自由意志下達了行爲發動所當遵循的準則，讓意念發動之後確實執行，這法則就是無上的道德命令。依康德，也就是「自由意志給道德立法」。簡單說，依道德目的而實踐的理性行爲，就是以自由意志立法而讓意念來執法。道德命令或自由意志所立的法則，能保證必然是善的嗎？從命令的無上尊貴性，以及法則的普遍意義而言，必然是善的，甚至是趨向最高善的——實踐理性實現了道德的目的論。純粹的理性之實踐行爲，以其自由意志之道德立法，將道德目的實現開來，讓人在自然宇宙中顯出尊貴來。這是理性自我規範以限度，絕不逾越其本分所光榮贏得的光彩。換言之，這走的不是知性概念的一路，不是依理論理性所自我規範的限度之方式，繼而遵循此規範所獲得的成就。無論如何，實踐理性之批判依然是認知地表達之，顯出人類的認知機能之「既要範疇加以框限却又超出此框限」的特殊性。

依康德，自由意志之立法無不符合道德的目的論之要求，甚至自由意志就是道德目的論的完成者——自由意志就是道德目的。然而，就目的的本身而言，自然或自由都無能也無權獨力擔當此「目的」之完滿意義。自由意志所立的道德法則恰好是知性（伴同其感性）所無法「認知」的，這就超出了現象界的自然因果律則所能說明的範圍。道德法則不落在知性所認知的現象界事象中，但並不會與之相違背或相牴觸。換言之，自由意志作用於「智思界」，非認知地明瞭「物自身」的道德目的。現象界與智思界，並無「瑜亮情結」（有此則無彼）之情形。現象與物自身只是一種單純的區分，讓現象成其為現象的無非就是物自身，而物自身就只是現象之消極表示。以此觀之，康德的自由與自然之劃分，不是對立而相互抵消的兩造，而只是「斷裂的兩橛」，有不連貫處罷了。

於是，自然和自由兩界既已進行了理性的批判工作，兩者之間有一個斷裂、一道鴻溝，從此界過渡到彼界就必須搭一座「橋樑」來溝通，這當然是批判體系是否得能完成的最終任務。《判斷力之批判》的首要目標是定位在這兒的。因此，第三批判由兩部分組成。此中後部分有關「目的論判斷力」之批判，是該任務的整體目標，它屬於客觀而實在的合目的性。前部分對於「審美判斷力」之批判，是把原屬於實踐理性撰寫計畫中的「趣味」原理，提升到判斷力機能的層面來探討，以便藉由自然法則與道德法則，兩者「恰好相符合」時的美感趣味，來溝通兩界(註一三)。

依康德，第三批判之溝通任務正是從目的論來說的，原不專就審美判斷力來說的。如今，審美判斷力也說有「審美目的」，但不是眞有表象出「目的」於其中之目的論，而只是符合於目的的形式，是無目的之合目的性。還有，目的論本身也被說爲「目的論判斷力」，這原不是說目的論要依判斷力來完成，而是取「反映的判斷力」特有的「理性之自我規範，其規範不外是在理性限度內作用」（Heautonomy 即「爲己自律」，牟先生譯「自律之爲自己而律」）的意思（註一四）。理性是爲己而自律的，但理性作爲整體目的論之立法暨執法者，則並沒有推出別的「對象」，要它來代爲接受此律法。目的論原是爲自己立法，亦讓自己執法的。康德說：

> 這樣一來，我們就能把「自然的美」作為形式（僅是主觀的）合目的性的概念來表述，而「自然的目的」則作為概念的一個實在的（客觀的）合目的性來表述。前一種我們通過鑒賞來判定（審美地借助於愉快情緒），後一種通過知性和理性（邏輯地按照諸概念）來判定。判斷力批判區分為審美的和目的論的判斷，是基於上述而來的：前者我們了解為通過愉悅或憎厭的感情來判定形式的合目的性（也稱為主觀的合目的性）的機能，後者是通過知性和理性來判定自然的實在的（客觀的）合目的性的機能。（註一五）

如今，第三批判以自然的目的論，將知性運用於感性的「範疇目的」、自由意志指導到意念的「道德目的」，以及不表象出目的而合目的性的「審美目的」，統合起來，連貫起來。至此，彼此目的相融而方向一致，遂拉繩架索，把橋給搭建起來了。有大鴻溝在，但是無目的之合目的性（不表象目的之審美判斷力的超越原則），還有目的論本身，讓具有理性規範的人看不出驚惶恐懼來。由此觀之，從審美判斷力之批判到目的論判斷力之批判，正有內在的連貫性，所以「康德的目的論的確成了逾越鴻溝的關鍵」（註一六）。康德迎風臨立站在此第三批判的橋上，面對脚下的鴻溝，確實是感到美而且崇偉的，但也更多是知性的自信和道德的嚴肅感的。目的王國之理想主義的勝利威風，不嗅也知，在康德身上完全顯發出來。

## 四、認知機能三分下成立判斷力

從理性的自我規範（譬如上帝存在、靈魂不朽、自由意志等設準）而言，是目的論完成了溝通兩界的藍圖。但是，就認知機能而言，却是判斷力實際溝通了兩界。因此，透過美學的判斷力之批判，完成了目的論的完整藍圖——主觀而形式的合目的性符合了客觀而實在的合目的性。

何以判斷力有如許大的溝通之功能？判斷力由何而來？是從地拔起，抑從天而降？其實，仍是理性之從已而生。康德在判斷力批判「導論」中，提出了他對批判哲學體系的完整構想的基本區分。他列了一個四層的表對照（註一七）。若加上康德三大批判的標題，更能說明其三分說的特色。依康德，「能制約之條件」（理性）、「受條件制約者」（知性）和「條件與制約之關連」（判斷力）之三分是必要的。在理性所劃限的範圍內，知性依範疇爲自然立法，而理性之自由意志爲道德立法，兩者合作而關連在判斷力中。

| | 【理論理性批判】 | 【判斷力批判】 | 【實踐理性批判】 |
|---|---|---|---|
| 心理機能： | 認知機能（知） | 快與不快之感（情） | 欲望機能（意） |
| 認知機能： | 知性 | 判斷力 | 理性 |
| 超越原則： | 合法則性 | 合目的性 | 終極目的 |
| 運　用： | 自然 | 藝術 | 自由 |

可以明白見出，⑴就人類之一般的心靈機能而言，有「知、情、意」三個能力，即：認知機能、快與不快之感、欲望機能。⑵特別就認知機能（知）而言，三種能力可依其確定意義而給以概念的限制，被稱爲「知性、判斷力、理性」。⑶在認知機能所遵循的超越原則來看，知性以「合法則性」爲原則，判斷力以「合目的性」爲原則，理性以「終極目的」（最高善）爲原則。因此，⑷認知機能之運用法則的領域，則分別開展爲「自然、藝術、自由」。

此中，被認知地理解爲「理性」的欲望機能，以其「終極目的」來給出道德命令，以實現人的「自由」，形成「目的王國」裏的終極目的（道德目的之最高善）。目的王國是「道德目的、審美目的及自然目的」一同組成的王國。從目的論整體而言，僅只是一個目的王國而已，不可析一爲三地說之。然而，從該唯一目的的開展而言，則析一爲三地說爲一體相關的三個領域。其次，自身認知地被理解爲「知性」的認知機能，以其「合法則性」來給定自然因果的規律性，形成「自然世界」。此法則性卽用來認知地規定所有先天原則之運用法則。至於，被認知地理解爲「判斷力」的有關快與不快

（愈悅或憎厭）之能力，其超越原則（合目的性）是隸屬於「目的王國」的，然而它的運用是從自由投注到自然的（由知性宣布其感性直覺不足以認識此「目的王國」）的成果，所謂「藝術」（與審美）。換言之，判斷力既屬於理性所轄的目的王國，也以其「合目的性」原則之運用於自然因果世界而顯出無目的的可表象之事實。目的論判斷力之批判交待了前者，審美判斷力之批判交待了後者。因此，判斷力的確是心靈機能的一個中間環節。

於是，說判斷力既居於「知情意」的中間環節，是認識論與倫理學的中介，是「知性與理性」之聯合能力，是「批判體系」的最終完成，是「眞美善」的最後統一，是關於宇宙知識與理性心靈之接合，是理論理性向實踐理性發展的過渡階段等等。這些說法在認知理解上都獲得了確定，而有原則可運用。由三個超越原則之運用皆有認知上的法則性（此法則性之表象卽規範於知性上的超越原則），而過渡到終極目的（理性的超越原則）的實現，中間如無「合目的性」之超越原則以作爲運用法則之表象，此過渡如何可能完成？簡言之，「合目的性」促使「法則性」邁向「終極目的」。

由合目的性之原則所超越地規定的判斷力，可以被認知地表象在範疇運用的法則中。不過，知性中以主謂詞說「判斷」（Urtheil），審美及目的論則說「判斷力」（Urtheilskraft），還是有區別的——英譯以 judgment 和 Judgement 的字首大小寫識別之。判斷也就是判斷力在知性的範疇運用下顯現出來的一種狀態，處於邏輯的關聯中的狀態。判斷源於判斷力的認知機能，故都稱爲判斷力亦無不可。然而在第三批判中，康德明白區分了此判斷力的兩種狀態。

依康德，判斷力作爲人類固有的心靈的認知機能，是一種想在「特殊與普遍之間尋求關係」的能力。將普遍運用到特殊上，決定出範疇的運用關係，獲得確定的表象對象，這是「決定的判斷力」（the determinant Judgement），處在邏輯狀態中的判斷力。從特殊出發以尋找普遍，恰如範疇之尙不及運用於其上，無所謂表象對象可得的，這是「反映的判斷力」（the reflective Judgement），是審美狀態而非邏輯狀態的判斷力。（註一八）

兩種判斷力（亦即「審美判斷力」以及其邏輯狀態中的「判斷」）的不同之對照，是不對等的。其實，審美判斷力及其邏輯的判斷是源於心靈機能中的同一認知機能。對照於邏輯的判斷之稱爲「決定的判斷」，審美判斷力或「反映的判斷力」則爲「非決定的判斷」。規範判斷力之所以爲判斷力的超越原則是合目的性，已如前述。但判斷力之超越原則在知性的表象下（合法則性的運用下），也說爲「自律的」，一如知性之爲自然而自律地立法、自由意志之爲道德而自律地立法。但是，判斷力的自律地「立法」太特別了，沒有爲任何目的來立法。何以故？因爲反映的判斷力，只是自身之反映，判斷力就是自身的目的。依康德，這樣的「非決定的判斷」只是「爲己自律」（自律之爲自己而律，heautonomy）。換言之，不僅自律地立法而且自律地執法於自己，或說根本就沒有立法可言（以非爲對象而立法，更無從履行其執法義）。這就不同於「爲他自律」（自律之爲他而律，autonomy）。康德云：

在我們對於美之一般評估中，我們是尋求美之先驗標準於我們自身內，而審美機能在關於任何東西是否為美或不美之判斷中，其自身就是立法的(註一九)。

牟宗三郎說，康德之「判斷力自身主觀地就是其自己之法則」(註二〇)。又說，「判斷力並非把一法則當作 autonomy 規劃給自然，而是把一法則當作 heautonomy 而規劃給自己，以指導其對於「自然之反省」」(註二一)。牟宗三的〈商榷〉文於此說得分明，然而終究牟先生是不贊同此「爲己自律」的判斷力，不應兩可於「審美判斷力」與「目的論判斷力」而「混漫滑轉」於同一個超越原則。因爲，「切合於『目的論判斷』者並不能切合於審美判斷」(註二二)。因爲，「混漫兩種判斷分際而言一相同的超越的原則」之故，使「由目的論的判斷中之合目的性之原則，滑轉到美學判斷中的主觀而形式的合目的性之難索解，不惟難索解而且根本失其意指」。(註二三)康德就自然的美與自然的目的，一體關聯地說合目的性之原則，自有其明確的用意。牟宗三何故責其「混漫」、「滑轉」、「難索解」以至於「失意指」？後面再詳。

## 五、審美判斷依無目的之合目的性爲原則

依康德，審美判斷力所做的是「無快於不快而只是關於欣賞、品鑑、趣味上的判斷」，這樣的判斷就得稱爲「鑒賞」(Geschmack)。換言之，鑒賞力是一項應用在審美上的特殊的判斷力。(註二四)在《實用人類學》一書中，康德已經分析了這種鑒賞力，也區別了近代哲學傳統所習於區分的「美(Schön, Beautiful 優美)」與「崇偉(Erhaben, Sublime 壯美)」之關係。康德先規定「鑒賞力是感性判斷力作出普遍適用的選擇的那種能力」，而「鑒賞判斷是被看作在感性判斷和知性判斷兩者之結合

中的」，「由鑒賞力來評介一個對象，就是在想像力和知性的合規律性這兩者的遊戲中，判斷它與自由是符合還是衝突」(註二五)。此中，雖然「美僅僅屬於鑒賞力的領域；崇偉雖然也屬於審美評價的一部分，但卻不屬於鑒賞力。不過崇偉的『觀念』本身卻可以也應該是美的，否則它就是粗暴、野蠻和難看的」，而且「崇偉雖然是和美相對的，但並不是衝突的」。(註二六)這些規定，都是「實在的」觀點，康德尚未有給予超越的規定，還沒有從批判的觀點來論述。

超越的規定，就是從理性的自我規範之立場，加以超越分析以尋得超越的原則。爲人類認知機能確立超越的原則，是批判哲學的第一要務。因此，《判斷力之批判》要爲《實用人類學》之描述給以超越的規定。康德在《實用人類學》中，對於美及崇偉都有基本的描述。第三批判中，康德開始借用知性範疇以認知地運用於審美判斷上，用以獲得關於「美」的客觀分析。於是，依範疇之「判斷表」的四個格度，美之分析得形成四個論題，即：非功利、離概念、無目的與共通感——藉而表現爲美之爲美的主觀的形式意義。在此分析中，康德於每數段章節之先，舉出關於美之論題，最後則必綴以結論性的「界說」。茲分列如次：

(1)審美判斷力之「質」的論題：「愉悅之決定審美判斷是獨立不依於一切功利者」。

【界說】：審美是離開任何功益利害，藉愉悅或憎厭而對於對象或表象模式進行評估的能力。(註二七)

(2)審美判斷力之「量」的論題：「美是離開概念而被表象爲普遍愉悅的對象」。

【界說】：美是離開概念而普遍令人愉悅的。(註二八)

(3)審美判斷力之「關係」的論題：「審美判斷以對象之合目的性形式爲唯一根據」。

【界說】：美是對象的合目的性形式，此中對象並沒有目的表象被知覺。(註二九)

(4)審美判斷力之「程態」的論題：「審美判斷是普遍同意的主觀必然性，而於共通感下被表象爲客觀的」。

【界說】：美是離開概念而被認爲必然愉悅的。(註三〇)

此中，康德先論「質」論題，再論「量」論題，與第一批判的範疇判斷表之次序(量、質、關係、程態)(註三一)稍有不同。這些論題如何表達呢？(1)依第一批判，判斷的量是指「全稱、偏稱、單稱」。第三批判所說審美判斷力的「量」論題，等於規定以「離概念的」謂詞之意思，如此則其三態當爲：「『所有』審美判斷都是非功利的」(全稱的量)、「『有些』審美判斷是非功利的」(偏稱的量)、「『某一』審美判斷是非功利的」(單稱的量)。其次，(2)依第一批判，判斷的質是指「肯定、否定、無定」。第三批判的審美判斷力的「質」論題之三態應當規定爲：「審美判斷『是』離概念的」(肯定的質)、「審美判斷『不是』離概念的」(否定的質)、「審美判斷『不一定是』離概念的」(肯定的質)。同樣的，(3)規定爲：「合目的性『從屬於』審美判斷」(定言的關係)、「審美判斷『蘊含有』合目的性」(假言的關係)、「審美判斷與合目的性是『相互的』」(選言的關係)。還有，(4)「審美判斷是『可能的』」(或然的程態)、「審美判斷是『存在的』」(實然的程態)、「審美判斷是

『必然的』」（必然的程態）。這些論題的表達，都依知性範疇之借用而運用於審美判斷力的特徵分析上所獲得的，我嘗試將之推衍爲如上的論題。

總之，對於審美判斷力的規定有四類：非功利、離概念、無目的與共通感。首先，此判斷力爲非關功利而生愉快之反映，亦卽自律以「但生愉快却非關功利」的判斷，故審美是「非功利的愉快」。其次，此判斷力爲離概念而仍可認識之反映，亦卽自律以「雖可認識但無需概念的判斷」，故審美是離概念的認識。又，此判斷力爲無目的之合目的性之反映，亦卽自律以「無目的而暗合目的性」的判斷，故審美是無目的之合目的。最後，此判斷力爲普遍而且必然的共通感，亦卽自律以「源於共通感而爲必然性」之反映，故審美是有必然之共通感。審美判斷力之「爲已自律」的這些特徵，實在不是邏輯狀態中的判斷，所以雖然借用了範疇判斷表來表達，但却獲致「奇怪」或看似「矛盾」的特徵之規定——有借用到範疇的規定，然而以非決定之故，也等於是一無規定。

其中，特別是顯示目的論之「關係」論題，却是以「無目的之合目的性」爲規定的——這尤其是審美判斷力的超越原則所在。「質」論題所交待的是，第一批判之「概念」對於審美而言是未決定的。「量」交待了，第二批判之相比於道德的「功利」對於審美而言也是未決定的。至於，「程態」論題所說的原爲審美之主觀而形式的必然性却有普遍的意義，是因爲人類的「共通感」使然，此判斷也是無有所決定！未決定或無所決定的判斷，只能是「爲已自律」之「反映的判斷力」所獨爲，此審美判斷力之殊勝矣。

## 六、從美之愉悅過轉到崇偉之尊敬感

無目的可表象的審美判斷力之批判，怎麼可能過渡到目的論判斷力之批判？或說，主觀而形式的合目的性，如何過渡到客觀而實在的合目的性？依康德，是經由美之分析過轉到崇偉之分析而發生關連的。可以說，在崇偉之分析，以及其後關於鑒賞之分析中，已預伏了目的論判斷力之批判的要素。經過審美判斷之二律背反的辯證，康德正式把判斷力之批判從審美目的論手中交給了自然的目的論。如此，在辯證論中康德才得以提出「美是道德的象徵」的論題(註三二)，而預示目的論中邁向「終極目的」(最高善)的意義。茲先論崇偉之分析及其過轉意義。《實用人類學》中，康德說：

> 崇偉是在規模和程度上都激起敬畏感的大（magnitudo reverenda），它吸引着人們去接近它(以便能用自己的力量去衡量它)，但是當人根據自己的估計與它作比較而使人顯得微不足道時，它帶來的恐懼又是威攝性的。(註三三)

康德舉例，如在頭頂上空轟響的雷聲，或是高拔的危巖峭嶺，均令人不得不有崇偉之讚歎。這和第三批判的看法是一致的，但判斷力之批判有更進一步的超越規定。康德說：「『自然中的崇高』之感就是尊敬我們自己之『天職定分』(Bestimmung)」(註三四)，這卽有以自然目的與道德目的相互映合之用意。

此中，崇偉是令想像力所無法掌握而反轉出來的尊敬感。崇偉是感性所無能包含得了，致感性悵然有所憾，自嘆不如。崇偉是由感性翻騰上去的，直入超感觸之境地。由驚怖而讚歎，由悵憾而尊敬，這是崇偉之翻騰起伏的心靈狀態。可是，這心靈狀態合於什麼超越的原則呢？依康德，仍舊是合目的性原則。而且，這合目的性還有更明確的特徵，即「無可窮盡的數量」與「莫可比擬的力量」。數廣無極，攀抓不住，這是從「數學的量」比擬而來的超越規定(註三五)。威力無比，悔懺渺小，這是從「力學的量」自況而來的超越規定(註三六)。從而，也只有「崇偉」之感，能令人謙虛安分，而生道德尊敬之情。

如前所述，康德以愉悅之感情來規定美之爲美的特質——美總是「靜默的愉悅」，是「靜觀默會」的心靈狀態(註三七)。崇偉是獨特的美，崇偉自不與美相牴觸，但境況有別。崇偉是激揚顫動的心靈狀態，是由驚怖悵憾而至讚歎尊敬之反轉翻騰的狀態。依康德，這樣的狀態源於原初的美之提升，最後則邁向道德之最高而至尊的表徵之境地。何以要邁向道德之表徵？依於合目的性的超越原則之故。

康德將數學與力學引入崇偉之分析，作爲崇偉之超越規定的兩個典範，這和當時的自然科學之成就有關。當審美判斷從無目的可表象之合目的性說起，從美之主觀的形式出發，劇然面對一無可窮盡的數量或莫可比擬的力量之對象表象時，審美判斷力遂爲感性感觸所無能掌握的困境之莫名痛苦所挫扼，從而油然而生起激揚顫動的情感，要將此超感觸的境況整箇安頓於心，以重新納入理性的秩序之目的王國中。

於是，形式而主觀的合目的性退讓以「無形式」的對象表象特徵。繼而承認此無可窮盡又莫可比擬的對象所應有的「形式」，在知性的範疇運用下是全無規定，亦是毫無限制的。審美判斷力驚覺此對象表象完全不符合形式美的形式，無以由知性的想像力所輕易掌握，從而因其無形式又爲想像力所無法掌握而喚起「理性的概念」（審美的最高理念），做出最後的規範。這就迫使理性自身同時於面對自然的崇偉之情感之際，轉而面對於道德的無上命令之尊敬感。自然的崇偉由對象表象所激起，而對於道德命令的尊敬感却由自由意志所欣然接受，這就由知性的想像力過渡到倫理的最高善之理念上了。對於美之愉悅的鑒賞力，以及越過該鑒賞力而來的崇偉之尊敬，使審美目的與自然目的合而爲一，從而也讓審美目的與道德目的合而爲一。析一爲三而說的「目的」終只是一個目的論的整體開展罷了。換言之，如能從主觀的合目的性過轉到客觀的合目的性，亦卽從審美判斷力之批判過渡到目的論之批判，溝通兩界的工作才算正式啓步。

既然，從美之形式規定而轉爲崇偉的尊敬感，可以看出合目的性原則之超越的運用的情形。由一般鑒賞的愉悅走入理想鑒賞的道德表徵，規定出此審美判斷力之不能不具有通往目的論的責任。合目的性原則貫穿了審美判斷力與目的論判斷力，所以審美及其鑒賞所要完成的不「只是美」，而更要實現「美的理想」。引用傳統的詞，康德稱前者爲「純粹美」或「自在美」(pure or free beauty)，而稱後者爲「依存美」(merely dependent beauty)。自在美者，以其純粹合於主觀的審美形式之故，合於前述「非功利、離概念、無目的、共通感」之規定卽是。依存美者，以其美之形式猶依存於自然目的之故。此中，合於「非功利而依存於道德價値」、「離概念而依存於概念認識」、「無目的而依存於終極目的」或「共通感而依存於主觀實踐」等均是。

依康德，從美到崇偉之翻轉，亦即是由純粹美到依存美之過渡。桌巾或壁紙等裝飾用的圖案花紋符合主觀形式的純粹美（只是美），然而缺乏「美的理想」，很難說它們是「藝術」。純粹美當然具備欣賞及趣味判斷的必要形式，但還沒有注入藝術創作或審美上的理念。在康德看來，藝術創作或審美理念是天才所獨創而有的（特殊性），並且因此成爲典範的（普遍性）。於此，天才的心靈與崇偉的心境之間的確有類似性。然而，天才的心靈趨向於自然目的與審美目的之結合，崇偉的心境却趨向於自然目的與道德目的之結合。關於前者，康德卽指出「自然與藝術兩者的合目的論之觀念論，是審美判斷力的獨特原則」。（註三八）關於後者，康德說「美是道德的象徵」——因爲，天才以其獨創與典範之外，如更有崇偉之尊敬感，則這樣的特殊判斷力或鑒賞力，將促使美眞正成爲「道德的象徵」。審美的道德象徵，不是道德律令而是美的理想或說審美理念。審美形式與審美理念的結合，亦卽合於「自然目的」之審美形式（無有目的可表象的合目的性）與「道德目的」（無法表象的理想目的）的結合。其實，「美是道德的象徵」正是康德在《實用人類學》所描述之「理想的鑒賞具有一種從外部促進道德的傾向」（註三九）之超越規定的對等說法。

如上所述，審美判斷力到目的論判斷力之過渡，正如實反映在純粹的形式美到崇偉之尊敬感或依存美之過渡。在康德看來，審美判斷力之批判卽是「主觀而形式的合目的性」之目的論判斷力，這與「客觀而實在的合目的性」之目的論判斷力之批判自是相連貫的、一致的。以此審之牟宗三之疑竇及商榷，則不無令人懷疑：主觀的合目的性必然過轉到客觀的合目的性，這過轉豈有「滑轉」可言？因其過轉之必然而說「合目的性」為審美判斷力的超越原則，以無目的可表象之審美目的，來實現整個批判哲學的目的論藍圖，如何而說「混漫」？此由美之愉悅感而超拔而轉為崇偉之尊敬感，此「過轉」是那麼順適切要而明白，如何說為「難索解」而「失意指」？考其緣由，在於牟先生的一個情結未解，有以致也。此情結為何？曰「人神之辯」！此義後述。

以上已經專就康德的第三批判，其審美判斷力之批判及目的論判斷力之批判，兩者之間的內在關聯，做了深入的論述。如果我，們能讓康德的問題回到康德批判哲學的立場來解決，不以道德的形上學來改造之，責成之的話，則康德根本沒有牟先生所說的問題出現。就自然與自由之兩界溝通，以及整個批判體係的完成而言，我們可以進一步判定的是：

(1)前兩大批判的關聯是第三批判，沒有第三批判之工作，自然與自由兩界將斷裂為兩橛而無從連貫起來。

(2)判斷力之批判作為第三批判，所以分為兩個部分，是有緣由的：從目的論立場來看，主觀而形式的合目的性（審美目的）與客觀而實在的合目的性（自然目的），是整個自然目的的兩個連貫部分，是一體之兩面。從審美學問來看，既以反映判斷力為審美的心靈機能，則審美判斷力與目的論判斷力之關聯及連貫，也是一體之兩面。

(3)在主觀而形式的合目的性（審美目的）以及其審美判斷力中，如實反映了審美目的過轉到道德目的之必然特徵。所以，第三批判兩個部分之溝通連貫即反映在審美判斷力之批判中。

(4)審美判斷力之批判如實體現了兩大批判之關連、自然與自由兩界之溝通、整個批判體系的完成，實現了此關連溝通及完成的可能性與任務。因此，沒有審美判斷力之批判，則斷裂爲兩橛之自然與自由兩界必然永遠無從連貫起來。

(5)審美判斷力中，雖合目的性但却無目的可得表象的美之形式（純粹美），其所以能目的論地邁向無極無比的崇偉讚歎，而承認有一無法表象的自然目的之存在，正說明了：此中有一溝通兩界之關鍵中的核心關鍵，必須被正視。此核心關鍵是「人得以由美之愉悅感反轉翻騰到崇偉之尊敬感」。

(6)美而有道德表徵，正是自然目的論的最大目的——可以說，審美目的使最高善之終極目的之眞正實現爲可能。審美判斷力之批判眞可以說是「理性批判底批判」。

## 七、康德美學與觀念論的內在關係

回顧西方近代哲學的基本任務，主要在解決宗教神學與自然科學的對立衝突，從而藉此確立出人之道德行爲的規範性。依康德，理性的自我規範不是機械論的自然觀所能解說得了，理性規範之限度無法安立在機械論的自然世界中。換言之，只有目的論的自然觀或自然的目的論，才是理性自許的「目的論」。然而，近代哲學自笛卡爾開始已經將「上帝」鎖進了「保險櫃」中，來布尼茲以降，理性神學的建立不過是整個自然目的論的一環。於此，康德根本已不用將自然的目的論納入神學的目的論中，相反地，是理性之批判態度讓宗教在自然目的論中爲上帝存在之設準或信仰的目的留下了空間。

這樣的態度轉變，當然可以突顯出康德具有道德的目的論的看法。可是，如牟宗三先生所處處指責康德的，自然的目的論及其自然的神學概不足取，而批判哲學終也只能從道德的目的論完成道德的神學，是西方哲學傳統的毛病，馴至非要從儒家的道德的形上學之智慧來會通超越不可，這就有特別的意思了。認為康德必須開出道德目的論，從而歎惜康德之只能完成道德的神學，乃至要求他往道德的形上學靠，這是新儒家的特別看法。

康德自有彼時代的哲學處境與傳統，亦自有其進路及方向。理性的自我規範既已提升到批判哲學的工作，這更凸顯出德國觀念論精神或理性的理想主義至上之「德意志性」(Deutschkeit) 的初露曙光。新儒家之會通消化康德的哲學，其實是在吸取此初露曙光的德意志性的經驗與理想。其實，牟宗三先生所會通於康德的，所要求完成之道德的形上學立場，在康德之後的費希特的哲學裏有具體的顯現。費希特標舉道德的自我同一哲學，這可以視為康德道德目的論的進一步完成。即此而言，不僅牟宗三哲學與費希特哲學之間實有很强的類似性，必須被承認，更應即此充分開展才是。然而，牟先生的會通工作並不願下委論及費希特，其原因固有多端，但却不容忽視此開展的積極意義。

因此，新儒家對於康德哲學的會通實應放寬到德國觀念論的整體發展來考察，才得以見出此中蹊蹺。觀牟宗三之理解西方哲學，只是柏拉圖一系、來布尼茲與羅素一系，以及康德一系的三系哲學型態之發展。(註四〇) 在牟先生看來，德國哲學只有理想主義的觀念論，而觀念論只有康德及黑格爾可說；至於中西會通則惟康德而已，惟道德的目的論而已。在中西哲學會通下，新儒家之理想主義精神的主要關注點是在康德，但牟先生更應看出整個新儒家的開展可能方向，卻映現出相應的「德意志性」之特質上。對於新儒家之理想主義精神和德意志性之義理關聯，這一主題做出適當考察，觀其長處和限制，藉以釐清當代新儒家美學態度之定位，將獲得更爲客觀的評價。

衆所週知，康德物自身觀念在後來有兩路發展，即觀念論(Idealism)及意志論（Voluntarism)。既然，作爲消極的限定之「物自身」觀念已變成康德哲學不可解的謎，遂導致理性批判之後的哲學發展，出現兩種基本的類型。其一，是充其極地，將理想主義（觀念論）步步推向高峰，經由費希特的主觀觀念論，謝林的客觀觀念論，終而至於黑格爾的絕對觀念論之峰頂。另外其一，是反其向地，採取超乎理性的態度，視物自身爲意志的自我設定，漸漸遠離觀念論的立場，而至於叔本華、尼采及齊克果等的意志論。

前者，黑格爾的一路，就其與實在論相對而稱爲觀念論，亦就其與後來的馬克思及恩格思的唯物論相對而稱爲唯心論，更就其直奔理性主義的大路而與意志論的非理性主義相呼應。叔本華、尼采等的意志論（或唯意論）哲學，在當代存在主義運動的推溯下被尊爲非理性主義及存在主義的先趨。由此觀之，對康德物自身的理解方式，決定了觀念論與意志論的兩路發展，而且也決定了唯心論與唯物論的對立方向。整個近代德國哲學及其德意志性之開展，實肇端於康德的理性之批判態度，其核心是現象與物自身之區分，此核心之關鍵又在於《判斷力之批判》的處理態度。因此之故，牟宗三既認爲《判斷力之批判》無助於道德的目的論，卻又要重述審美判斷之超越原則，這就將觀念論中康德批判哲學的定位問題，特別是審美判斷力之批判的定位問題，移接到新儒家學問中來了。

## 八、牟宗三重述審美判斷之關鍵：無相原則

如上所述，康德宣說，審美判斷以「無目的合目的性」爲原則，又說「美是善之象徵」，足以「溝通自然與自由兩界」。牟宗三則斷說，康德的審美判斷「很不足以作爲自然概念與自由概念間的媒介」，它「擔不當了這個責任」，美是善之象徵「只是這麼一說而已」。從自由直貫而徹至自然，根本不需要此媒介，康德的「想法太迂曲而不順適，太生硬而不自然」。因此，「關於審美判斷以及其超越的原則必須重述」(註四二)。從而，在美感品鑒上，牟先生提出「妙慧妙感」來融攝康德所說的「靜觀默會」。最後，依牟先生之商榷，康德的合目的性原則既不能成立，《判斷力之批判》乃顯得多餘；眞要說「美」，應是「眞美善合一說」的美，其超越原則既經「重述」就不是「合目的性原則」而是「無相原則」！

檢視牟先生對康德《判斷力之批判》之會通的成果，總而言之不外儒家「道德的形上學」格局之改造康德此一件事，分而論之則爲：(一)以無相原則代替合目的性原則，作爲對於審美之超越的規定，(二)判康德只爲眞美善之分別說，「因少一回環故」，應當以眞美善之合一說融攝之，(三)在孟子學的「人禽之辯」立場上，抉發康德哲學更應有一「人神之辯」的大轉變（此「人神之辯」是我補述上去的，以明示牟先生的立場）。可以見出，新儒家的美學態度，將以這些特質而成爲此道德的形上學的

一環。茲分而探討之。

㈠首先，牟宗三以「無相原則」代「合目的性原則」，以作爲審美的超越規定。牟宗三認爲，審美判斷卽是妙感妙慧之品鑒，品鑒卽是靜觀默會。他說：

……故審美品鑒之反照卽是一種無向之靜觀。無向卽是把那「徼向」之「向」剝落掉，此則暗合道家所謂「無」之義。道家之「無」首先是遮「徼向」之有（徼向是在「有」中見），由此遮撥，始顯妙用之「無」（妙用是在「無」中見）。旣顯「無」已，復由「無」之妙以保「有」之徼，此爲道家玄智之全體。今審美品鑒中之不依於任何利害關心卽是暗合遮徼向之有也。由此遮徼向之有始顯審美品鑒之妙慧。審美品鑒只是這妙慧之靜觀，妙感之直感。美以及美之愉悅卽在此妙慧妙感之靜觀直感中呈現。故審美品鑒之超越原則卽由其本身之靜觀無向而透示，此所透示之原則卽相應「審美本身之無向」的那「無相原則」也。(註四二)

此中，反映判斷（牟宗三稱之爲反照判斷或無向判斷）與道家的「有」（徼向）「無」（遮徼向）是暗合的。他强調，「此一超越的無相原則（非合目的性原則）只由審美品鑒而透顯，此亦正合康德所說的『審美判斷之自律之爲自己而律』之義，卽"Heautonomy"一詞之義」(註四三)。牟先生認爲，純就審美判斷力之分析而言，康德的見解雖有別於而又無異於道家的玄智之化境。康德及莊子一旦談審美、說鑒賞，就必然牽涉到「無相原則」。故牟先生又說：

莊子固是講道家玄智之境界，不是在講美，但是他的化境固亦暗合「無相」之原則，故凡見此

境者皆覺有輕鬆自在之美感，這亦是道家所以能開藝術境界之故。（註四四）

依牟宗三，無相原則既能說明審美鑒賞之超越規定，自可以取代合目的性原則。換言之，道家之「化境」已足以成就康德的審美判斷力之超越的規定。

㈡其次，**牟宗三論究「眞美善之分別說」與「眞美善之合一說」的化境有異**。在他看來，「分別說的眞指科學知識說，分別說的善指道德說，分別說的美指自然之美與藝術之美說。三者皆有其獨立性，自成一領域」（註四五）。此三者，各個獨立、各有分際，而「皆由人的特殊能力所凸顯」。牟先生說各別的眞、美、善，都是「平地起土堆」，則分別說中土堆處處而堆堆不同。在《智的直覺與中國哲學》中，牟定三早已依「良知之自我坎陷說」區別了「執的存有論」與「無執的存有論」之不同，現在眞美善之分別說指的就是「執的」狀態。牟先生說：

分別說的「真」是生命之窗戶通孔，生命之「呼吸原則」，但只通至現象為止，未能通至物如，故雖顯「真」之獨立意義，亦有其限制。（註四六）

這不外乎說，施用於現象而成就知識相之執的，是分別的眞。孤立地說知識的成立，就不可能對物自身（物如）有何認知可言。通過智的直覺始得「通至物如」，但人之具有這個智的直覺是相應於眞美善之合一說的化境才有的。又，

分別說的「善」是生命之奮鬭，生命之提得起，是生命之「精進不已之原則」，但亦只在精進中，未至全體放下之境，雖顯善之獨立意義，但亦常與其他如真與美相頂撞，未臻通化無礙之

境。（註四七）

儒家學問之「建體立極」，其宗旨原就是要人提得起自家生命，故道德踐履也就顯出銳不可擋之勇猛氣勢。牟先生講「道德的形上學」時，也不時提撕醒省此道德的生命之提得起。未「提得起」之先，於意念未覺，欲提起恐力有不及，此時緊要就是醒省提起。如何還未提起，即說「全體放下之境」？然而，因爲要提起，所以有提起之相狀，而且此相狀必有執礙，這是當然的道理。牟宗三難得於此說「執的」道德的「礙相」，眞要「無執」而臻於「化境」，還須全「體」能「放得下」！

至於，分別說的美就已然放下，原本無提起之急迫處。審美品鑒之反照既然是無向之靜觀，其終而無相，復暗合於道家之化境，自也有別於儒家學問之建體立極。不過，牟宗三卻說：

> 分別說的「美」是生命之「閑適原則」，是生命之灑脫自在。人在灑脫自在中，生命始得生息，始得輕鬆自由而無任何畏懼，始得自由之翱翔與無向之排蕩。但此是妙慧靜觀之閑適，必顯一「住」相。若一住住到底，而無「提得起」者以警之，則它很可以頹墮而至於放縱恣肆。（註四八）

魏晉玄學眞可以閑適而灑脫自在矣，但牟宗三擔憂其「一住住到底」，再無「提起」之志，將放任而往頹墮與放縱恣肆一路滾落而去。這原只是化境，只合於道家玄理玄智之境界形態的形上學，固無庸道德的形上學以挺立之。是純粹化境而無所謂「執相」也，但牟先生還是要求要「警之」，再重新醒省而提起之。如此，分別眞是執相而無化境，分別善亦是執相而無化境，分別美則顯然只有化境而四無掛搭矣。就儒家而言，這四無掛搭的化境是無能建體立極的。因此，牟宗三說：

> 眞美善三者雖各有其獨立性，然而導致「即眞即美即善」之合一之境者仍在善方面之道德的心，即實踐理性之心。此即表示說道德實踐的心仍是主導者，是建體立極之綱維者。（註四九）

這就把道德的目的論及道德的形上學之學問，拔擧到純粹化境之上了。善可以分別地說，亦得以非分別地說，而且是建體立極之綱維。依此，道德的心、道德實踐的心、實踐理性之心，是合一之境的主導者；認知的心、理論認知的心、理論理性之心，陪襯而已。溝通自然與自由之兩界的審美判斷力，亦陪襯而已。目的論判斷力之批判，走向神學的路去，更是陪襯（的陪襯）了。

牟宗三與康德，於此分道揚鑣，各開各的理想主義了。在牟宗三，道德的形上學正是眞美善合一之境所以呈現之源。康德讓目的論判斷力去完成「自然」與「自由」兩界溝通連貫起來的藍圖，讓審美判斷力去實現「合法則性」與「終極目的」的關聯而合一。合目的性的判斷力是藝術的化境，自也是眞美善的相關聯而合一的化境。「位我上者，燦爛星空；道德法則，在我心中」，如此相映相照，以美映眞，以美映善，就是合一之化境了。牟宗三則認爲，判斷力之批判根本擔當不起這責任，康德「合目的性之原則」是建立不起來的。（註五〇）要能擔當此溝通的責任，則要以善統眞、以善統美，還要以至善（道心）統善（人心），即以「善方面之道德的心」統合而開出「即眞即美即善」的合一之境，這就與康德的看法相異了（當然此超越的「統合」自非朱子心統性情之經驗的統合義）。依牟宗三，如能通過「克己復禮關（挺立關）、崇高偉大關（道德關）、無向無相關（化境關）」這三關（註五」，則：

在此合一之化境中，不惟獨立意義的道德相之善相與獨立意義的現象知識之真相被化掉，卽獨立意義的妙慧別才之審美之美相亦被化掉。（註五二）

而且，

若在非分別說〔案：卽合一說〕中，則妙慧被吸納於道心，而光彩亦被溶化而歸於「平地」，此時只成一「卽真卽美卽善」之境地：真是「物如」之存在，善是「天理」之平鋪，美是「天地之美，神明之容」，美無美相。（註五三）

只是一化境的美，原本就無相可云。在合一說中，「妙慧被吸納於道心」而風彩盡退，平凡平鋪平淡極了。美的化境無所謂美矣，何以故？「因爲美本是一閑適之原則，其本身顯一靜觀之住相，它本不是一建體立極之主導之原則，是故它是必要的，又可被消融」（註五四）。新儒家不愧是道德的理想主義者，在道德的形上學之建體立極下，純粹化境的美如其只是閑適而已，仍是要被消融的！

㈢**最後，我想指出的，是新儒家加在康德哲學身上的「人（而）神之辯」的情結**。在孔子詠歎「逝者如斯乎」之化境後，孟子以「幾希之辨」打開剝現了這個化境，孟子要重新安排孔子的化境。幾希之辨，就是「人禽之辨」，能建體立極之本心善性於焉確立。周孔之前，早有「人神之辨」的理性覺醒，亦卽「宗教人文化」的理想性自覺。當代新儒家面對康德哲學，不覺地或自覺地要重述「人神之辨」的理性覺醒要求，這樣的心結其實不難體會。牟宗三先生是站在孟子學來要求康德的，亦即以「人禽之辨」來要求的。本心善性之所以爲幾希，却能顯大用，能建體立極，這必須有「人神之辨」將人從神的束縛解放開來，方有可能。如其不能就「道心」安排「神心」，此「神心」將神威不可測，雖或「於穆不已」而却不能於「道心」中「純亦不已」。因此，要就孟子學來會通康德哲學，必要求康德通過「人（而）神之辨」。牟宗三批判說：

康德講「無目的的合目的性正是把審美外離地掛搭於一神意之設計之目的上，雖內在於審美本身無任何目的，但對象之所以為美却外離而遙契地掛搭於神意設計之目的而為合目的的（主觀反照上之合目的的，非客觀決定之合目的的）。這正是外離地顯一非決定的關係相，此則非是。蓋其於關係依違於虛實之間故也。而此則由於其以合目的性原則為審美之超越的原則之故也。種種不順適皆由於此。（註五五）

此中，「外離地掛搭」或「迂曲地遙依」等（註五六），都是牟先生用來描述康德之未能完成「人神之辨」的責難之詞。康德豈不已順承近代理性主義者的氣魄，將上帝之能與人類之能明白區分開了嗎？「人能」與「神能」不是很理性地安排劃分開了嗎？何故說未能完成「人神之辨」？依儒家，不能將「神能」納入「人能」中，即不得說爲完成人神之辨（人而神）。人而神之辨不是用「幾希」來分辨，而是用「眞幾」來感得的，這叫神感神得。「寂然不動，感而遂通」（註五七），這先於「感通」之際的「寂然」就是「眞幾」（寂感之眞幾）。依康德的用語，就是上帝才能具有的「智的直覺」。牟宗三認爲人得有無限心，得有智的直覺，這就是站在「幾希」之上，要求康德面對「眞幾」！換言之，要康德去肯定：人既有幾希之人心人能，必也具有能感知此眞幾之神心神能。借用牟先生的話，幾希是「豎立」（土堆），眞幾則是「平鋪」（平地），幾希而感知眞幾，就是從豎立處要求平鋪之化境。順牟宗三的說法，是在平地起土堆之餘，還要化地平平，要大大提起而後全體放下，要「執而無執」（註五八）。牟先生於三處說到：

> 故凸起為現象，而物之在其自己（物如）卽為「平地」。平地是對神心而言的。這神心依儒釋道卽是無限心，康德認為人不能有之……。此時土堆卽消融於平地而歸於平平之一如，現象之眞歸於平地之真。（註五九）
>
> 道德的善卽由此分裂相而顯，亦卽是寄託於此分裂相上的一個土堆。神聖的意志處，乃至神意處，無此分裂相，祂總是平平自如的。（註六〇）
>
> 但當道心之精進不已與圓頓之通化到「提得起放得下」而化一切相時，卽顯一輕鬆之自在相，此卽暗合於作為審美之超越原則的「無相原則」，亦卽道心之藏有妙慧心。（註六一）

牟宗三自有此妙境，無庸置疑。然而，康德眞需要此「人神之辨」乎？則有未必之處。不過在費希特看來，「物自身」其實是虛構的概念，道德的絕對自我是整個批判哲學得以完成及統一的根源，上帝（神）無非就是此自我（人）所開展的道德秩序之表示——依此，費希特完成了康德所無須完成的「人而神之辨」，豈不更符合於新儒家之目標？此類似性如後將述，是孟子學特質的觀點。關於此中細節及差異，宜另文探究。總結以上，我們獲知牟宗三之重述康德審美判斷力之超越原則的關鍵，是在能否完成道德的形上學之考量上。如依康德，審美判斷力及其合目的性原則即已溝通了兩界。依牟宗三，此溝通不能眞正建立，以其無能完成道德的形上學之故。道德的形上學者何？建體立極之學也。一言以蔽之，即「人禽之辨與人而神之辨」之學也，亦即「幾希之於眞幾」而已。

## 九、略說理想主義或孟子學精神的新儒家美學

如上所述，康德美學之儒家解釋是經過「人（而）神之辨」之會通改造，才爲可能的。如此，才得有道德形上學的美學態度之確立（建體立極之餘的化境之境）。依牟先生，美學既是道德的形上學所衍生的一個問題，自是道德實踐的一環。特別是從「圓善」的立場而言，美之爲美是伴隨善之爲善而呈現的。前已提及，這完全是孟子學的精神。而孟子，正是由「可欲之謂善，有諸己之謂信，充實之謂美，充實而有光輝之謂大，大而化之之謂聖，聖而不可知之之謂神」（註六二），來超越地規定美的化境的。可以說，當代新儒家的美學態度，是要重建孟子學的美學特質——康德的第三批判之會通只是此重建的一箇借用。

雖說，牟宗三是以宋明儒來會通康德，說「康德是朱子與陽明之間的一個居間的形態」（註六三）換言之，新儒家授給康德哲學一個不高不低的宋明儒家宗位。牟先生認爲，康德講自律道德，不似朱子講他律道德，所以於有進於朱子。然而，康德不承認人得以有智的直覺，對於物自身總是一層限隔，陽明或孟子學則肯認人一有道德無限心，人可以有智的直覺，可以知其物自身，成就道德形上學之圓

善的境地。由此觀之，牟先生將儒家宗位授給了康德，頒定他爲從朱子向陽明而熟却「未熟」(註六四)的宗位。這是很特別的，易言之，康德比起朱子還更爲純正，猶較未「歧出」也。如此，朱子既「繼別爲宗」，康德則未也。康德眞有儒家之宗位，雖不得爲最正宗，而確可比知矣。但，其實牟先生會通於康德的是宋明儒中的孟子學(卽象山及陽明之心學)。因此，改造康德審美判斷力之依據的，是孟子學的道德化境。此點不可不察。孟子學的道德化境爲何？卽「美、大、聖、神」也。此外，盡心篇記載：

孟子曰：「孔子登東山而小魯，登泰山而小天下。故觀於海者難為水，遊於聖人之門者難為言。觀水有術，必觀其瀾，日月容光必照焉。流水之為物也，不盈科不行。君子之志於道也，不成章不達。」(註六五)

聖人每觀於崇偉之境，心中油然而起道德的尊敬感，終而超拔翻轉爲對於賢聖學問的崇偉之歎，美之化境亦自在其中。前云，「充實之謂美，充實而有光輝之謂大」，這相當於合於形式之美之愉悅，以及無極無比的崇偉之尊敬感之狀態。至於，「大而化之之謂聖，聖而不可知之之謂神」，卽是智的直覺之感知於眞幾處的道德的化境。於儒家看來，這不是康德所說限於上帝才有之理性的自我規範所得而有的化境。同樣地，「流水之爲物也，不盈科不行」，豈不也有自然之目的之存在運行焉，而君子才神感而存養焉！於是，「君子之志於道也，不成章不達」，此更應有道德的目的之充擴了。「志於道」而「成章」猶自律以道德法則，依自由意志以立法。這些至少是和康德從美之愉悅之情轉至崇偉之尊敬感，有相發明之處。然而，孟子要存養充擴於本心善性，由道德的本心來豎立出化境之平平。他說「夫君子所過者化，所存者神，上下與天地同流，豈曰小補哉！」（註六六）正是此境。這的確超出康德之理性的自我規範之限度（知性範疇的運用上之不得不的設準）。以孟子學的化境來會通康德之審美判斷力，當然視之「少了一回環」（註六七）。

如上，牟先生以孟子學規範宋明儒，以象山陽明一系心學爲大宗，援以建立儒家的道德形上學，並用來會通康德。因此，若問：當代新儒家的美學觀如何而可能？卽是問：宋明儒的美學態度，如何於當代中國美學發展中爲可能？事實上，也就是問：孟子學的道德化境如何有當代美學的意義？從會通的觀點而言，這同樣亦如在問：孟子學的道德化境如何會通超越於康德的審美判斷力，從而開出當代新儒家的美學來？對於這些相連貫的問題，如根據牟宗三對傳統儒家學問的分判疏通以及對康德哲學的消化吸收，不難獲得確定的答案。

然而，從牟先生的學思成果來看，孔子的生命態度在程明道的一本圓頓的模型之表示下，似能如實相映地呈現開來。牟先生也不時點出，宋明三系中「眞正的正宗」是明道的生命學問。（註六八）因此，圓頓表示之美學態度豈不反映出孔子音樂和諧境地之「仁」的美感情境。明道「一本圓教」（註六九）無知識之執相、無道德之執相，而只是「識仁」而來之無處無不是的「天理」流行之化境。以此觀之康德，第三批判本是批判哲學的序論，也是溝通兩界之綱領，是理性的目的論之極致，則中西哲學會通豈不正在明道（一本圓教）與第三批判（審美之主觀的合目的性與客觀的目的論之一本）之必然的耦合上完成！

換言之，從道德的主體性哲學過渡到道德形上學的開展，是內省而顯現的過程，所謂「盡心知性以知天」及「踐仁成聖」之路。由道德的實體形上學下開道德實踐的主體性，是「天命流行而下貫」之路。若前爲主觀性原則，後爲客觀性原則，則何以只滿足於孟子學而已？美學的境地亦被限制在道德實踐的圓善境界上，僅飾其附麗耳？康德義的判斷力批判，應是貫通審美與目的論一體的批判，以明道的一本圓教說之，不是更恰當？甚至，孟子學特質的觀念論型態，應當下推及費希特的道德的自我之同一哲學處相應建立。費希特在《知識學基礎》中直斥康德的「物自身」是純粹的虛構(註七〇)，在道德的自我之自身設定中，此「活生生而作用著的道德秩序就是上帝，我們既不需要任何其它上帝，也不能理解任何其它的上帝」(註七一)，甚至說「自我是一切實在的源泉」(註七二)。依此，自我是認識的中心，是行動的主體，也是道德世界的創造者，更是道德秩序的實現和保證者，這樣的論點合乎牟先生所改造而有進於康德哲學之孟子學立場。反觀康德合目的性處所說的「自然與自由」的恰好符合而生道德的境界，並沒有強調一道德的自我之絕對同一的觀點。相類於此，道德的化境，無有道德我之執相，只是如如化境之一體平鋪而已，這在明道學問裏同樣是很自然的。換言之，宋明儒的孟子學應更進一步會通於費希特，而康德哲學則不僅引向宋明儒心學，更宜會歸於明道之處。

在牟先生看來，整個宋明理學的立場，甚至先秦儒家的原型，都是道德的理想主義，都依道德的形上學以建體立極。誠然，若從張橫渠「心能盡性」(註七三)、胡五峰「以心著性」(註七四)到劉蕺山

「歸顯於密」（註七五），既使再加上王船山「鑑史於理勢」（註七六）的理解，用來相應於德國觀念論的發展，庶幾完整而有確切呼應矣。然而，雖如此，則也只是理想主義的觀念論之相應而已。關於此義，容另文處理。總結以上所述，牟先生之視康德爲不究竟、未成熟，只是居間的型態，就更不必說要下委論及費希特了。此中關鍵，在新儒家看來，依舊在康德未能眞實挺住道德的「人（而）神之辨」所致罷！

## 十、檢討中國當代美學的新儒家特質

除第一節之交待問題緣起，本文二至六節，已詳述了康德的第三批判之基本內容，七至九節則探討了牟宗三先生之重述康德判斷力之超越原則爲無相原則，乃至新儒家的基本孟子學特質。消化融通康德，以期改造超越康德，自將促使當代新儒家的美學立場，依循康德而有別於康德。以孟子學接收康德美學，這是當代中國美學的新儒家特質之一，雖然此接收之相應處理更應在費希特哲學之開展會通上。

其次，以其判攝道家只爲境界形態的美學之故，新儒家美學也有別於老莊道家的美學立場。但既然只是化境上相通，化境上儒道釋都一體放下，一切化地平平。這就沒有三家的差別義顯現，而只有平平、實實、如如的化境。但老莊道家終歸是老莊道家，說它只是境界形態的形上學，沒有道德的形上學，沒有實體創生之義，這就在化境上「攝道歸儒」，顯出儒家之道德的建體立極之相了。此儒道是互濟乎？抑是道德化了的老莊？儒家化了的道家？就藝術精神以及美學發展而言，以儒化道能否開出寬廣視野的美學態度，實有待檢驗。總之，以儒家道德實踐消化道家之化境，這肯定也是當代中國美學的新儒家特質之二，雖然此消化使道家智慧只成爲附屬於儒家之形上境界而已。

從會通康德及判攝道家，這兩個特質出發，新儒家對於當代中國美學的研究，誠然或有開啓新視野的作用和意義。但所開啓的新視野爲何？將有何相對的限制或困境？這些問題仍是開放的，本文無能論及。但是，從新儒家所具有的道德的理想主義的精神，以及會通以康德觀念論立場來看，仍有幾項限制可以預見。換言之，既使透過牟宗三之會通消化康德，甚至唐君毅之融通發揚黑格爾精神，當代新儒家的美學立場，將因此獲得確切的定位與框限。如此，亦將使新儒家美學處在「理性主義」裏而與「非理性主義」相對乎？或者，處在「觀念論」中與「意志論」相抗乎？甚至於，終不免落陷在理想主義觀念論的極度發展（是爲「唯心論」），而與其「社會轉向」（將黑格爾頭脚顚倒而成其爲「唯物論」）的馬克斯思想決裂乎？

顯然，新儒家要開展並確立當代中國美學的新視野，就應當面對上述不同層面的問題。此即：

## ㈠新儒家必須遍歷觀念論美學的極致

牟宗三所會通的康德哲學，是德國觀念論的正式開端。康德以後的觀念論之高度發展，特別是黑格爾的美學，新儒家猶未有全面會通之開展，這和大陸迄今對觀念論的美學研究是不能相比的。既使如唐君毅之以歷史道德意識會通於黑格爾，而迭有融通高致，但黑格爾的美學與絕對精神的開展關係，對於新儒家將有何啓示，却還是空白。唐君毅先生以心靈境界相稱於絕對精神之開展，仍舊是道德哲學爲上的美學境界，此觀其「生命三向存在與心靈九境」之最後三境（神教、佛教、儒教）之安排（註七七），得以準知。

## (二)新儒家必須面對唯物論美學的偏向

雖說，康德哲學是西方近代哲學的一座崇偉高峰。直到二十世紀，中國學界才開始正式理解康德。近數十年來，大陸學者在馬克斯思想研究之同時，紛紛回溯德國觀念論的源頭而研究康德哲學。港臺則以新儒家對於中國哲學的重建，以及與西方哲學會通之需要，將宋明理學關連到康德的哲學。如果從美學發展的觀點視之，則六〇年代大陸所發生的美學論戰，以及一九八三年達於頂點，環繞「勞動創造了美」之現實議題而開展的另一場論戰（註七八），終究還是引向康德美學的反省之路上來。相對於此，臺灣雖未能就「回歸鄉土運動」（註七九）的現實性，與康德哲學的反省掛上邊，致未有掀起漫天澈地、激奮人心的美學議題；然而，新儒家對中西哲學的會通工作，却大大開發了研究康德及德國哲學的重要意義——只是此中美學的視野，却未開展。

如果，新儒家得以經由牟宗三對《判斷力之批判》的商榷工作，開出其美學視野，不論此只爲道德的形上學之美學態度，誠已樹立當代中國美學發展的一個鮮明立場。果若如此，則新儒家更必須面對唯物論思想的挑戰，包括二十世紀的新馬克斯主義美學與社會批判哲學的美學。當然，唯物論與唯心論之正面決裂，已在兩岸之間對立發展的事實中浮現，此美學發展之對立結果亦將引人注意，固不在話下。

## ㈢新儒家必須融合意志論美學的歧出

除了康德之後，費希特、謝林至黑格爾等「思辨轉向」的發展，以及馬克斯與恩格斯等「社會轉向」的發展兩層面的美學挑戰以外，新儒家要以康德爲會通間架，還必須面對另一個美學傳統。亦即，相對於觀念論而說的意志論哲學，或非理性主義的哲學，如叔本華、尼采、齊克果等「存在轉向」的發展，是新儒家所不願也不曾正面會通的。依牟宗三，顯然根本無可會通之處。譬如，特就尼采哲學而言，新儒家從不願也不能與之相對應。當方東美以尼采哲學爲依，展示「阿波羅與迪奧尼索斯精神」（註八〇）爲藝術創作精神時，對此新儒家似乎沒有任何興趣！從意志論或非理性主義的立場來看新儒家，也似將顯得興味索然，意趣平乏。然而，尼采美學實大有可感可嘆的精神在！

當然，觀念論與意志論之相互抗衡，早在民初王國維（投信於叔本華）（註八一）、遲至方東美（嚮往乎尼采）（註八二）等人身上、他們的氣質和哲學態度上發見。和新儒家相比較，不惟彼此的氣質格度差異極了，他們的哲學也雅非新儒家所願意寬心接受。不要說道德的形上學之要求，即以理性精神的自我規範限度，不再是由理性自身所決定的，而是由意志（不論生存意志或權力意志）所決定的而言，新儒家對此還沒有正面相呼應的學思工作之開發。

## ㈣應當正視新儒家美學中的老莊精神

如上所述，總體而言，「理性主義」與「非理性主義」之彼此對立，則以其爭議既深且廣而往往累矣！儒道究竟如何互補？理性與非理性如何併合發展？以至於，「主智思惟」與「反（返）智思惟」（註八三）如何交互體現！這些問題，亦將無窮於途矣。然而，就建體立極之要求而言，在新儒家看來，强調作用義的境界形態者（道家）恆不如能有實體義的道德呈現者（儒家）之殊勝，故難以要求道家能直接開出「道德的形上學」以臻於圓教之境。只有形上境界之涵泳保眞，而無道德實踐的創造奮進，道家幾成了新儒學的旁附耳。依此，老莊之學固於魏晉六朝領風騷矣，「新道家」之謂從不在當代號召！因此，當代中國美學如果由新儒家擔綱，以道德實踐而擴充之，將要開出怎樣的美學視野，又如何規範住藝術創作乃至欣賞的態度等等，確是問題深遠。

雖然在哲學立場上，儒道之間從來是互補互濟的。但是，傳統中國美學思想總以老莊思想為依歸。特別是莊子逍遙絕待的精神，心齋喪我的境界，更允為中國美感觀念與藝術發皇的泉源所在。卽此，徐復觀先生舉出「藝術主體性」來重新開展道家的美學思想，以與孔子的音樂美學之和諧的精神相互媲配，可見其用心深遠之一斑。如今，新儒家為了建體立極，站在道德主體性立場，從圓善處來說「卽善卽美」的美學觀，這就和老莊道家的看法產生距離。牟先生雖然援引莊子的話「天地之美，神明之容」，來做眞美善合一說的總結注脚（註八四），但總是從屬於儒家的立場，是道德學問之形上境界的理解。此中，新儒家美學與道家者的基本差異已被道德實踐之「提起」事相所遮隱，其化境差異也因「放下」之共法所融汰，如此而攝道歸儒矣。然而，遮隱融汰俱關涉到道家，則吾人當更應正視新儒家美學中的老莊精神，乃至回復道家本有的藝術精神才是。

誠然，無相原則殊勝於合目的性原則，而能呈現眞美善合一之化境，但既要歸於儒家之建體立極，則此化境只是道德創進之餘，所挾擁而出之化境——道德的形上學境界。如此，無相原則豈不也應當默識出一邁向圓善之境的目的？若眞成爲無相原則，則不能不是純乎道家之精神矣，何必與於建體立極？果欲要建體立極，則合目的性之原則早已包容有此一終極目的之理念，則自宜乎由《判斷力之批判》之兩界溝通而完成之，何必代之以無相原則？新儒家哲學，視道家只爲境界形態的形上學，爰超越地高舉道德實體的形上學以縱貫之，不讓道家只自成其爲道家。新儒家又視康德哲學只爲道德的神學，爰內在地深拔道德的心性之學以立極之，不容理性規範之限度縛綁了人的無限心不讓康德成其爲康德（而實際上是走上費希特）。此足以高明深廣矣，問題是如此一來，雖有藝術而只有道德的藝術，雖有理性規範（物自身之消極限定）而實無實際限度之規範！

依此，新儒家哲學將如何確立此當代中國美學之基本態度與未來開展方向，實際上是可以預見的。如果，道德的理性精神與美感的藝術精神，並非各職其司的兩半心靈，原本卽無任何牴觸存於其間，則和光同塵地一體映現此道德與美感融合的境界，必無人反對。問題是，當儒家以理性精神確立人倫本位的價値規範，凸顯出理智思惟的經倫大用之際，却又處處爲現實所羈伴時，能適度給以態度之調合，從反智思惟來解開此現實羈伴，從而賦以灑脫自在的生命光彩的，豈不正是道家的智慧？以無相原則代合目的性原則，是將道家之自然化境的形上學納入儒家之道德化境的形上學，恐怕將使道家失去其反智思惟的能力了。顯然，無相原則是儒家的化境原則，不是純乎道家的。因爲，依牟先生所示，道家只湊泊了此化境之「共法」，無別殊勝義。

事實上，新儒家的無相原則之超越規定，只是理境上解決了眞美善合一之境的問題。許多儒道之間的舊問題，能否依據此從屬於道德的形上學之無相原則來解決，還未可知。然而，藉此抉發新義却是可能的。譬如，周初詩經的「賦比興原則」(註八二)能否從該「無相原則」產生新義？先秦的「理性精神」與楚漢的「浪漫主義」，如何相互融合於無相原則下？據此無相原則之規定，比對於觀念論與意志論之間的對立發展，新儒家能否抉發出「儒道互補」的美感意義？甚至，相較於唯心論與唯物論之間的決裂發展，新儒家能否抉發出「現實事象」上的美感意義？這些問題，即隱然形構出當代中國美學當有的新課題。將康德哲學消化會通於孟子學，的確爲新儒家呈現出新視野——特別是美學態度上，獲益更大。然而，從上述諸多課題的浮現來看，當代中國美學的未來發展，原是超出新儒家之視野所可想像的，其豐富廣闊的景色，當然不能被框限在只是扭曲了康德的抑或重現了孟子學的翻版！

【註　解】

註　一　引牟宗三譯註《判斷力之批判》「譯者之言」，頁Ⅳ(學生書局一九九二)。

註　二　引牟宗三《中國哲學十九講》，頁四三七(學生書局一九八三)。

註　三　引牟宗三《中西哲學之會通十四講》，頁二二五(學生書局一九九〇)。

註　四　參考牟宗三《十四講》，頁一一一；二三五。又《十九講》，頁二九八—三〇八。

註　五　Cf. *Kant's Critique of Judgemet*, traslated by J. H. Bernard, (Macmillan 1914), sec. IX. 另參考宗白華及牟宗三之譯。

註　六　牟宗三〈以合目的性之原則為審美判斷力之超越的原則之疑竇與商榷〉，上引譯註《判斷力之批判》，頁V－VI。

註　七　同上，頁VI。

註　八　參考朱光潛編譯《西方美學家論美與美感》，頁一八一－一八四。另，卡西勒《啓蒙運動的哲學》，李日章譯（聯經一九八四），頁三三〇。

註　九　康德在《純粹理性之批判》中，「超越成素論」之第一部分，即為「超越感性論」，探討時空之作為直覺給出的內感形式。

註一〇　牟宗三之〈商榷〉文，同註六，頁八二。

註一一　同上，頁八三。

註一二　其實，康德依批判工作所說的理性都是「純粹的」(reinen)，原撰寫計畫中，理論理性、實踐理性和判斷力都是純粹的理性的環節，是統一的。

註一三　不論主觀而形式的或客觀而實在的，「合目的性」即是判斷力的超越原則。此中，「目的」既非自然，亦非自由。但是當「知性為自然立法」而「自由意志為道德立法」，自然的因果法則和自由的道德法則，兩者竟如此恰好相符之時，形式的合目的性不覺顯現，從而客觀的合目的性也呼之欲出。何以故？因為，審美判斷之「普遍而必然」的形式，使人驚訝於宇宙存在之如此「偶然而必然」的安排，莫非客觀的合目的性使然。康德《判斷力之批判》「導論」已明說此連貫方法，以及自然形式的合目的性是判斷力之超越原則（見其V節），由此而說「快樂之情與自然合目的性概念」之相連貫（見其VI節）。另外，在合目的性之主觀形式面說「有我之境」的審美，以及其客觀實在面說「無我之境」的審美，或將有新義出現，值得探討（當然，康德並未有此論述。）

註一四 Cf. *Kant's Critique of Judgement*, sec. V7.

註一五 參考宗白華譯《判斷力之批判》，頁三二，並略改譯文。

註一六 見楊承紘〈論康德的目的論反其兩大領域的過渡〉，刊《康德黑格爾研究》第二輯，頁一〇一—一二四（上海人民一九八六）。

註一七 Cf. *Kant's Critique of Judgement*, sec. IX., p. 42.

註一八 Ibid., *CJ*, IV. 1.

註一九 Ibid, *CJ*, sec. 58; 牟譯頁四一四。Kant: "...and that our aesthetical Judgement is itself legislative in respect of the judgement whether anything is beautiful or not."

註二〇 牟宗三〈商榷〉，頁五八。

註二一 同上，頁一四。

註二二 同，頁二三。

註二三 同，頁二六。

註二四 康德說鑒賞力的判斷有兩個特性，「要求衆人同意」（*CJ*, sec. 23）以及「主關觀的」（sec. 33），因此規定着鑒賞力的判斷之原理，必是普遍但又是主觀的。另參考，瓦・費・阿斯穆斯著、孫鼎國譯《康德》，頁三三三—三四〇（北京大學一九八七），康德以前有關鑒賞力問題的形成。

註二五 參考劉曉芒譯，康德《實用人類學》，頁一三九（重慶出版社一九八七）。

註二六 同上，頁一三七—一四〇。

註二七 Cf. Kant, *CJ*, p. 55.

註二八 Ibid. *CJ*, p. 67.

註二九 *CJ*, p. 90.

註三〇 *CJ*, p. 96.

註三一 See *Kant's Critique of Pure Reason*, translated by N. K. Smith, p. 107.

註三二 Cf. *CJ*, sec. 9.

註三三 同註二五，康德《實用人類學》，頁一四一。

註三四 See *CJ*, sec. 27；牟譯頁二四八。另康德又云：「不管是甚麼東西，只要它使我們覺到或醒悟到我們的存有之此種超感觸的「天職定份」（über sinnlichen Bestimmung）之感，它即與那理性之法則相諧和」（*CJ*, p. 120；牟譯頁二五〇）。

註三五 Cf. Kant, *CJ*, sec. 25-27.

註三六 *CJ*, sec. 28-29.

註三七 Cf. *CJ*, sec. 5；牟譯頁一七二。

註三八　See *CJ*, sec. 58, p. 241.
註三九　同註三五，康德《實用人類學》，頁一四三。
註三〇　牟宗三對於西方哲學傳統之三系分判，見於《中西哲學之會通十四講》第三講。
註四一　牟宗三〈商榷〉，頁三三。
註四二　同〈商榷〉，頁七二。
註四三　同，頁七三。
註四四　同，頁七四—七五。徐復觀以「藝術精神主體之呈現」說莊子的心齋之遊與觀照，比較牟宗三尤正視道家之美感意義，值得再深入。
註四五　同，頁七八。
註四六　四七與四八，牟宗三〈商榷〉，頁八二。
註四九　同上〈商榷〉，頁八三。
註五〇　同，頁八八。
註五一　同，頁八四。此中，「崇高偉大關」（道德關）及「無向」無相關（「化境關」）是我所加之衍詞，以顯明牟宗三之意思。
註五二　同，頁八五。
註五三　與五四，同，頁八九。
註五五　同，頁七五。

註五六　同，頁七八。

註五七　《易》繫辭傳：「易無思也，無爲也，寂然不動，感而遂通天下之故，非天下之至神，其孰能與于此」。

註五八　牟宗三在《智的直覺與中國哲學》中宣斷「智的直覺既可能，則康德說法中的自由意志必須看成是本心仁體底心能，如是，自由意志不但是理論上的設準而且是實踐上的呈現」（臺灣商務一九六九，頁二〇〇）。另外，在《現象與物自身》中，他於簡別「執與無執兩層存有論」時說，「康德是不能圓實地極成這兩層存有論的」（學生一九七五，頁四六）。從而，主張以「良知之自我坎陷」以說「平地起土堆」、「無明風起浪」之「執」相等義。

註五九　參考牟宗三〈商榷〉，頁七九。

註六〇　同，頁八〇。

註六一　同，頁八一—八二。

註六二　引《孟子》盡心篇七十一。

註六三　及六四，參見牟宗三譯註《康德的道德哲學》之案語，「未至成熟之境」（頁二六六），「居間的半途型態」（頁二八五），「居間的型態」（頁四五三）。說康德爲「未熟」即示其未至道德的形上學之化境，未至圓教之境。

註六五　引《孟子》盡心篇二十四。

註六六　同，盡心十三。

註六七　牟宗三〈商榷〉，頁八三。

註六八　見牟宗三《中國哲學十九講》云「嚴格說來，北宋諸儒的嫡系應當是這系（明道），而不是伊川朱子，也不是陸王」（頁三〇三）；「在這三系中，陸、王這一系是直承孟子而來，胡五峰、劉蕺山所繼承的濂溪—橫渠—明道這一系是宋儒的正宗；這兩系最後合在一起，是一個大圓圈中的兩個來往」（頁四一四）。如此，則明道「一本圓教」誠爲北宋學問歸結處（北宋三子不分宗），而胡五峰完全繼承了明道之義理格局，下開（義理地承繼而開）宗周蕺山之學。牟先生既許之爲宋明儒之正宗，而猶勝於象山陽明系之心學。牟先生也自翔將明道、五峰一系標舉出來而確定其義理，是他的「貢獻」。然則，何以開之而無善繼之？牟宗三終以宋明中的孟子學（陸王心學）爲宗爲取向，而以「一圓圈兩來往」交待了事。這一取向必然影響新儒家的美學態度。

註六九　參見牟宗三《心體與性體》第二册之編述明道「一本篇」部分。另牟先生又云「在明道處，理既爲其體又爲其性之同，只能是本體論地圓頓言之，或藝術性的圓照言之是如此」（頁六五）。

註七〇　《費希特全集》第一卷，頁一一九。引自洪漢鼎《費希特：行動的吶喊》（山東文藝出版社，一九八八）。

註七一　引自海涅《論德國宗教和哲學的反思》（商務印書館，一九七四），頁一三〇。

註七二　《費希特全集》第一卷，頁一三四。

註七三　張橫渠《正蒙》誠明篇：「心能盡性，人能宏道也。性不知檢其心，非道宏人也」。

註七四　胡五峰《知言》：「氣之流行，性爲之主。性之流行，心爲之主」，而「心也者知天地宰萬物以成性者也」，這就標明「以心著性」工夫之相應義理。

註七五　劉蕺山《學言》：「好惡從主意而決，故就心宗指點。喜怒從氣機而流，故就性宗指點」，不論心宗性宗「以之歸宗於愼獨一也」。

註七六　王船山《讀四書大全說》：「理當然而然，則成乎勢矣」，此所以「鑑史於理勢」。

註七七　唐君毅《生命存在與心靈境界》，頁四三—四四（學生書局）。

註七八　一九五六年至一九六二年間，大陸學者廣泛爭論美學定位的問題，朱光潛與蔡儀爭辯激烈。後來，朱氏譯出黑格爾《美學講演錄》，一九六四年宗白華譯出《判斷力之批判》。觀此大陸學者之回溯研究觀念論，從而到達康德哲學之觀念論源頭，是有艱辛歷程的。一九八三年關於「異化問題」之爭論，其實是美學爭論的延續。由於對馬克斯「一八八四年經濟學——哲學手稿」之討論（關於「異化問題」）引起了「美起源於勞動」說之爭論，這個社會實踐的美學意義恐怕是新儒家美學所最難安立的。

註七九　臺灣之回歸鄉土運動，是一場環繞文學定位之爭議的小論戰。七〇年代的臺灣作家如陳映眞、黃春明、王禎和、王拓、楊青矗等，均有所互動。

註八〇　見於尼采〈悲劇誕生於音樂精神〉一文，劉峽譯《悲劇的誕生》，頁三五，頁六〇（志文一九七九）。

註八一　參考龔鵬程〈美學研究在中國〉一文，《兩岸文教交流之現況與展望》，頁八八（陸委會一九九二）。

註八二　參考方東美〈生命悲劇之二重奏〉，《科學、哲學與人生》頁一九三—二七一（黎明一九七八）。

註八三　「反智思惟」，「反」者，返也。歸返於理智之最根源義，從而消解理智之構作相。老子《道德經》「反者道之動」（四十章）王弼解爲「還反無爲」，「與物反矣，然後乃至大順」（六十五章）則解「反其眞也」，均以「返」訓「反」。返樸歸眞、歸返於母、歸根復命，則保大智之用，則反智（返智）思惟與理智思惟其實是相成的。新儒家美學之態度宜從斯開發才是。

註八四 牟宗三在此據易繫「天垂象見吉凶，聖人則之」及莊子「天地之美，神明之容」來說眞美善合一之道德的化境。見〈商榷〉，頁八六，頁八九。

註八五 參考李澤厚《美的歷程》，頁五四—五九。

一九九三 三 三十 寫于鴨覓齋

【附記】對於謝大寧教授〈美學判斷的超越原則〉一文之淺見首先，謝教授該文認爲牟宗三先生以「無相原則」取代「合目的性原則」，並不足以表示「默會之自足中自生愉悅」，這點批評是很中肯的，我的看法與此相容一致。總而言之，無相原則不足以說明「爲已自律」之意思。接著，謝教授提出「閑適原則」及「慈愛原則」來另行規定之，並且將牟先生所說的「妙慧妙感」（或說藏有道心之審美的「妙慧心」）直接表達爲「審美主體」，以符合於其兩項超越原則的規定。後面這箇改造有很深邃的創意，然而卻不符合於康德整個批判哲學的藍圖，亦將面臨不同程度的困難，試簡要陳述於下：

(一)閑適原則實無異於道家精神，然而道家於此也只有原則性的提示，而不會以如謝教授所說的「範疇」（在康德是指知性的純粹概念）做爲「法則」或「原則」來規定之。愚意以爲不若直接承說莊子的「逍遙」、「絕待」義閑適性的表示，正可以化開「自由」一詞的道德責任之含義（即自由意志爲道德立法以供意念執行）。

㈡慈愛原則復無異於康德第二批判（實踐理性）所要超越規定的內容之一，慈愛是情感的一種表達狀態，必須遵循於自由意志所立的無上道德律令。若如講教授以「慈愛」說審美，確有眞實感受可視爲美，然而卻不是審美的或鑑賞的判斷之充要條件，同時也將使道德實踐的自律性失去積極的動力。如此仍將面對兩界溝通以及批判整體如何完成之問題。

㈢牟先生所示的妙慧妙感可以視爲心靈機能之活動（activity of gaculty）狀態，雖說也以「妙慧心」稱之，但實不宜以「審美主體」補述之，而逼出一自足自適的「主體」義。若果順牟先生之改造而再改造，將造成三個批判各自規定出一個主體而形成三個主體（認知的主體、道德的主體、審美的主體），致彼此間的關連更須補述，治絲而棼矣。嚴格言，康德只在第一批判「超越推述」規定出「超越統覺」（或自我意識）的主體性，而不曾要別說審美的主體等等。謝教授如其必須以主體說審美恐怕在當代現象學「能意所意之一體相關性」，或者米謝・杜弗海納的「美感經驗的活動及其對象」等規定下說之，將更有意義。

總之，謝教授除非不理會康德批判哲學的整體瞭解，無須顧及康德的原意，否則除了上舉三項困難之外，還將因爲沒有考慮到目的論的關鍵地位，無法正視康德所說「美的理念」之意義而落入和牟先生之理想主義的美學，同樣的困境。誠然，謝教授的深邃灼見是引人深思的，通過「愛」作爲道德法則，讓「善」與「美」在「輕鬆自在」中關連起來，這有新的創見。但如其排除「眞」之討論，卻不免有致批判哲學陷塌之危機。何以故？因爲所有「合法則性」之議論皆將失去依據。如此，無相原則或閑適與慈愛原則等，都無法則或原則可做超越的規定了。我十分贊成謝教授對牟先生的反省觀點，但卻擔憂其補述與改造——如果讓康德回到康德，而牟宗三回到牟宗三，則直接從老莊道家（特別是莊子）之「心齋」、「喪我」以說審美活動之無我相（去主體化）的「逍遙」、「絕代」與閑適慈愛，則謝教授之深邃灼見，是有極豐盛的開創意義的。

一九九三、四、二十七會議後增補並附記

# 試論王弼注《易》之美學理念

黃光男

## 一、前言

十三經中，《易經》之學問爲學者深切關心的學術，而且因各人秉賦互異，學《易》亦有不同境界，因時空人事影響，其傳述主題亦時有所偏好。當然「《易經》是一部叢書性質的書」(註一)，非出自一人之手，對於時代環境的認同必有期待，解《易》或注《易》，必然有不同的看法。在古代，易義是儒家重要學術思想之一，研究其道理者亦衆。從《易經》本是卜筮之書，到哲學性的探討，已經是很複雜的過程，其中經過如〈繫辭〉：「易有太極，是生兩儀、兩儀生四象，四象生八卦」開始，衍生而起，便有更多的注解，甚至不同的解釋。事實上，《易經》以陰陽、八卦相乘，其變化就有複雜化的各項名位，宋朱熹曾有〈八卦取象歌〉：「☰乾三連，☷坤六斷，☳震仰盂，☶艮覆碗，☲離中虛，☵坎中滿，☱兌上缺，☴巽下斷」。由八卦開始而後六十四卦，再由代陰陽的爻、或解釋卦辭的〈象〉辭，甚至〈象〉辭、〈繫辭〉、〈文言〉、〈說卦〉、〈序卦〉、〈雜卦〉等，都有各司其事的功用，因與本文主旨無關，暫不贅言。

從《易經》的特徵觀察，是以符號來推演一些宇宙現象與人情事故，「它的符號代表象，也代表數，如八卦的代表：天地水火風雷山澤之象，如陽九陰六之代表奇偶之數。從象與數的變化，推演出宇宙的哲學來，所以易經的內容是陰陽哲學，易經的特徵是符號哲學」（註二），儘管如此，易經經過歷代學者的研究與推演，成爲中國古代經學極爲重要學術發展主題，並賦予更多的自然現象與人情事物的解釋，若從思想史上看，卦爻辭本爲卜筮之用，而《易傳》卻是開始要以義理說經，「所謂《易傳》即〈十翼〉，是講明這些卦爻辭的……但卦爻辭既爲占卜吉凶的筮辭，它們的性質只如後世廟寺的神籤的辭句一樣，其價值自然不及富有哲理的《易傳》來的高」（註三），因此「〈十翼〉是使《易經》脫離了迷信的占卜書，進而成爲哲學性的書的一個轉捩點」（註四），研究中國古代法律、經濟、社會、哲學、歷史等，《易經》亦爲重要經書。是故《易經》一書研究者衆，而歷代各家說法自然也就豐富了。

爲了探求《易經》所影響下的美學理念，以及中國素來具有的美學特質，從先秦漢魏對《易經》研究重點，先作一概述性的了解，以便引入本文主題的探討，使之具有明確的立論根據。

## 二、漢代《易》學概念

先秦諸家學說百花齊放，亦各有立論，是中國學術思想一個重要時期，《易經》成書甚早，基本是儒家，但〈易傳〉所謂「一陰一陽之謂道」「形而上者謂之道」「立天之道曰陰曰陽」（註五），顯然是衍生自道家，《易傳》前述已知是探討哲理的學術，就中國的學術發展，自有完整的理論體系。

然在漢代以後，對《易經》卜筮之用方面又有重大的發展，雖然《易傳》釋《經》，依《經》演繹，以義理論道，用哲理的觀念，來代替神權的觀念，明天人合一之道，並從人事論證，「漢初說《易》皆主義理，切人事，不言陰陽術數」（註六），但這種「或註釋其辭義，或引申其意旨，要皆類〈文言傳〉、〈繫辭傳〉之說，未嘗一語涉及象數也」（註七），然西漢中葉以後，漢易法有了截然不同的詮釋，即以「陰陽災異說《易》」，這種以「以象數解《易》」成為漢《易》主流。而導此思想者，屈萬里先生以漢之孟喜為始，孟氏生於西漢中葉，正災異之說盛興之時，「災異者，以陰陽五行，比附天地間之事物；復取其相生相剋之理，以牽附人事之吉凶者也」（註八），如此風尚解《易》，衍生出的自然與人為事項就有穿鑿附會的異聞出現。漢武帝之時，董仲舒亦有此論點，即富有相當濃厚的政治意味。「我們現以簡馭繁，把它分為兩大類，一類是災異的術數，這和兩漢其他的經學相通，而有點政治學的意味，一類可以說是卦變的術數，是把卦爻弄出許多種變化的形式來附會，可以說是經學的本身」（註九），由於象數與災異之說均來自遠古的知識，雖然在儒學興起之際，以諸子學之形式論議，然一旦與政治或迷信鬼神氣數相結合，其表達意念必有獨特看法，而且上行下效，上位者為鞏固其政治地位，易術趨之以理，雖合推理者亦有附會之虞，下位者卜筮之術或陰陽災異，亦效易數之學，致使命運之嘆此起彼落，而迷信之風亦瀰漫漢代社會，《易經》原有的義理之學亦變質矣！

除孟喜外，另一重象術數為京房，他解《易》方式與孟喜相似，《漢書》〈京房傳〉曰：「其說長于災變，分六十卦更直日用事。以風雨寒溫爲候，各有占驗」(註一〇)，這種「用此比附五行，以便占說災異」的理念，事實上造成社會風氣丕變，所謂納甲之術，以十干配八卦，假以定東南西北之方位，進而到魏伯陽則「用以比附月魄之盈縮，而成其鼎爐修煉之說」，諸如種種皆以陰陽災變講易，自然形成一股氣候，只是已遠離《易經》重義理之學風。

## 三、王弼之《周易略例》

兩漢《易》學之風如上述之發展，使象數之學得到最興盛之際，卻是《易》學開始積弊之時，陰陽五行附會、災異運行與天人感應齊揚，均使《易經》本義偏失。至魏時王弼適時而起，以其過人的智慧，提出新觀點與新方法，糾正了兩漢以來各項學說。「象數之學，至後漢三國之際，其弊已極，物窮則變，事理之常。於是王弼奮起，矯象數之謬悠，一本〈十翼〉爲說。……漫漫長夜，迷途不返，王氏獨能不顧流俗，廓而清之，粹然歸宗於《易傳》，不可謂非人傑也」。(註一一)

王弼的《周易略例》所提出的觀點，其一是論易象，再者是論易數，對於《易經》本義有很明確的發揮，也對漢代《易》學重象數有所駁辯。「王弼在這一時期思想史上的大勳績，在其能確切指出前一時期思想界所運用的方法上之主要病根，而在正面提出另一新觀點」(註一二)，茲就其在《周易略例》中，所主張的〈明象〉與〈明爻通變〉內容分述於後。〈明象〉：「夫象者，出意者也。言者，明象者也。盡意莫若象，盡象莫若言。言生於象，故可尋言以觀象；象生於意，故可尋象以觀意。意以象盡，象以言著。故言者所以明象，得象而忘言；象者，所以存意，得意而忘象。猶蹄者所以在兎，得兎而忘蹄；筌者所以在魚，得魚而忘筌也。然則，言者，象之蹄也；象者，意之筌也。是故，存言者，非得象者也；存象者，非得意者也。象生於意而存象焉，則所存者乃非其象也；言生於象而存言焉，則所存者乃非其言也。然則，忘象者，乃得意者也；忘言者，乃得象者也。得意在忘象，得象在忘言。故立象以盡意，而象可忘也；重畫以盡情，而畫可忘也」(註一三)。這段文字王弼提出「象」、「言」、「意」三者之間的關係，也說明他在《易注》中所主張的理念，尤其「得意忘象，得象忘言」，「故立象以盡意，而象可忘也；重畫以盡情，而畫可忘也」對中國藝術美學有相當程度的影響。何況「象之一字由老子首先提出，《易傳》本之大加發揮，漢儒沿此入迷，認爲天地間之象莫不有甚深甚秘之意義，於是符瑞，說災異，好像眞有一天帝在顯詔告人，而《易經》遂變成一部發現天地奇秘的書，可以前知一切人事的聖書。其實《易經》裏的卦象，只是作易者憑以說出其心中作意的一項工具」(註一四)，王弼認爲天地之間是個自然體，其所具的意義，乃是觀象者心意中生出，而賦予其外象者。若存象忘意，則虛象意消，何象之有。是故「存言者，非得象者也；存象者，非得意者也。象生於意而存象焉，則所存者乃非其象也；言生於象而存言焉，則所存者乃非其言也」，關於易象之說不論是本質與表現，古之學者多所發揮，就美學之理，待下節討論。

另一則論易數之說，亦爲王弼論《易》之重點，其在〈明爻通變〉云：「夫爻者，何也？言乎變者也。變者何也？情僞之所爲也。夫情僞之動，非數之所求也；故合散屈伸，與體相乖。形躁好靜，質柔愛剛，體與情反，質與願違。巧歷不能定其算數，聖明不能爲之典要，法制所不能齊，度量所不能均也……故苟識其情，不憂乖遠，苟明其趣，不煩強武。能說諸心，能研諸慮，睽而知其類，異而知其通，其唯明爻者乎？故有善邇而遠至，命宮而商應；修下而高者降，與彼而取此者服矣！是故，情僞相感，遠近相追；愛惡相攻，屈伸相推，見情者獲，直往則違」(註一五)。此段文字主要在強調人性之重要，人性存在情欲之上，即是人情事理是宇宙的主體，而不是物理自然的數據或現象，儘管自然物理有所規則或定律，卻是客體條件之一，這種宇宙之現象穩定自存，或可以術數計量亦在於部分解求得，但「人生界一切變動，其主因在乎人之情僞。此種情僞之變，決非數理所能窮，算法所能得。用近代語說，數理只能發明物理，不能推算人情」(註一六)。王弼以人生本質之情意入手，認爲天地自然外界之象數，僅可提供人情應用之資料，不可完全以象數之歸類，以探究人生。這是王弼提出對當時漢儒以象數爲窺探眞理的看法，使《易經》的義理得以再次復原，然其重要的理念，乃在「人情」的人性發揮，促使情意思想正確發展。錢穆先生說：「在王弼思想裏，想把宇宙觀回歸到老莊，而把人生觀則回歸到孔孟」，(註一七)或許王弼的思想裏，強調人爲的情思才是宇宙生命的動力，而其影響的中國美學思想的發展，亦由此開始。

## 四、「得意忘象」之美學觀

前述文字已略爲敍述王弼〈明象〉與〈明爻通變〉內容，對於二文主旨有以下重點：其一是得意忘象，盡情忘畫的美學理念；其二是變者、情僞之動，非數之所求的主體意念，二者對於美學詮釋有深切的意義。尤其是得意忘象的美學觀，對繪畫、文學、哲學均產生重大的影響。

王弼提出「得意忘象」的理論，雖在肯定《易經》義理的眞實，然其得自老莊學說的啓發，不容置疑，老子說：「大象無形」，「大音希聲」，他注老子就有「道體無」的申述，而在《易注》時，提出主體情思的論點，又如引《莊子》〈外物篇〉說：「筌者所以在魚，得魚而忘筌。蹄者所以在兎，得兎而忘蹄。言者所以在意，得意而忘言。吾安得夫忘言之人而與之言哉……」(註一八)，這些思想層次的應用，對王弼的哲思有深切的啓示。

就明象一文中，對於「意」、「象」、「言」應有一些認識，雖然本義從卦意、卦象、卦辭演化而來，然其思考層次已具實質的催化作用，對美學理念的衍生具有積極的意義。玆就三者的關係作一分析，對「得意忘象」的美學觀，將可進一步了解。首先是「象」的解譯。〈繫辭傳〉說：「易者象也，象者像也」，唐孔穎達在《周易正義》書中說：「易卦者，寫萬物之形象，故易者象也。象也者像也，謂卦爲萬物象者，法像萬物，猶若乾卦之象法像於天也。」又說：「凡易者，象也，以物象而明人事，若詩之比喩也，或取天地陰陽之象以明義者，若乾之潛龍、見龍，坤之履霜、堅冰……」(註一九)，如此論點，象有自然之形象，亦有推演想像之形象，甚至審美的形象。天地萬物之物象造就易象的模擬、寫照、反映、想像，與藝術形象取天地萬物爲表現素材相通，雖然目的不同，卻有共通的普遍性，尤其在以易象爲表達人情事故時，卽與藝術借物象爲喩諷時相通，不僅論明象的自然轉換，亦可以確定社會人情的遇合。

其次是意與言的交替性質。在〈繫辭傳〉：「子曰：書不盡言，言不盡意。然則，聖人之意，其不可見乎？子曰：聖人立象以盡意，設卦以盡情僞，繫辭焉以盡其言，變而通之以盡利，鼓之舞之以盡神」。(註二〇)這裏說的「書不盡言、言不盡意」是很具象的思考層次，「言」是一些概念、判斷、推理或辯證，書如何能廣納其言？而任何一項文字語言亦不可能完全表達思想與情感，人的思想、感情也很複雜、曲折，有一些是只可意會不可言傳，用語言說不出來，或說不清楚，或說不充分，因此有言不盡意的事實，既然都有其一程度的限制，就須設法使其完善，所以王弼在〈明象〉文中提出「立象以盡意」，期借助於自然界的形象，可以充分表達聖人的意念，以象徵、隱喻或符號等方法對形象的考察，並體驗其所具的意義。亦卽《易經》之始的「觀物取象」近取諸身、遠取諸物，以通神明之德，以類萬物之情。就西方學者皮亞傑的認知論來說，一切知識、情感、思想由認知開始，知的過程是觀察、思考、體認、應用，有其象，知其形，會其意，言其實是一項單純的學習過程，若較爲高級的體驗則呈現主觀認知的情思，所知的範圍就不是山是水的初現，而是幾次反覆的非山非水的眞山眞水，既不是現象易的形象，也不是主體的具象，應該是情意賦予形象之生命體。

因此王弼《易注》的「得意忘象」，並不只是純粹的易理推演，也不是以術數的物理現象所驗證的人生界，他的重點應是在「情僞」一詞的力量，換句話說，漢儒可能把人生界的現實以自然術數的現象歸類一處，以致凡人生的始終都賦有命運與天理循環，甚至把人的價值與能力以量化形式探討未來，這實在是一項甚爲偏頗的推論，因爲人性情感並不能以物理現變加以衡量，它的價値在於思想與意志，卽王弼所說的「變者何也，情僞之所爲也」，情僞卽是人情之慾，非以數量爲本，是以相對爲情，誠是「部分之總和不等於全體」，人的物質構造可能求其成分，但成分的結合並不是成爲一個人的充分條件，人之所以爲人乃以情僞爲重點。加上這一層意義，「得象忘言，得意忘象」，就有本質上的支撐點，換言之，「象」是自然物質，是宇宙已存的客觀，而「意」是人爲的情感，爲審察物象內在精神的主體，具有主觀意識爲判斷行爲的標竿，在自然美與藝術美的論證中，除去物質條件外，人情的改造或賦予的行爲是美學的價値之一。

「得意忘象」的基本精神，實是影響中國美學理念的一項重點，具有極爲積極的意義。就意與象的關係來說，意是主觀的情思，可以依「象」的性質賦予認知上的意義，或「象」的客觀作形態上的解釋。美學上影響「象」的觀察，則在意的應用，卽爲所謂「意象」轉化，非僅存原象所具的自然觀，其深入藝術本質的內在世界，涉及個性寄寓的情意，促成「象」形的昇華。另者若美的本質是創作，則得意忘象的審美態度則有超越自然物象的想像，「象」在形象與外象上有一定條件限制，雖然可「得象忘言」，以象含括所言之不足，但畢竟不足以說明觀賞者的全「意」，意是具有眞實情感、與越過情感的想像功能，有認同原「象」與改造原象的趨力。美學家所提到的形似是原象，而神似是意象，這種審美程序，其象非像之相，而是心象之象，嚴格說來就具有抽象的實相。由於「象」之忘與意之得，具有自然與人情遇合的功用，並不是「象」的形式存在，而是「象」的精神彰現，它可能借象傳意或立象盡意，「象」的形式是過程而非目的，因此純粹藝術的理念由此凸顯出來，因爲已忘形象，不恃外相就能掌握美感的眞實，是基於「無我」的純粹性，並不具有實用或教化之作用，對於中國美學理念的發展有重大的影響。

就美學觀點，論「意」與「象」的問題，意是藝術性與人爲的主觀形態，而象卻屬自然物的客觀存在，前者屬情思與藝術美，有其特定的對象與目的，在主觀的意識中，與各個人修習知識程度成正比，從認定藝術形式象徵時，必然有創作者的人格投射、反應的符號，而且大多數人都能體會這些特定的形式，完成一個習慣的經驗，借具體事物的轉化，成爲期待性的抽象思維，這些思維中的生活主體，帶有想像的希望、或預期達到的目標，這項過程是屬於精神層面的趨力，具有絕對性的選擇力量，對於一般的物象或形式，能夠認同其全部，亦可適時修正，甚至創造嶄新的形象，這個現象就是王弼提到「得意忘象」中意的本意，也是近代所謂爲人情所主導藝術美的主觀精神，得到了精神與思想上主宰地位，就能拋開所依存物象的拘束，進而遨遊理想的美感世界，誠如西哲黑格爾說：「藝術美高於自然，因爲藝術美是由心靈產生和再生的美」（註二二），雖然藝術美的層次應不是絕對性的釐定，無所謂高於某一特定對象，但心靈是人生的動力，可以自由想像，也可以創造新的情境，甚至可賦予自然物新的意義。《莊子》〈德充符〉：「非愛其形，愛使其形者」，便是這個道理。

從「立象以盡意，而象可忘也」到「重畫以盡情，而畫可忘也」的演化，此「畫」當是《易經》所指的象，是自然物或是象徵物象，應用在藝術創造時，盡性情是前提，發揮個人感情，對自己所要表現的對象，不論是「象」或「畫」都是「表現」的工具，表現已夠充分，工具的存留與否，已屬不重要，亦可忘卻，「表現」才是結果。盡情是指藝術家情感的眞摯，誠如西方野獸派大師馬蒂斯所說：「繪畫不是畫什麼的問題，而是表現什麼的問題」，畫什麼是物象或題材，表現是情感所賦予的眞實程度。托爾斯泰也說：「藝術家自己體驗他所傳達的那種感情力量如何……就是藝術家的心內有一個要求，要表達出自己的感情……越是從心靈深處吸取感情，感情越是眞摯，那麼它就越是獨特」(註二二)，藝術表現形式多方，可以引起共鳴的表現，就是創作的情感是深切眞實，否則徒具形式而無血肉的物象，並不能達到人類情感的需要。

## 五、結　語

王弼的《周易略例》中「明象」與「明爻通變」所論，顯然是他對哲學義理的觀點，也是思考方式與程序。其以老莊精神注《易》，乃觀點相承的結果，〈明象〉中引用《莊子》〈外物篇〉：「猶蹄者所以在兎，得兎而忘蹄；荃者所以在魚，得魚而忘荃也」，正說明他思考層次與應用的方法，「言者所以明象，得象而忘言；象者，所以存意，得意而忘象」，「言」「象」「意」層層相扣，最後是「得意忘象」，確立思想情感是人生的主體，也是藝術的重點這些觀點有人認爲老莊氣息太重(註二三)，導至魏晉以後崇尚虛無與清淡的環境，此乃另一項論點。然就其重「意」的思想理念，吾人認爲對自然現象與人爲精神的互動，尤其在藝術美學上的應用有重大的影響。玆擇其大要者分述於後：

其一、美感現象的觀察，有確切的思考程序，對於自然物的觀察，詳盡眞切，既是視覺上的物體，也是心靈的物象，宇宙萬物生氣盎然，乃在觀者與被觀者之間產生的關係，亦即「觀物取象」的過程，就是藝術創作的動力，觀察外界物象，必須是創作者的直接參予，然後才能取其所要所需，「象」而定其性質與共通性，易象與審美形象都有此共通的觀察過程，影響藝術創作亦由此產生，如五代畫家荆浩在其筆法記就有：「畫者畫也，度物象而取其眞」的主張，唐代王維〈山水論〉：「觀者先看氣象，後辨清濁」等，分別是從此滋生。另一層次的意義則是「立象以盡意」，借助於形象，可以表達某一事務的象徵，或隱喻某一事理。形象可能是自然物，也可以是透過心靈再生之藝術品，立象以盡意屬後者，換句話說，誠如康德說：「自然美是種美的事物，而藝術美是將一件事物美的再現」(註二四)，「觀物取象，立象以盡意」，這裏的象，是思慮後融心的景象，對藝術的創作，具有重大作用。

其二、美感想像的超越，對物象本身是具體存在的，並沒有所謂的美或不美，象可以言，卻不能盡言，或限於一隅的成見，因此王弼的「得意忘象」正從藝術本質認知開始，並深入藝術創作的核心，即想像力的超越，才能不受空間的限制，由二次元到無限次元的組合，從各個角色探討藝術表現的對象，而這些對象因時空的不同而有所變異，但在絕對精神的執著下，忘己忘物是正常現象，忘己即精神的昇華，忘物就是摒除象相的障礙，進入純粹性的表現。「得意忘象」關照的層面便是性情馳騁，亦是「以我觀物，情也」的詮釋。情深象轉，超越的想像力成爲再生世界的力量。具有這項力量才能達到藝術美的喜悅，宗炳在〈畫山水序〉中提及「澄懷味象」，澄懷於情，味即是精神的愉悅，品評「象」徵的眞意，這項力量超越時空的限制，爲追求美感的目的，「象」與「言」所促成美感的過程，並非存有主體性，主觀情感才是藝術形成的主因。陶淵明〈飲酒廿首〉之四：「採菊東籬下，悠然見南山；山氣日夕佳，飛鳥相與還，此中有眞意，欲辯已忘言」，得到藝術創作的眞實，是借「象」與「言」等工具所促成，其趣力就是美感想像力的超越，而非概念性的具象事物。無窮想像力的趣使，是藝術的結合點。

其三、美感形神的互動，從以上所論，知道「得意忘象」對於美學的影響在於「意」與「神」之間遨遊，觀物取象、澄懷味象，都具有形似與神似的交織點，意近神而象在形，必有形而後有神，其交融處卽形神合一，或借形傳神，這些看法影響繪畫理論最多，如「意在筆先」或「逸筆草草」完全取決於神志的存在——卽意的功用，更具體的例證則在「外師造化、中得心源」中，借以自然物象表達自我情意的美感，是中國藝術家所鍾愛與根據的。唐末司空圖在《詩品》「形容」(註二五)一項卽含有形神美感的意義，「一層意思是說，藝術傳神，在於作者要凝神一志，才能得到物象的神理……二層意思是說，物象之神不可拘泥形迹，只能體察其精神……三層意思是說，欲得神似，須求象外」(註二六)。王弼「得意忘象」美學觀影響這三層意義，對藝術創作的多元性恰得其分。

其四、美感意象的創作，王弼「立象盡意、重畫盡情」在藝術創作領域裏，是人生經驗的表現，「經驗是動物爲了適應生存而與其環境發生互動的結果」(註二七)，面對原有的自然物象，對形似與神似的經驗，在於情境的融合，而情境在於心與物交織的意象，自有其根源，即是情思的彰顯，誠如劉彥和〈神思篇〉：「神用象通，情變所孕。物以貌求，心以理應」，這種以心爲主體的境在情在，在美學應用上是意象的創造，又如張彥遠在歷代名畫記中：「凝神遐想，妙悟自然，物我兩忘，離形去智」，這種冥想自然，神遊太虛，亦是再造意象的契機。在「得意忘象」中，主客體融和無間，美感油然而生，意象的創造亦如影隨形，達到至眞至人的境界。

王弼《易注》，對於《易傳》有深切義理之論。〈明象〉與〈明爻通變〉文中依情僞重意象的道理，引發魏晉以降中國美學思想的闡明，除了心理義理之學外，在藝術與美學應用上有重大的影響，除了繪畫理論外，文學詩歌的美學理論亦源自於此，不論傳神寫照，或是物我兩忘，都具有絕對的精神表現，借觀象的經驗，體驗情意的生命，在時空交融時，絕對美感的詮釋在於主觀情意的寄寓。中國藝術在魏晉以後的形式表現，呈現純粹精神與象徵意義，「得意忘象」的影響，不止於文學理論，繪畫形式更爲凸顯，尤其是南宋以後文人畫的風格，意遠境深，並不在乎外在形象的完整。

【附　註】

註　一　見戴君仁撰《談易》，臺灣開明書店印行，民國五十年出版，頁二。

註　二　見裴普賢著《經學概述》，臺灣開明書店印行，民國七十九年十月五版，頁一二三。

註　三　見同註一，頁六。

註　四　見同註一，頁五。
註　五　見同註一，頁二九。
註　六　見同註一，頁三一。
註　七　見屈萬里著《先秦魏易例述評》，臺灣學生書局印行，民國五十八年，頁七四。屈先生曾引六書中者廿一事例證《易傳》重義理之論。
註　八　同註七，頁七八。
註　九　同註一，頁三二。
註一〇　《中國哲學史》，頁五六〇。
註一一　見同註七，頁一四九。
註一二　見錢穆著《中國思想史》，臺灣學生書局印行，頁一一八。
註一三　見樓宇烈校釋《老子周易王弼注校釋》，華正書局，頁五一九。
註一四　見同註一二，頁一一九。
註一五　見同註一三，頁五九七。
註一六　見同註一二，頁一二一。
註一七　見同註一二，頁一二二。
頁一八　見葉朗著《中國美學史大綱》，滄浪出版社，民國七十五年九月，頁一九〇。
註一九　見同註一八，頁六六。

註二〇 見同註一八，頁七一。

註二一 見谷風出版社《美學基本原理》，民國七十五年，頁一三四。

註二二 見曾祖蔭著《中國古代文藝美學範疇》，文津出版社印行，頁五六。

註二三 「王輔嗣的《易注》，我們贊成他的，在於掃除象數，而世上自有一批崇古的人，認爲象數明見於《易傳》中，也是孔子傳下來的，不容盡……但在建立義理的《易》學一點，不幸所建立的，乃是老莊氣味的義理，祖尚虛無，導致清談……」。

註二四 見劉昌元著《西方美學導論》，聯經出版事業公司，民國七十五年初版，頁四〇。

註二五 形容：「絕佇靈素，少回淸眞。如覓水影，如寫陽春。風雲變態，花草精神，海之波瀾，山之嶙峋，俱似大道，妙契同塵。離形得似，庶無斯人」。

註二六 同註二三，頁八八。

註二七 同註二四，頁一一七。

## 參考資料


1. 屈萬里著《先秦魏易例述評》，臺灣學生書局印行，民國五十八年初版。
2. 戴君仁著《談易》，臺灣開明書局印行，民國五十年初版。
3. 裴普賢著《經學概述》，臺灣開明書局印行，民國七十九年十月。
4. 簡博賢著《魏晉四家易研究》，文史哲出版社，民國七十五年版。

5. 樓宇烈校釋《老子周易王弼注校釋》，華正書局，民國七十二年初版。
6. 葉朗著《中國美學史大綱》，滄浪出版社印行，民國七十五年。
7. 劉昌元著《西方美學導論》，聯經出版事業公司。
8. 曾祖蔭著《中國古代文藝美學範疇》，文津出版社印行，民國七十六年出版。
9. 朱孟實等著《中國古代美學藝術論》，木鐸出版社。
10. 錢穆著《中國思想史》，臺灣學生書局印行，民國七十七年出版。
11. 張少康著《古典文藝美學論稿》，淑馨出版社，民國七十八年十一月出版。
12. 林尹等著《易經研究論集》，黎明文化事業公司出版，民國七十六年出版。
13. 林清奇著《美與藝術》，安徽教育出版社，民國七十七年出版。
14. 《中國美學史資料彙編》，明文書局，民國七十二年出版。
15. 《美學基本原理》，谷風出版社，民國七十五年出版。
16. 余秋雨著《藝術創造工程》，允晨文化出版。
17. 《中國哲學史》。

※本文作者**黃光男**副教授任教於臺灣師範大學美術研究所，現任臺北市立美術館館長。

# 徐復觀先生對傳統美學之詮釋的檢討

胡健財

## 一、緒論

美學，作為一個專門的學問來研究，並不是中國所固有，它是從西方引進來的。西方自早期希臘的哲學家如蘇格拉底、柏拉圖、亞理士多德，都有一些有關美學的理論；往後，哲學家如康德、叔本華、尼采、黑格爾等人，也都有重要的建樹。但美學卻只是附庸於哲學而存在，一直遲至十八世紀的德國哲學家鮑姆嘉通（Alexander Gottlieb Baumgarten）於一七五〇年出版《美學》一書，正式定名為「美學」（Aesthetics）後，才成為一門獨立的學問。相對於西方的情況，中國古代也是很早便對美學中許多重要的問題提出深刻的見解，但這些見解卻與哲學、倫理學，以及文藝理論等混合在一起。到二十世紀初年，由於歐美各種思潮的衝擊，中國近代美學的研究才逐漸成立，以致蔚成風氣。

比較中、西方關於美學的形成與發展。西方自希臘哲學起，一直到近代，哲學家、美學家，均力圖在理論上建立各種學說，尋求一個合理的詮釋系統，以解釋「美學」這一門學問，因此，美學在西方是一個具有悠久的思辯傳統；而且，這門學科的正式成立，也有二百年的歷史了。而在中國，學問的探討到了一個高深的境界，往往是精神的實踐、心靈的契悟。所謂學問，是包融了對宇宙人生之眞理的融會，認爲學問到達深純之際，便是人格的完成；而藝術之創作，乃人類心靈的果實。換言之，中國藝術的表現，是人性中美與善的自然流露於作品的一種情趣活動，因而，理論的建構，本不是中國哲人的用心所在，而把「美」作爲一門學科來研究，至今也不到一百年的光景。

從以上簡單的分疏，可知美學在中國之研究，是一門新興的學問。雖然自民國以來，已有不少學者在努力；然而，面對具有豐富內容的中國文化，傳統美學的內涵，還有待我們不斷開發。也因爲這個原因，對傳統美學的詮釋，仍然是目前學術界努力的方向；而整理、檢討當代學人對傳統美學的研究，更是有助我們對傳統美學的省思。基於這些原因，本文選取徐復觀先生作爲研究的對象；固然，徐先生並非專門研究美學，他的學術研究工作，主要是在思想史方面，但他對文學與藝術的研究，仍然本於對中國文化的熱誠；而且，取得很高的成就。如《中國藝術精神》一書，可視爲他對中國藝術研究的一項成果；中國文學方面，如《中國文學論集》與《中國文學論集續篇》，也是極具深刻的意見，對傳統美學之詮釋，亦有一定的貢獻。因此，本文擬分析徐先生對中國文學與藝術的研究意見，企圖掌握他在論述中國文學時的基本觀念，以及解剖他在《中國藝術精神》的研究成果，因而論述他對中國文學與藝術的研究當中，所呈現的貢獻、價值、不足與限制之處；並指出放在傳統美學的詮釋上，所具有的意義究竟何在。

## 二、徐先生對中國文學之見解試析

徐先生對中國文學之研究，收在《中國文學論集》的文章共二十四篇，附錄有一篇；收在《中國文學論集續篇》的文章共十三篇，附錄有先生的詩文舊稿若干首。在這二册三十多篇的文章中，我們得知先生對《文心雕龍》有很深刻的研究；其中〈文心雕龍的文體論〉與〈中國文學中的氣的問題——文心雕龍風骨篇疏補〉是兩篇重要的作品。此外，徐先生對詩也十分在行，他自言頗能論詩，有許多文章便是針對詩而發表，或與詩有關。基於對《文心雕龍》的研究而碰觸到文學鑑賞的範圍，以及因論詩而涉及文學創作的問題，徐先生在文學上的研究，筆者歸納爲下列四項：

### ㈠提出「文體」觀念作爲論文的依據

徐先生提出「文體」的觀念作爲論文的依據，這是他的根本主張。他嚴厲批判唐代古文運動以後，文體觀念日趨模糊；到明代，竟以「文類」爲「文體」。因此，他在〈文心雕龍的文體論〉一文中，遂極力澄清「文體」的本來意義。所謂「文體」，徐先生乃指出：

> 文體之體，就《文心雕龍》上所說的，加以綜合，他包含有三個方面的意義，或者也可以說有三種次元。……低次元的形體，是由語言文字的多少長短所排列而成的。……這便是一般所說的體裁或體製。……它必須昇華上去，而成為高次元的形相；……體裁而不昇華到體要上去，則

只是一堆文字的排列；這種排列，便會無條理，無結構，無意義，乃至無意味。……體要而不昇華向體貌上去，則雖然有某種內容，但椎魯樸陋，或有實用上的意義，而無文學上的意義。……昇華的歷程，乃是向人的性情、精神昇進的歷程。體裁之體，可以說未含有作者的人的因素。在體要中，而始可以看出人的智性經營之跡。至體貌而始有作者的性情，有作者的精神狀貌，所以這才是文學完成的形相。（註一）

在〈能否解開文心雕龍的死結〉一文中，徐先生則說：

文章的各部分、各因素，沒有得到有機的統一，必定係雜亂無章，不配稱為一篇文章。所以凡說到文體時，首先要了解，這指的是由各部分所構的一篇完整而統一的文章，不是指文章的某一部分或某一因素而言。（註二）

因此，先生提出「文體」的觀念，它的主要意義，是在說明文章是一有機體的組合，此當中，有主觀的創作因素，也有客觀的創作因素；而主觀的創作因素是居於主導的地位，假如沒有人的主觀精神參與，便沒有「文學」之存在。如他在〈中國文學中的氣的問題〉上說：

若追索到文體根源之地，則文體的不同，實由作者個性的不同。必個性之自身，有不同之形體、體貌，然後才通過文字的媒介以形成各種不同的文體。（註三）

又〈文心雕龍的文體論〉上說：

文體是與作者的生命力相連結的東西；作品中有人格的存在，有生命力的存在，才能成為一個

文體。（註四）

他嚴分「類」與「體」的不同，便是認爲「類是純客觀的存在，類的自身無美惡可言；體則是由人的創作而來，離開了作者主觀的各種因素，便無所謂體」。（註五）因此，徐先生對《文心雕龍》的文體觀念之研究，可能有不相應的地方，在解釋「文體」的觀念時，也有矛盾不週延之處；（註六）但企圖以人的主體性來解釋文學之所以成立，是徐先生討論文學的根本主張。

### (二)視「情性」爲文學創作的主體

徐先生既以人的主體性來說明文學創作的重要因素，這個主體性，徐先生或以「情性」加以把握，（註七）或從「氣」來了解，而這兩個概念在徐先生的心目中，實是相關的。他在〈文心雕龍的文體論〉中說：

> 文體出於情性，但若不闡明氣之作用，則情性究係通過何者而落實於外在的文體之上，以與文體連為一體？仍不能明瞭。氣乃由內在之情性通到外在之文體的橋樑。（註八）

在〈從文學史觀點及學詩方法試釋杜甫戲爲六絕句〉則說：

> 在純藝術性的文學中，作者之氣，乃融合而為作者的感情，以感情的性格而呈現。（註九）

在〈文體的構成與實現〉中也說：

> 文學的主體與客體的融合，是靠情性中的氣的作用。（註一〇）

然則，「情性」是甚麼？歸納徐先生的意見，他是認爲「感情」是「情性」的內容。〈傳統文學思想中詩的個性與社會性問題〉上說：

真正好的詩，它所涉及的客觀對象，必定是先攝取在詩人的靈魂之中，經過詩人感情的鎔鑄、醞釀，而構成他靈魂的一部分，然後再挾帶著詩人的血肉（在過去，稱之為「氣」）以表達出來，於是詩的字句，都是詩人的生命；字句的節律，也是生命的節律。這才是真正的詩；亦卽是所謂性情之詩，亦卽是所謂有個性之詩。（註一一）

又〈釋詩的比與——重新奠定中國詩的欣賞基礎〉上說：

情的本質，如煙如霧，是縹渺而朦朧的。它的本身無形象可見，因而不能在客觀上加以捕捉的。詩人須通過語言和外在的事物，而賦予以音節與形象。……此時的語言，乃是情的語言；此時的事物，乃是情化了的事物。語言的感情化，事物的感情化，乃詩所得以成立的根本因素。感情化的程度，實際卽決定了作品成功的程度。（註一二）

〈環繞李義山（商隱）錦瑟詩的諸問題〉上說：

把感情化了的東西，加上自己的想像力，用文字表達出來，表達得恰與原有的感情相合，這便是詩。所以詩是以感情為其生命。（註一三）

基於此，他遂聲稱：「情才是詩的眞正來源，才是詩的眞正血脈」。（註一四）「除了情以外沒有詩」；（註一五）換言之，創作之所以產生，是由於人有「情」的緣故。

### ㈢視「氣」爲文學創作中生命力的表現

關於「氣」，徐先生是採取平實的態度，視為「生理地生命力」，反對以玄妙的眼光來看待，因而掃除在形而上學的各種附會與猜測。他在〈中國文學中的氣的問題〉中說：

> 我在〈孟子知言養氣章試釋〉一文中，指出氣是生理的綜合作用。……中國文學、藝術中，也特別重視氣的問題，這是很早便自覺到作者的生理作用，會給作品以影響，與作品以生命力的感覺，因而能由此以把握到文學、藝術中的個性與藝術性，使文學、藝術與人的根源地關係，得以澈底明瞭。但自陰陽五行之說盛行以後，有的人往往在形而上地意味上去摸索氣的問題。殊不知中國很早便流行「血氣」一詞。(註一六)

又在〈釋氣韻生動〉一文中說：

> 因為兩漢盛行的陰陽五行說，及宋儒的理氣論的影響，許多人一提到氣，便聯想到從宇宙到人生的形而上的一套觀念。其實，切就人身而言氣，則自孟子養氣章的氣字開始，指的只是一個人的生理地綜合作用；或可稱之為「生理地生命力」。若就文學藝術而言氣，則指的只是一個人的生理地綜合作用所及於作品上的影響。凡是一切形上性的觀念，在此等地方是完全用不上的。(註一七)

但徐先生認為「作者生理地作用，對作品雖有賦予以特性的決定性的影響；但孤立地生理作用，不能創造出文學、藝術」。(註一八)因為「支配氣的是觀念、感情、想像力，所以在文學藝術中所說的氣，實際是已經裝載上了觀念、感情、想像力的氣」。(註一九)基於氣要能完成其在文學藝術中的作用，不能只有「孤立地生理作用」，因此，原始的氣，便必須加以鍛鍊和培養，才能發揮它的效用，於是，便有氣與學的結合，以及「養氣」的主張。

所謂「養氣」，徐先生在〈中國文學中的氣的問題〉一文說：

養氣，乃是以道德理性涵養生命中的生理作用。浩然之氣，乃道德理性與生理作用合而為一以後，生理作用向精神昇華的精神現象。(註二〇)

在該文之「總結」中也說：

養氣，實際是通過一種修養的功夫，突破氣對於人的局限性，使其向精神上昇華，並給精神以向外實現的力量。這是以提高作者自身的人地存在，來提高創作能力和作品。(註二一)

至於「氣」與「學」的結合，徐先生在該文「氣與學」中稱：

氣是生理地生命力。僅此一生理地生命力，並不能成就文學、藝術；所以一面必與由心所發的志結合在一起，受志的統率。一面又須與聰明智慧的才結合在一起，以成為表現的能力。但才必資乎學，而後始能充實擴充。氣要能完成其在文學、藝術中的作用，既須與才相合，亦即必須與學相合，……其次，氣求其盛、求其厚，氣之盛與厚，乃決定於人之志，並非可以僅靠原始地生理構造。而人之志對氣的統率力，要直接得力於學的充實。(註二二)

徐先生這種視「氣」為作品生命力的表現，並提出養氣與重學的主張，它的目的，是在於突破氣對人的局限，涵養生命中的生理作用，使其向精神層面昇華，來提高作者的創作能力，因此，這是含有道德人格修養的意義存在；而道德人格的修養，也正是徐先生視爲文學、藝術創作的重要泉源。

## 四視「人格修養」爲文學創作的重要泉源

談到人格修養對文學創作的影響，徐先生在〈儒道兩家思想在文學中的人格修養問題〉一文中承認：

> 人格修養，常落實於生活之上，並不一定發而為文章，甚至也不能發而為文章。因為人格修養可形成創作的動機，並不能直接形成創作的能力。創作的能力在人格修養外，還另有功夫。同時，文學創作並非一定有待於人格修養。（註二三）

但他進一步分析二者的關係時，則說：

> 文學、藝術，乃成立於作者的主觀（心靈或精神）與題材的客觀（事物）互相關涉之上。……進入於創作範圍內之客觀事物，雖賦予以形象性的表出；但成功作品中的形象性，必然是某客觀事物的價值或意味。客觀事物的價值或意味，在客觀事物的自身，常隱而不顯，必有待於作者的發現，這是創造的第一意義。……決定作品價值的最基本準繩，是作者發現的能力。作者要具備卓異的發現能力，便必需有卓越的精神；要有卓越的精神，便必需有卓越的人格修養。（註二四）

因此，文學創作有賴乎道德的修養是必然的事實。而在徐先生的心目中，他只承認儒、道兩家思想具備有這個意義，他說：

中國只有儒、道兩家思想，由現實生活的反省，迫進於主宰具體生命的心或性，由心性潛德的顯發，以轉化生命中的夾雜，而將其提昇，將其純化，由此而落實於現實生活之上，以端正它的方向，奠定人生價值的基礎。所以只有儒、道兩家思想，才有人格修養的意義。（註二五）

事實上，徐先生乃立足於現實生活的體會，對儒、道兩家思想作出評論，因而，兩家的功夫雖有不同，但卻可以互相補足，因爲「虛靜之心」與儒家「仁義之心」同是心體之所固有。他說：

道家「虛靜之心」與儒家「仁義之心」，可以說是心體的兩面，皆為人生而所固有，每一個人在現實具體生活中，經常作自由轉換而不自覺。（註二六）

從這個意義出發，徐先生體認孟、莊二家的養氣精神是相通的，因爲二者在「要轉化生理地生命以開闢精神境界的這一點上」，卽是相同。（註二七）並藉此說法，用以解釋「我國傳統的文學理論中，如何解決一個文學作品的個性與社會性的問題」。（註二八）此卽「詩人的個性，究係通過何種橋樑以通到社會，因而獲得讀者的感動，使一個作品的個性，同時卽是一個作品的社會性呢」？（註二九）因而，他提出「性情之正」與「性情之眞」的說法。性情之正，卽是透過對道德心的培養而來。〈傳統文學思想中詩的個性與社會性問題〉中說：

一個偉大的詩人，因其得性情之正，所以常是「取衆之意以為己辭」，因而詩人有個性的作品，同時卽是富於社會性的作品。這實際是由道德心的培養，以打通個性與社會性中間的障壁的。這是儒家在文學方面的基本要求。（註三〇）

而性情之眞，則是透過道家的功夫，對虛靜心的培養，因而達到無私無欲的境界。徐先生認爲從道家的修養，也可以達成作品的個人性與社會性的統一。他說：

照中國傳統的看法，感情之愈近於純粹而很少雜有特殊個人利害打算關係在內的，這便愈近於感情的「原型」，便愈能表達共同人性的某一方面，因而其本身也有其社會的共同性。所以「性情之真」，必然會近於「性情之正」。(註三一)

因爲在儒、道二家的人格修養意義中，皆可以尋找到文學創作的個人性與社會性的統一問題之支持理論，徐先生遂得出他「道德與藝術在根源之地常融和而不可分」的結論，此一理論也是他用以說明中國藝術精神是由道家之莊學所開出，而又與儒家「爲人生而藝術」的精神不相違背的依據所在。徐先生說：

人的感情，是在修養的昇華中而能得其正，在自身向下沉潛中而易得其真。得其正的感情，是社會的哀樂向個人之心的集約化。得其真的感情，是個人在某一剎那間，因外部打擊而向內沉潛的人生的真實化。在其真實化的一剎那間，性情之真，也即是性情之正，於是個性當下即與社會相通。所以道德與藝術在其最根源之地，常融和而不可分。(註三二)

在〈文心雕龍的文體論〉中，徐先生也說：

個性愈是由洗鍊、沉潛而徹底下去，以達到虛靜的境界時，便可發現個性與社會性之間的牆壁自然撤除了；於是廣大潔白的個性，同時即是廣大豐富的社會性。在虛靜的心靈中，自然不能

不涵攝社會，不能不湧現對社會的責任感。……道德意識與藝術精神，是同住在一個人的情性深處。(註三三)

「道德意識與藝術精神，是同住在一個人的情性深處」，這是徐先生歸結人格修養的意義下所持之結論。然而，它的眞實性如何？換言之，這會不會只是一項理論上的認定，而缺乏歷史的意義？關於這點，徐先生在他的大著《中國藝術精神》中，有專門的討論。以下，我們卽看他這方面的進一步論述。

## 三、徐先生在《中國藝術精神》之研究

《中國藝術精神》是徐先生研究中國藝術的重要成果，全書分爲十章，附錄有六篇。徐先生聲稱：這是經過嚴肅考慮後才寫成的；動機是要通過有組織的現代語言，把這一方面的本來面目顯發出來，使其堂堂正正地滙合於整個文化大流之中，以與世人相見；同時，也要使世人知道中國文化在三大支柱中，實有道德、藝術的兩大擎天支柱。(註三四)關於該書的研究旨趣與結果，徐先生在〈自敍〉中說：

本書有八章是專門談畫，這對本書的標題而言，有點不相稱。但就我目前所能了解的是：中國文化中的藝術精神，窮究到底，只有孔子和莊子所顯出的兩個典型。由孔子所顯出的仁與音樂合一的典型，這是道德與藝術在窮極之地的統一，可以作萬古的標程；但在實現中，乃曠千載

而一遇。……所以對於由孔子所代表的典型，在本書只分佔了一章的篇幅。……由莊子所顯出的典型，澈底是純藝術精神的性格。而主要又是結實在繪畫上面。此一精神，自然也會伸入其他藝術部門。……中國藝術精神的自覺，主要是表現在繪畫與文學兩方面。而繪畫又是莊學的「獨生子」。本書第三章以下，可以看作都是為第二章作證、舉例。(註三五)

又說：

然而發現莊子之所謂道，落實於人生之上，乃崇高地藝術精神；而他由心齋的工夫所把握到的心，實際乃是藝術精神的主體。由老學、莊學所演變出來的魏晉玄學，它的真實內容與結果，乃是藝術性的生活與藝術上的成就。歷史中的大畫家、大畫論家，他們所達到、所把握到的精神境界，常不期然而然的都是莊學與玄學的境界。宋以後所謂禪對畫的影響，如實地說，乃是莊學、玄學的影響。我自己並沒有甚麼預定的美學系統；但探索下來，自自然然地形成為中國地美學系統。(註三六)

然則，這是否眞的合乎歷史中的事實？中國藝術精神的境界，是否都是莊學、玄學的影響？則有待我們的檢定。以下，擬先就該書的內容作一分析。

## (一)「爲人生而藝術」之探討

《中國藝術精神》的第一章是〈由音樂探索孔子的藝術精神〉。在該章中，徐先生指出我國古代是以音樂爲教育中心，但到了孔子，才對音樂有最高藝術價值的自覺，因而建立了「爲人生而藝術」

的典型。並分析孔子對音樂的重視，一方面，是來自他對古代樂敎的重視，一方面，是來自他對於音樂的藝術精神的新發現。孔子對於音樂的學習，是要由技術以深入技術後面的精神，更進而要把握到此精神具有者的具體人格；不但如此，他也十分重視音樂在政治上的效用，於是，徐先生聲稱：「孔子可能是中國歷史中第一位最明顯而又最偉大地藝術精神發現者」。(註三七)

此一發現，乃是孔子由他自己對音樂的體會而來，並因而是對音樂、藝術的基本規定與要求；此卽所謂「美與善的統一」，也就是「仁」與「樂」的統一。(註三八)徐先生指出：「樂的正常地本質，可以用一個『和』字作總括」，(註三九)在仁方面，「仁者的精神狀態，極其量是『天下歸仁』，『渾然與物同體』」，(註四〇)「樂與仁的會歸統一，卽是藝術與道德在其最深的根柢中，同時也是在其最高的境界中，會得到自然的融和統一；因而道德充實了藝術的內容，藝術助長、安定了道德的力量」，(註四一)「仁與樂是相得益彰的」。(註四二)

由於這些體會，這一章雖然類似全書的「序論」的性質，但卻至爲重要，因爲它的目的，不僅是指出孔子屬於「爲人生而藝術」的典型；同時，也是徐先生藉此表達他對文學、藝術創作的根本看法之所在。

## (二)莊學的藝術精神意義之闡發

《中國藝術精神》第二章是〈中國藝術精神主體之呈現〉，這一章是要探討中國藝術精神成立的背景是由莊學所啓發的。徐先生認爲：

老、莊思想當下所成就的人生，實際是藝術地人生；而中國的純藝術精神，實際係由此一思想系統所導出。(註四三)

因而闡明莊子的學道根本關鍵是要求精神的自由解放——「遊」，以證明上述論點的成立。所謂「遊」，徐先生說它的基本條件是「無用」與「和」。「和」卽和諧、統一。徐先生曾舉出三個故事，以證明從「無用」與「和」之中，會得到逍遙遊的「精神地象徵」，並認爲「因爲構成此逍遙遊的條件，都是構成美的條件，所以他（莊子）所提出的象徵，便不期然而然地卻是美地、藝術地精神的象徵」。(註四四)

其次，是從莊子所掌握的「人之主體」來說明。徐先生以爲莊子學道的功夫——「心齋」與「坐忘」，是達到「無己」與「喪我」之境界的歷程。此一歷程卽是「美地觀照的歷程」。(註四五)因爲「心齋」與「坐忘」的功夫中，一是「消解由生理而來的欲望，使欲望不給心以奴役，於是心便從欲望的要挾中解放出來」；一是「與物相接時，不讓心對物作知識的活動；不讓由知識活動而來的是非判斷給心以煩擾，於是心便從知識無窮地追逐中，得到解放，而增加精神的自由」。(註四六)徐先生認爲：莊子在說心齋的地方，只擺脫知識，在說坐忘的時候，則兩者同時擺脫；精神乃得以澈底的自由。由是而有「虛」、「靜」、「無己」、「喪我」的境界，此卽「美地觀照」。(註四七)

順著「心齋」的觀念，徐先生乃有「虛」、「靜」、「明」的引申性陳述，以及從現象學的純粹意識來旁證莊子的虛靜中所呈現的正是「心與物冥」的主客合一、忘知忘欲的境界，因而，「以心齋接物，不期然而然的便是對物作美地觀照，而使物成爲美地對象」。(註四八) 因此，心齋之心，即是藝術精神的主體。

除此以外，徐先生認爲構成「美地觀照」的充足條件，不能沒有感情與想像力的活動；換言之，藝術的成立，固賴創作心靈之「美地態度」，但假如缺乏感情與想像力的參與，則仍然不能成爲一種藝術的表現，因爲「美地態度」只是藝術成立的基礎條件，而不是充足條件。因此，徐先生乃分析莊子書中的「情」字有兩種意義：一是由欲望心知而來的是非好惡之情，另一是與「性」同義，是指人之所以生之「德」、人之所以生之「性」的活動而言。莊子表面似乎對「情」採取否定的態度，但他之所謂「無情」，乃是無掉束縛於個人生理欲望之內的感情，以超越上去，顯現出與天地萬物相通的大情。而這正是「藝術精神中的共感」。(註四九)

藝術想像方面，徐先生指出莊子由精神的徹底解放，及其共感的純粹性，在他的觀照之下，天地萬物，皆是有情的化身；因此，莊子筆下的萬物，都有人格的流露，都賦予以觀照者的精神生命，這正是挾帶著共感的最大想像力的活動。徐先生認爲：「這是超共感的共感，共感到已化爲物的物化；是超想像的想像，想像到『物物者與物無際』(〈知北遊〉)的無所用其想像的想像。」(註五〇)這種想像實已是象徵的性質，而藝術實際卽是象徵的表示。從這個意義出發，《莊子》一書，無疑是藝術的化身，而莊子所呈現的主體精神，卽是藝術精神的展現。

基於以上的考察，徐先生遂謂莊子的觀物是「美地觀物」。因而分析莊子的人生觀、宇宙觀、生死觀、政治觀以及莊子的藝術創作、藝術欣賞。這些分析，表面看來，是徐先生的引申與發揮，但實際上，即是從不同的角度來補充說明莊子的精神到處都流露一種藝術的意味，以加強證明莊子的思想充滿了藝術細胞的氣息。

### ㈢中國藝術精神的落實與發展——山水畫成立之考察

假如說：《中國藝術精神》的第一、二章是徐先生說明論題成立的背景，則自該書第三章至第十章止，便是以山水畫的出現、成立、成長、發展，以及成熟，來證明中國藝術是出自莊子思想的啓導而建立的。那麼，徐先生既然認爲中國藝術的精神是由莊子所開出，則「在中國人的心靈裏，所潛伏的與生俱來的藝術精神，何以一直要到魏、晉，才在文化中有普遍地自覺」？（註五一）其次，徐先生認爲「人物畫的藝術地自覺，是由莊學所啓發出來的；山水成爲繪畫的題材，由繪畫而將山水、自然，加以美化、藝術化，更是由莊學所啓發出來的」，（註五二）則莊學精神何以一定要落於山水畫（因爲繪畫的題材除了山水以外，尚有其他方面）？第三，在山水畫成長、發展的過程中，有甚麼證據證明這都是莊學精神的影響而產生？筆者以爲：徐先生自該書第三章起，至第十章止，各章雖有不同的論述主題，但總的來看，即是處理山水畫與莊學精神的關係，因此，本文將只檢討該書對上述問題的討論，而略去徐先生對山水畫的專門意見，以見徐先生的論述是否成立。

#### 1.山水畫的興起

關於上述第一個問題，徐先生舉出兩點理由，他指出：「這與東漢以經學爲背景的政治地實用主義的陵替，以及老莊思想的抬頭，有密切地關係」；同時，「東漢末年，人倫鑑識之風大盛」，也是促成此一活動的力量。(註五三)由於玄學慢慢從思辯的性格趨向於生活的情調化；人倫鑑賞也由實用的意味轉爲藝術的欣賞要求，玄學中的莊學遂取代了儒學，作爲鑑賞的依據，因而引起「美的自覺」，並由此自覺的興起，慢慢伸向文學、書法、繪畫等方面去。然而，此一美的自覺之思潮，何以一定落在繪畫上，而且，又以「山水畫」作爲歸宿？徐先生在第四章〈魏晉玄學與山水畫的興起〉乃謂：

我國文學源於五經。這是與政治、社會、人生，密切結合的帶有實用性很強地大傳統。因此，莊學思想，在文學上雖曾落實於山水田園之上，但依然只能成為文學的一支流；而文學中的山水田園，依然會帶有濃厚地人文氣息。這對莊學而言，還超越得不純不淨。莊學的純淨之姿，只能在以山水為主的自然畫中呈現。(註五四)

由是，徐先生對於人物畫乃有一番議論，他認爲魏、晉及其以後的人物畫，主要是由通過形以表現被畫的人物之神來決定其意味價値，這種由傳神而來的要求，乃有「氣韻生動」的提出，正是魏、晉玄學下，人倫鑑賞轉換後所導致的結果；因此，繪畫雖然有很古老的歷史，但繪畫的自覺，繪畫藝術的自律性的完成，卻不能不說是魏、晉時代才開始。而人物畫的藝術自覺，即是由莊學所啓發的；因此，由人倫鑑賞而來的人物畫，徐先生認爲就莊學的精神而言，是不大純粹。其次，徐先生指出人物畫給予作者的限制，是來自人物的拘限性，而作者在創作上的精神滿足，只有在破除技巧的拘限性以後才可以得到。何況，藝術要求變化，要求能擴展作者的胸懷，這在人物畫上都不容易盡量發揮；於是莊學的藝術精神，絕不能以人物畫作爲對象而滿足，自然，尤其自然的山水，才是莊學精神所不期然而然的歸結之地。

此外，就莊子思想的本身而言，徐先生也有他的理由說明莊學精神爲甚麼一定落在山水畫上。他說：

莊子對世俗感到沉濁而要求超越於世俗之上的思想，會於不知不覺之中，使人要求超越人間世而歸向自然，並主動地去追尋自然。他的物化精神，可賦與自然以人格化，亦可賦與人格以自然化。這樣便可以使人進一步想在自然中——山水中，安頓自己的生命。(註五五)

經由這些觀點的論述，徐先生乃相當肯定地說：

中國以山水畫為中心的自然畫，乃是玄學中的莊學的產物，不能了解到這一點，便不能把握到中國以繪畫為中心的藝術的基本性格。(註五六)

這就是徐先生對山水畫的興起原因的一個說明。

2. 山水畫的發展

徐先生述說山水畫與起的過程中，曾提到中國眞正的山水畫論，是同時卒於劉宋元嘉二十年的宗炳與王微，指出他們在藝術精神上，直接奠定了山水畫的基礎。但兩人的作品，依然是以人物畫爲主，一直要到唐朝李思訓之後，始有眞正值得稱爲山水畫的作品。這當中，究竟是甚麼原因？徐先生在第五章〈唐代山水畫的發展及其畫論〉中指出：

這似乎是有關於技巧上的問題。不過，限制技巧的不在於技巧的本身，而是人對藝術提出要求的「藝術意欲」。換言之，自魏、晉以迄盛唐，作品最大的容納者是朝廷、貴族和寺觀。此三者所要求的是神佛人物，而不是山水；於是技巧當然向神佛人物方面發展，而不向山水方向發展。（註五七）

其次，徐先生指出「山水的基本性格，是由莊學而來的隱士性格。……山水與隱士的結合，乃自然而然的結合」。（註五八）於是，他提出了「水墨」在山水畫成立於莊學背景下的意義，是「山水畫在顏色上向其自身性格相符的、意義重大之變」。（註五九）正因爲他重視「水墨」在山水畫的地位，他在第六章〈荆浩筆法記的再發現〉中對荆浩大加推崇，主要原因，是荆浩的《筆法記》中提出「六要」，對「墨」有重要的闡述。而徐先生強調：「水墨的顏色，是莊子所要求的重素貴樸的顏色」。（註六〇）

總而言之，徐先生認爲山水畫的出現，以至於成長，必在其自身性格所要求的形式中完成，才算是完備，而這些因素，都可在莊學中找到它的根源。因此，莊學是山水畫的精神之顯現。

### 3. 山水畫的成熟

山水畫的發展，自唐代起，正邁向成熟之境，宋代以來，在意識上、在作品上，且斷然取代人物畫的地位，居於我國一千年繪畫中的主流位置。在這個山水畫成熟的時代，徐先生所推重的山水畫論，一是黃休復的《益州名畫錄》，一是郭熙的《林泉高致》。《益州名畫錄》是由於黃休復確立了「逸格」在繪畫中的崇高地位，給後人很大的影響；而徐先生認爲「逸」的基本性格係由「隱逸」而來，而繪畫由人物轉向山水、自然，則是由隱逸之士的隱逸情懷所創造出來的。因此，「逸格」可以說是山水畫自身所應有的性格，得到完成的表現。但更重要的原因，這是徐先生從莊子的哲學中體會而來。他在第七章〈逸格地位的奠定——益州名畫錄的一研究〉中說：

他（莊子）的哲學，也可以說是「逸的哲學」。以他的哲學為根源的魏、晉玄學，大家都是「嗤笑徇務之志，崇盛忘機之談」的，這可以說都是在追求逸的人生。（註六一）

郭熙方面，則由於提出「三遠」之說，因而得到徐先生的稱譽。第八章〈山水畫創作體驗的總結——郭熙的泉林高致〉上說：

郭熙所提出的三遠，乃山水發展成熟後所作的總結。因為作者對於山水，是以遠勢得之；見之於作品時，主要是把握此種遠的意境。而遠勢中山水的顏色，都是各種顏色渾同在一起的玄色；而這種玄色，正與山水畫得以成立的玄學相冥合，於是以水墨為山水畫的正色，由此而得以成立了。（註六二）

而所謂的「遠」，這也是要從莊子中追溯而來的。徐先生說：

遠是玄學所達到的精神境界，也是當時玄學所追求的目標。當時為了要「超世絕俗」，便由人間而不知不覺地轉向山水，這樣就出現了山水畫。（註六三）

又說：

郭熙對平遠的體會是「沖融」、「沖澹」，這正是人的精神，得到自由解脫時的狀態，正是莊子、

魏晉玄學，所追求的人生狀態。（註六四）

因此，徐先生認爲：

要了解三遠在藝術中的真實意義，還得追溯到莊子和魏、晉玄學上面去。（註六五）

關於這點，也正是徐先生的一貫觀點。

### 4.「以禪論畫」的辨正

本書自第二章至第八章中，徐先生從莊子的學道精神、功夫，以論述中國藝術的建立，以及從山水畫的出現、成立、發展，乃至成熟，來證明此一論題的成立，可謂意義充足；而他在第九章與第十章中各有重點地論述山水畫的一些畫論問題，這當中，固然是宋、明文人畫的興起，以及關於文人畫的問題不能撇之不談；但更重要的原因，是要辨正的「以禪論畫」的謬誤。因爲徐先生反對佛教（禪宗）對中國藝術曾有影響，也排斥佛教具有生命的意義，這一點理由，恐怕是他著作《中國藝術精神》的動機之一。第二章〈中國藝術精神主體之呈現〉說：

明人董其昌好以禪論畫，日人受其影響，從而加以張皇。夷考其實，則因莊子有與禪相通的地方，故有此近似而實非之論。本文之作，意欲補此缺憾，以開中國藝術發展的坦途。（註六六）

因此，當從正面論述中國藝術精神的根源之後，對於宋、明以來禪宗流行下對山水畫的影響，徐先生是不能不加以檢討的。這在宋代，他提出黃山谷；在明代，他提出董其昌，作爲辨正的對象。因爲這兩人都明顯主張禪宗思想對繪畫有影響。關於黃山谷，第九章〈宋代的文人畫論〉說：

山谷自謂因參禪而識畫，此或為以禪論畫之始。山谷於禪，有深造自得之樂；但他實際是在參禪之過程中，達到了莊學的境界，以莊學而知畫，並非真以禪識畫。……莊學由無知無欲所要達到的目的，只是想得到精神上的自由解放，使人能生存得更有意義，更為喜悅；只想從世俗中得到解脫，從成見私慾中求解脫，並非否定生命，並非要求從生命中求解脫。……禪宗則對人生的葛藤而要求寂滅的「滅」。當他與客觀世界相接時，雖然與莊子同樣的是採取觀照的態度，這是他與藝術精神有相通之處。但歸結則不是「府萬物」，而是「本來無一物」。因此，四大皆空，根本沒有人與物的關係的問題。更不能停頓在「胸有丘壑」的階段上。也不能在由胸有丘壑而成的藝術作品上起美地意識，因為這是「有所念」，這是「有所住而生其心」。……我可以這樣說，由莊學再向上一關，便是禪；此處安放不下藝術，安放不下山水畫。而在向上一關時，山水、繪畫，皆成為障蔽。……由禪落下一關，便是莊學，此處正是藝術的根源，尤其是山水畫的根源。唐代是禪宗的鼎盛時期；但唐人未曾援禪以論畫。……自禪學在僧侶中已開始衰微，在士大夫中却甚為流行的北宋起，禪對於此後的士大夫而言，成為一種新地清談生活。於是一人多把莊與禪的界線混淆了，大家都是禪其名而莊其實，本是由莊學流向藝術，流向山水畫；却以為是由禪流向藝術，流向山水畫。加以中國禪宗的「開山」精神，名刹常即是名山，更在山林生活上，奪了莊學之席。但在思想根源的性格上，是不應混淆的。……山谷儘管對禪深造自得，但只要他愛生命，愛現世，則他實際只能是莊學的意境，而不能是禪學的意境。（註六七）

對董其昌的評論，第十章〈環繞南北宗的諸問題〉說：

董氏淡的藝術思想，是從何而來呢？……禪當然是他藝術思想的背景。……但深一層去追溯，董氏所把握到的禪，只是與莊學同一層次的禪；換言之，他所遊戲的禪悅，只不過是清談式、玄談式的禪；與真正地禪，尚有向上一關，未曾透入。……透上一關所把握到的，將是「寂」而不是「淡」。正賴尚有此一關未曾透入。才可資以為藝術上的了悟；否則他不能積極地肯定淡的藝術意境。淡的意境，是從莊學中直接透出的意境。他生當莊學式微，而禪學盛行的時代，便不能自覺到他所把握的只是莊，而並非真正地禪；這便引起後來許多旣不真正懂禪，又不真正懂畫的人們的胡猜亂想，徒增糾葛。(註六八)

從上述可知：徐先生是以莊學來否定禪學對中國藝術的影響，因爲在他的心目中，佛教思想是否定生命的宗教，不可能有「愛生命，愛現世」的表現。

## 四、徐先生對中國文學與中國藝術精神之研究所呈現的美學意義之檢討

徐復觀先生不是一個研究美學的專家，對美學中許多問題，甚且沒有形成一個完備的看法；他對文學與美學的研究，是基於興趣與一股責任感而來，並由於興趣之廣泛，使他在這方面雖然寫了不少的文章，但範圍卻至爲遼闊；另一方面，傳統的美學該如何掌握？也是一個有待商榷的課題。因此，怎樣自徐先生的研究中，找出與美學相關的意見，並加以評論，似乎頗見困難。然而，基於文學、藝

術、美學這三個學科雖然各有不同的研究範圍與對象，但彼此也是有其相通之處(註六九)，特別自美學研究的立場看，文學與藝術之創作均可視爲一種審美的活動，此一活動有別於其他學科的邏輯思維性質。(註七〇)換言之，文學、藝術的產生，乃基於創作者的審美意識而來，冀能在作品中盡力表現作家的主觀審美精神或態度，以及能反映客觀的審美事實。基於這個原因，我們發覺：徐先生在討論中國文學與藝術的時候，是有它的美學意涵的。剋就中國文學而言，他提出文學創作是人的主體之呈現、情感爲文學的實質內容，以及「爲人生而藝術」等問題，卽與美學的審美意識很有關係；而中國藝術精神的探索，更是試圖詮釋中國審美意識產生的原因。因此，本文擬就徐先生這些意見加以分析，以見他在這方面的成就與限制之處。

### ㈠人格卽風格的檢討

徐先生重視人格修養，認爲文章的風格卽是作者的人格之反映，這在上文的分析中可見一斑。關於「人格卽風格」，我們首先說：這是傳統美學的重要見解之一；而且，不了解這一意見，恐怕不能掌握傳統美學的眞正面目。因爲傳統中國的審美態度，雖然是游心於萬物，但最終的目的，卻是心與物的融合，所謂融情人景，寄情於景，而以情景妙合、相融不分爲高。這種審美態度的目的，不在客觀上詠物之工肖，乃是主觀上抒發個人的情感，因此，客觀的物不能與人格毫無關係，而成爲單獨的審美對象。

就美學的研究而言。我們知道：文學、藝術的創作，並非只是「自然」的模仿，乃是文學家、藝術家運用他們的智慧、人生閱歷、豐富的想像力，以及熟練的技巧，以創造一種與衆不同的風格美。因此，美是一種創造性的活動，是有待開發的價値。同一樣的東西，不同的人卽有不同的感受；卽使是同一人，不同時期，不同狀態下，也有相異的體會。其次，美的欣賞，也是因人因地因時而異。美的世界，是想象的世界，每一個人所領略得到的世界，就是他所創造的境界，他想象的世界有多大，美的世界就有多大。美是人的心靈力量的對象化；沒有人，也就沒有所謂美或不美。如花會濺淚，鳥能驚心；正因爲在詩人的淚眼中感覺到花也在濺淚，在驚心的狀態下，感受鳥也正驚心，這是由於人通過藝術的創造，把內心的感情投射到客觀的物象之中，因而創造一種淒美的境界。因此，美是客觀的事實，但也是主觀的價値判斷；美雖在物的自身，但也存在人的心中；是心物合一的表現。

然則，設若上述的論述能夠成立的話，徐先生討論文學、藝術的創作根源，不但上承傳統中國的審美要求，更合乎美學研究的理論層次，他在這方面的闡述，將有他的貢獻所在。只不過，必須指出：徐先生之重視人格，是完全偏就儒家的立場，而輕忽了道、佛二家在這方面的意義，尤其是對待佛家，甚至持否定的態度。由於這個原因，使他的說法不免有片面與局限的缺憾。

先說道家方面，徐先生雖然肯定莊子的人生態度是開出有如今人所謂的「藝術精神」，但這是由於他認爲「虛靜之心，是社會，自然，大往大來之地；也是仁義道德可以自由出入之地」（註七一）的緣故；而「道德仁義」正是儒家人格的標誌，這不是道家人格的要求。事實上，道家所標榜的人格是與儒家不同的；這種不同，雖然在精神上不致造成二者的衝突；有時候，甚至可以互通，（註七二）但人格本質上的不同，便形成作品風格上的差異，以及具有不同的情趣。這是不能概括地說：「儒道兩家的人性論，雖然內容不同；但在把羣體涵融於個體之內，因而成己即要求成物的這一點上，卻有其相同的性格。」(註七三)即可把二者的差異抹殺。

就佛家方面來說，徐先生否認佛家具有「人格修養」的意義。因而完全否定佛教對中國的文學、藝術曾有影響。他在《中國藝術精神》第九章中說：

> 禪宗畢竟是以印度的佛教為根柢，在中國所發展出來的。它最根本的動機，是以人生為苦諦；最根本的要求，是否定生命，從生命中求解脫。此一印度(佛教)的原始傾向，雖在中國禪宗中已得到若干緩和；但並未能根本加以改變。(註七四)

又在〈儒道兩家思想在文學中的人格修養問題〉中說：

> 印度佛教在中國流行後，所給與於文學的影響，常在善惡因果報應範圍之內，這只是思想層次的影響，不是由人格修養而來的影響。(註七五)

由於徐先生這種偏失的認定，遂使他對文學中講究神韻、興趣的作品不能有相應的瞭解，對於王國維的「境界說」在文學鑑賞上或美學上的意義，也只能歸之於他對儒家「感情之正」的體會而加以否定。(註七六)試看他在〈中國文學討論中的迷失〉中分析文學創作的動機、動力，認爲中國文學可以略分爲三大類型時說：

> 第一種是由感動而來的文學。感憤、感傷、感激、感慨，方便地都包括在「感動」一詞之內。從這一點說，文學家常是多情善感之人。第二種是由興趣而來的文學。中國因老莊思想之助，

出現了不少特出的山水田園詩人。從這一點說，文學家常是悅生愛物之人。這兩類型的作者，雖然生命中感情的活動，有深有淺，有輕有重，但當其發生感動或興趣之時，都是把自己的感情，投入於對象之中，並將對象融入自己生命之內；此時感動，興趣的主體，與引起感動，興趣的客體，合而為一，要求表達出來，所以作品中必注入了作者的感情、氣質，乃至整個的生命。這兩者都可稱為「內發的文學」。(註七七)

此當中，我們並不否認由興趣而來的文學是含有「感情」因素在內，但如果順著徐先生的說法，則中國文學莫非就只有儒家的型態嗎？而由道家人格所形成的文學作品究竟何在？恐怕，這將只是徐先生歸宗儒家「感情之正」的片面之詞。由興趣而來的文學作品，它的性格該是道家；混同了儒、道二家的分際，只有取消了道家性格的審美態度，也不符合歷史中的事實。

關於對王國維「境界說」的評議，見於〈王國維人間詞話境界說的試評〉一文。徐先生一方面誤解王國維所說的「境界」，是與「境」不分，而又與「景」相通；遂大加撻伐。一方面，是批評王國維的「無我之境」。他說：

值得稱為詩的，決沒有無我之境。……詩人面對景物(境)，概略言之，有兩種態度；一種是挾帶自己的感情以面對景物，將自己的感情移出於景物之上；此時，不知不覺地將景物「擬人化」，此即王氏之所謂「有我之境，以我觀物，故物皆著我之色彩」。詩人以虛靜之心面對景物，將景物之神，移入於自己精神之內，此時不知不覺地將自己化為景物，卽《莊子・齊物論》中的「此之謂物化」的「物化」；此殆卽王氏之所謂「無我之境，惟於靜中得之」。……但「人惟於靜中得之」，如何可說成「以物觀物」？沒有我，則「以物」的「以」，由何而來？未觀物以前，物我兩不相涉，則「以物」的「物」，又從何而來？挾帶感情以觀物，固然有挾帶感情之我在物裏面；以虛靜之心觀物，依然有虛靜的我在物裏面。……如何能有「有我」「無我」之別？（註七八）

事實上，這是徐先生忽略了道、佛思想對感情的表達是有異於儒家的方式，因而對於道、佛思想所形成的人格以及感情狀態不能理解。於是，傳統美學在徐先生的詮釋下，便只剩下「儒家」可以稱道了；或許，也可以這樣說：道、佛二家思想所具有的美學意義，便在他那種以儒會道，以道融釋的方式下給單一面片面化。（註七九）

## (二)情感的效用及其限制

徐先生視文學的創作爲「情性」的表現，而「情性」又以「感情」爲內容，並有「性情之正」與「性情之眞」的說法。基於對「感情」的體認，徐先生論及文學的創作，便往往以「感情」作爲立說的根據。如他在〈釋詩的比興——重新奠定中國詩的欣賞基礎〉中定義賦、比、興三者時說：

賦是就直接與感情有關的事物加以鋪陳。比是經過感情的反省而投射到與感情無直接關係的事物上去，賦予此事物以作者的意識、目的，因而可以和與感情直接有關的事物相比擬。興是內蘊的感情，偶然被某一事物所觸發，因而某一事物便在感情的振蕩中，與內蘊感情直接有關的事物，融和在一起，亦卽是與詩之主體融和在一起。（註八〇）

此外，他在〈詩詞的創作過程及其表現效果——有關詩詞的隔與不隔及其他〉論詩詞的「隔」與「不隔」時謂：

詩詞的隔與不隔，是與作者創造的過程密切相連著的。它之所以不隔，首先必須由真切地人生態度發而為真切地感情，以形成創造的衝動，有如骨梗在喉，必一吐為快。這種無法抑制的衝動，對客觀的景物，有吸引、鎔解到自己感情中來，使主觀的感情附麗在客觀的景物上，以成為自己形相的力量。此時主觀的感情，直接湊泊上客觀的景物，以客觀，景物之形相為自己之形相，再不需要假借旁的東西來加以填補，即〈鍾嶸・詩品序〉所說「多非補假」；這是形成不隔的最基本地因素。（註八一）

又在〈中國文學中的想像問題〉討論「想像」時說：

由感情所推動的想像，與感情融和在一起的想像，這才值得稱為文學的想像。不是由感情所推動，不是與感情融和在一起的，這便不是想像而是空想。文學之真，指的是在想像中的感情，及由想像所賦予於感情的力量；感情是人生之真，所以與感情融和在一起，並對感情的表出給與以莫大助力的想像，便也是真的。若從想像中抽掉了感情，也就等於從想像中抽掉了真實，於是我們便應當稱之為空想。（註八二）

上述徐先生這些說法，容易使人誤會他是完全站在感情的觀點來看文學。如他在《中國藝術精神》第一章中對感情的態度便十分肯定。他說：

儒家認定良心更是藏在生命的深處，成為對生命更有決定性的根源。隨情之向內沉潛，情便與此更根源之處的良心於不知不覺之中，融合在一起，此良心與「情」融和在一起，通過音樂的形式，隨同由音樂而來的「氣盛」而氣盛，於是此時的人生，是由音樂而藝術化了，同時也由音樂而道德化了。這種道德化，是直接由生命深處所透出的「藝術之情」，湊泊上良心而來，化得無形無跡，所以便可稱之為「化神」。（註八三）

又說：

情欲不是罪惡，且為人生所必有，所應有。宗教要斷滅情欲，也等於是要斷滅現實的人生。如實地說，道德之心，亦須由情欲的支持而始發生力量；所以道德本來就帶有一種「情緒」的性格在裏面。樂本由心發，就一般而言，本多偏於情欲一方面。但情欲一面因順著樂的中和而外發，這在消極方面，便解消了情欲與道德良心的衝突性。同時，由心所發的樂，在其所自發的根源之地，已把道德與情欲融合在一起；情欲因此而得到安頓，道德也因此而得到了支持；此時情欲與道德，圓融不分，於是道德便以情緒的型態而流出。（註八四）

這些說法，不但肯定了「情」，連「欲」也被提出，聲稱「道德之心，亦須由情欲的支持而始發生力量」；然而，徐先生既然一再強調「性情之正」在文學中的作用，這個「正」字，便規定了「性情」的性格。述兩段論及「情欲」的看法，只不過是基於情欲在現實生活中有其存在的事實而已。事實上，徐先生並非完全立足於「感情」來談文學。試看他在《中國藝術精神》第十章中說：

性情固然是藝術的根源；但藝術並非存在於性情的某一固定地橫斷面。性情可以不斷地向下墮落；也可以不斷地向上昇華。藝術與道德，同樣地須在性情不斷地向上昇華中而始可發現其存在。所以素樸地性情，究尚有待於啓發、培養、充實。這便不能不有待於人文的敎養。人文的敎養愈深，藝術心靈的表現也愈厚。因此，學問敎養之功，通過人格、性情，而依然成為決不可少的培養、開闢的力量。(註八五)

性情既然有上昇或下墮的可能，則「學問敎養之功」，正是啓發、培養、充實性情的力量，而這也是徐先生重視「人格修養」的原因。但站在儒家的立場，學問敎養之功是由「人」所主導，非由外鑠。然則，人的主體性爲「誰」？這是不得不探究的。

其次，徐先生在《中國藝術精神》第一章中討論「音樂藝術價值的根源」時亦謂：

儒家說「樂由中出」的話，表面上好像是順著深處之情向外發；但實際則是要把深處之情向上提。這種向上提，也可以說是層層提高，層層向上突破，突破到為超藝術的真藝術，超快樂的大快樂。(註八六)

這一段話的含意，即是指出音樂價値的根源是「仁」，而之所以提出「樂由中出」，是因爲徐先生認爲：

假定不把這種地方釐清，則由孔子所把握到的藝術精神不顯；因而易使人只停頓在「世俗之樂」上面去了解。(註八七)

所謂「世俗之樂」，即是落於一般的「情欲」的享受而言。因此，徐先生不得不對「樂由中出，故靜」

這兩句話作一檢討。他說：

「靜」的第一義是純淨。純淨便是自然安靜。有情故有樂，情是動的。但在人性根源之地所發之情，是順性而萌，可以說是與性幾乎是一而非二。〈樂記〉前面有兩句話說「人生而靜，天之性也。感於物而動，性之欲也」。人性一片純真、純善，無外物滲擾於其間，此處有甚麼「欲動」這類的東西可言？故說它是靜。樂由中出，此「中」並非是感於物而動的「性之欲」，而是「湛寂之中，自然而感；如火始然，如泉湧出」。孔門即在此根源之地立定樂的根基，立定藝術的根基。所以「樂由中出」，即是「樂由性出」。性「自本自根」的自然而感，與「感於物」而「動」不同；其感的性格依然是靜的。樂係由性的自然而感的處所流出，才可以說是靜；於是此時由樂所表現的，只是「性之德」。性德是靜，故樂也是靜。人在這種藝術中，只是把生命在陶鎔中向性德上昇，即是向純淨而無絲毫人欲煩擾夾雜的人生境界上昇起。(註八八)

在這裏，徐先生肯定「靜的第一義是純淨，純淨便是自然安靜」，他引〈樂記〉的話來說明「樂由中出」是指「湛寂之中，自然而感，如火始然，如泉湧出」，而非「感於物而動」的「性之欲」；因爲「人生而靜」的「靜」是「無外物滲擾其間」，此處沒有甚麼「欲動」之類的東西可言。因此，「樂由中出」的「中」依然是「靜」，它之所以「動」，是由於性「自本自根」的自然而感，這與「感於物」而「動」不同；因此，感的性格依然是靜。如是，「樂由中出」即是「樂由性出」。徐先生在這裏認定「中」即是「性」，換言之，「性」是藝術的創作根源，創作之所以產生，是從「性的自然而感的處所流出」。那麼，所謂「情」又是甚麼？徐先生說：「有情故有樂，情是動的，但在人性根源之地所發之情，是順性而萌。」這是他以「性」規定「情」的性格；基於這個原因，他認為「情」可以說是與性幾乎是一而非二。

徐先生這種視「性」與「情」是「一而非二」的說法，我們不妨視之為他對「情」的規範，從而解決了文學、藝術創作時，可能發生的「欲動」情形，但是，他的說法卻充滿了矛盾，因為〈樂記〉明明是說：「感於物而動，性之欲也。」「性之欲」即是「情」，也是「欲」；「感於物而動」，是「情」與「欲」的基本性格，文學藝術的創作，即有賴情感情欲受物所感而引起的；但徐先生卻說：「樂由中出，此『中』並非是感於物而動的『性之欲』，而是『湛寂之中，自然而感，如火始然，如泉湧出』。」那麼，假如不是基於「感物而動」，則此「中」是如何「自然而感」？其次，此「中」既認定不是「性之欲」的「情」或「欲」，而是「湛然之中」的「性」，那麼，文學藝術的創作原因，是由於「性」的「自然而感」而產生，這是否與他一向主張文學是「情感」的表達這一說法相違背？而「性」因「自然」而感，既是有所感而動，雖說是「自然」而來，但又如何能說是「靜」？(註八九)

基於這些疑問，徐先生對感情的看法是存在著種種的困難，因為視「情」與「性」是「一而非二」，表面上，這是重視感情在創作上的地位；但事實上，在最後的根源上，卻是指向著「性」。如是，說文學的創作是由「性」所導致，並不為過；但其中的困難，也正如徐先生在《中國藝術精神》第二章中說：

儒家所開出的藝術精神，常須要在仁義道德根源之地，有某種意味的轉換。沒有此種轉換，便可以忽視藝術，不成就藝術。（註九〇）

這種「轉換」，是否意味著文學、藝術的創作，是不能從道德主體的「性」產生。固然，我們不反對道德仁義的「性」對情感的活動有匡正的作用，但這個問題的說明，恐怕不能從道德主體的層面來解釋的。因爲貫穿於文學、藝術之創作的感情，並不是道德的主體——「性」；也不是一般喜怒哀樂的感情；而是經過提昇、鍛練之後的特殊感情——審美情感。這種審美情感的主要訴求，是以審美價值爲目的，它雖然離不開眞與善的創造，卻並非基於求眞或求善而來；而是通過了創造，把內心的審美情感投射到對象之中，因而創造了美。這種美，是以特定的審美體驗和審美感受爲起點，以美的規律爲準繩，以美的藝術作品之誕生爲目標，全面地滿足人類對美感追求的精神嚮往。

當然，美不可能抽象地存在，它雖是文學藝術創作中的靈魂，但美在保持它的主導地位之同時，卻須運用可感的形式，與眞、善結合，相互作用，相互滲透，因而相得益彰，使藝術作品產生一種扣人心扉、動人心弦的巨大感染力量。因此，當審美情感在文藝作品中，具體展現時，即能充分顯示人類的個人性與社會性的相互統一。

此外，我們也須瞭解：藝術追求的美與道德追求的善，二者雖有相通之處，但藝術不同於道德，藝術是在其自身的美與善中實現了對道德之善的完成。因爲藝術雖以感情爲特徵，但並不排斥理性的思想觀念，深刻的思想觀念可以對審美情感加以規範和引導，保障審美情感的活動有一個健康的方向；不過，思想觀念不能在藝術中發生喧賓奪主的情況，因而取代了它的位置，也不能脫離審美情感而孤立地存在，必須經由審美情感的約束、滲透，規範，因此，審美情感才是文學、藝術創作的根源所在。

而徐先生對感情的重視，這已經碰觸到文藝創作的根源問題，只是他囿於對儒家的體會，無法進一步認識到這種感情實是一種審美的情感，卻只能認爲這是與「性」是「一而非二」；這樣，便等於把他自己重視感情的說法推翻了。同時，也因爲壹皆以儒家的「感情之正」來看待創作的問題，遂無法認識道、佛二家思想的人格與感情所形成之美學風格了。

### ㈢「爲人生而藝術」的得失

徐先生既以儒家思想作爲討論文藝創作的根據，則「爲人生而藝術」的觀點卽是他的一貫見解。他在《中國藝術精神》第一章中說：

> 真正偉大地為藝術而藝術的作品，對人生社會，必能提供某一方面的貢獻。而為人生而藝術的極究，亦必自然會歸於純藝術之上，將藝術從內容方面向前推進。(註九一)

在〈文心雕龍的文體論〉中，徐先生也說：

> 幾十年來我國談文學的人，常常以為道德是與文學不相容的；為了提倡文學，便須反對道德；……殊不知道德的敎條、說敎，固然不能成為文學，但文學中最高的動機和最大的感動力，必是來自作者內心的崇高地道德意識。……而我國所說的「文以載道」的「道」，實際是指個性

中所涵融的社會性，及對社會的責任感。……沒有孤立的人生，在為人生而藝術的同時，應即涵有為社會而藝術意義在裏面。把文學作為道德說教的工具，對文學固然可以發生阻抑的作用；但存心要從文學中驅除道德，則對文學可以發生滅絕的結果。二者是在其根源和歸趨上，有其自然的結合。（註九二）

關於以上徐先生這種「為人生而藝術」的說法，我們可以肯定它的意義與價值；但「道德與藝術此二者在其根源和歸趨上」，雖然「有其自然的結合」，卻不能混淆。因為就其本質而言，此二者是有所不同的。道德是以追求善為目標，這種善表現於理性的意志和實際的生活行為上，藉著實踐，以調整人與人之間以及人與社會之間的關係之行為規範；同時，它也是一種依賴人性根源、社會輿論、人們的信念、習慣、傳統和教育，才能發揮力量的精神作用。至於藝術，則是為了滿足人類情感的需要、審美的需求，如感情上的悲痛、哀傷、怨憤，因宣洩抒發而得到舒暢；興奮、激昂、喜悅、歡喜的心情，也會激起創作的欲望。人們並不企求藝術能提供甚麼實用的價值，或闡明甚麼的眞理。藝術的美，是基於理性的自由想像，藉人生現實為題材而達到自身所要求的目標；它並非以社會的功用為訴求。因此，人們雖然藉著藝術得到精神上的慰藉、寄託、振奮和鼓舞；或疲勞的身心得到恬適的休憩、優美的享受，但美才是藝術所要求的意義，也是最終的目的。道德追求的善，藝術追求的美，二者雖有相通之處，但這種相通，是由於二者都離不開人類的緣故；而且，對人生都具有或多或少、直接或間接的價值；但我們卻不能因此而否定它們的獨自性格，因為藝術的價值，也可以與其他的文化領域如宗致、哲學、科學相通；而每一文化領域都有它的內涵與要求，這是可以理解的。

徐先生因爲過分強調道德的重要性，在他討論文藝創作的時候，乃得出「道德與藝術在根源之地常融和而不可分」，以及「道德意義與藝術精神是同住在一個人的情性深處」。(註九三)這一番體會，固然有它的相當意義，但徐先生卽是藉此道德意義來界定藝術，這反映在他對莊子的理解上，便是以現實人生的觀點來看莊子的藝術精神。《中國藝術精神》第二章的結論說：

莊子的本意只著眼到人生，根本無心於藝術。他對藝術精神主體的把握及其在這方面的了解、成就，乃直接由人格中所流出。……所以，莊子與孔子一樣，依然是為人生而藝術。因為開闢出的是兩種人生，故在為人生而藝術上，也表現為兩種型態。因此，可以說，為人生而藝術，才是中國藝術的正統。……對儒家而言，或可稱莊子所成就為純藝術精神。(註九四)

然則，既知「莊子的本意只著眼於人生，根本無心於藝術」，又說「莊子與孔子一樣，依然是爲人生而藝術」，這是否有矛盾之處？其次，就孔子而言，我們固然可以說：從孔子的人生態度顯示出他的藝術精神；換一個角度而言，也可以說：孔子對音樂所持的態度，正流露他對人生的種種體會。但道德（人生）與藝術這二者只是在某一方面有其相通之處，不能用主從的關係加以界定；而徐先生論述二者的關係時，卻是緊扣著道德精神的主體爲根本，如是所呈現的美學意義，也只能是儒家的「充實之謂美」的境界了。

## (四)莊學藝術精神與中國藝術精神之商榷

徐先生對莊子的闡揚，很重要的一項貢獻，即是釐清莊子哲學的意義，指出莊學思想具有如今人所謂的「藝術精神」。固然，莊子是一位思想家，並不是一個爲談美而談美的美學家，也不是一般造形藝術的藝術家，但他的思想是針對人生的困厄、疑慮，因爲尋求安頓而來，他所揭示的人生理想——逍遙無待的境界，正是藝術家的精神之最高追求，也是美學家所要求達致的。因此，我們雖不承認莊子是一位專門談美學的專家，但在他的思想中，卻含有藝術、美學的精神，這是無可懷疑的。而由於徐先生的宣揚，使莊子思想的價值獲得了這一方面的肯定；連帶以莊學爲中心的魏、晉玄學之地位與影響，也因此而明朗、確定。這是徐先生的貢獻，具有美學上的意義，也是獲得今天學術界的認同，下開日後「莊子藝術精神」的研究風氣，可謂啓廸後學，功不可沒。

然而，莊子思想的意義，眞的只有如今人所謂的「藝術精神」嗎？恐怕，這是啓人疑竇的。(註九五)我們同意：在莊子的思想中，可以發現最高的藝術精神，但莊子所說的道，還有其他的意蘊，不是藝術精神所能解釋的，這當中的原因，恐怕是與莊子「根本無心於藝術」有關。以藝術的角度來理解莊子，固然能得到一些彼此相通的觀念，但二者卻並非完全相等無餘；同樣的理由，以儒家的立場來看莊子，也會造成類似的困擾的。

至於中國藝術精神方面，徐先生歸宗莊子藝術精神的影響。他在《中國藝術精神》中說：

所以在中國藝術活動中，人與自然的融合，常有意無意地，實以莊子的思想作其媒介。而形成中國藝術骨幹的山水畫，只要達到某一境界時，便於不知不覺之中，常與莊子的精神相湊泊。

甚至可以說，中國的山水畫，是莊子精神的不期然而然地產品。但這並不是說他的精神，不會在文學上發生影響。藝術精神之對於各種藝術的創造，可以說是一個共同的管鑰。……所以在莊子以後的文學家，其思想、情調，能不霑溉於莊子的，可以說是少之又少；尤其是在屬於陶淵明這一系統的詩人中，更為明顯。但莊子精神之影響於文學方面者，總沒有在繪畫方面的表現得純粹。(註九六)

徐先生這一研究，固然能說明一部分的事實眞相；但如同我們上文的分析，這是在以儒融道，以道解佛的立場下所作的結論。從這個結論所看到的中國藝術精神，佛家的意義已經被解除，至於道家，也只是被上一層道德的外衣。然則，中國藝術精神在徐先生的詮釋下，他的範圍與內涵實在有限，依他的講法，是不能涵蓋中國藝術精神的全部義蘊的。

## 五、結　論

根據以上的分析與討論所顯示，徐先生對中國文學與藝術的研究，是與他對現實人生的關懷很有關係。如他對中國思想史的研究，便落於具體而平實的生活層面上闡發，這是具有相當高的價値與意義。(註九七)然而，單從現實人生的角度出發，難免也有它的局限之處，此卽徐先生不太能接受「超越性」的說法，而視之爲佛敎「寂滅」的見解，加以排斥。如是，從現實人生的觀點出發，徐先生主張文學與藝術必須會歸於道德之中，「性情之正」遂成爲創作的根源所在，人格修養對文學、藝術有重要的影響與意義。這些意見，剋就傳統美學之研究而言，雖然頗能闡明儒家在這方面的看法，但正因爲徐先生過分信賴他在現實人生的把握，使他對道家思想的評估，以及對莊學精神的闡發，也只能從這個角度加以肯定，這是不足夠的；而完全忽視佛教在中國文學、藝術的成就與影響，更是抹殺了歷史上的事實，並否定了道、佛精神在傳統美學中所代表的風格與意義。不過，最根本的疑難，恐怕莫過於來自他從道德的立場來討論文學、藝術的創作根源。由於他視「情」與「性」是「一而非二」，遂使他原本主張文學藝術的產生是由感情的表現而來這一說法，起了抵觸的作用；而在說明「情」與「性」是「一而非二」的時候，也未能化解其中的矛盾。因此，可以說，徐先生對傳統美學之詮釋，只能有它的局部意義，而缺乏整體的成就。

## 【註　釋】

註　一　見《中國文學論集》頁一一八—一二〇。學生書局，民國六十九年十月四版（學三版）。

註　二　同註一，頁四〇四。

註　三　同註一，頁三〇〇。

註　四　同註一，頁六一。

註　五　見〈能否解開文心雕龍的死結〉，同註一，頁四〇六。

註　六　關於徐先生對「文體」觀念的研究之得失，可參考顏崑陽〈論文心雕龍「辯證性的文體觀念架構」〉，該文有深入且精闢的討論，見《文心雕龍綜論》，學生書局，民國七十七年五月。

註　七　「情性」一詞，徐先生在不同的文章中，亦有寫作「性情」，二者應是同一觀念下的不同寫法。

註 八 同註一，頁四八。
註 九 同註一，頁一六九。
註一〇 同註一，頁四〇九。
註一一 同註一，頁八四－五。
註一二 同註一，頁九六。
註一三 同註一，頁一八〇－一。
註一四 見〈釋詩的比興——重新奠定中國詩的欣賞基礎〉，同註一，頁九六。
註一五 見〈釋詩的比興——重新奠定中國詩的欣賞基礎〉，同註一，頁九八。
註一六 同註一，頁二九七。
註一七 見《中國藝術精神》，頁一六三。學生書局，民國七十三年十月八版。
註一八 見〈中國文學中的氣的問題〉，同註一，頁三〇一。
註一九 同註一七，頁一六四。
註二〇 同註一，頁二九七。
註二一 同註一，頁三四七。
註二二 同註一，頁三三二。
註二三 見《中國文學論集續篇》，頁二。學生書局，民國七十年十月。
註二四 同註二三，頁三－四。

註二五　同註二三，頁四。
註二六　同註二三，頁一〇。
註二七　見〈中國文學中的氣的問題〉，同註一，頁三三六。
註二八　見〈傳統文學思想中的個性與社會性問題〉，同註一，頁八四。
註二九　見〈傳統文學思想中的個性與社會性問題〉，同註一，頁八五。
註三〇　同註一，頁八八。
註三一　同註一，頁八八—九。
註三二　同註一，頁八九。
註三三　同註一，頁六二—三。
註三四　見《中國藝術精神・自序》，同註一七，頁一—二。
註三五　同註一七，頁五—六。
註三六　同註一七，頁三。
註三七　同註一七，頁五。
註三八　同註一七，頁一五。
註三九　同註一七，頁一五。
註四〇　同註一七，頁一七。
註四一　同註一七，頁一七。

註四二　同註一七，頁二九。

註四三　同註一七，頁四七。

註四四　同註一七，頁六九。

註四五　同註一七，頁七二。

註四六　同註一七，頁七二。

註四七　同註一七，頁七三。

註四八　同註一七，頁八〇。

註四九　同註一七，頁九一。

註五〇　同註一七，頁九六。

註五一　同註一七，頁一五〇。

註五二　同註一七，頁一八三—四。

註五三　同註一七，頁一五〇、一五二。

註五四　同註一七，頁二三〇。

註五五　同註一七，頁二三一。

註五六　同註一七，頁二三六。

註五七　同註一七，頁二五五。

註五八　同註一七，頁二五五—六。

註五九　同註一七，頁二五六。

註六〇　同註一七，頁二九七。

註六一　同註一七，頁三一七。

註六二　同註一七，頁三四七。

註六三　同註一七，頁三四五。

註六四　同註一七，頁三四七。

註六五　同註一七，頁三四三。

註六六　同註一七，頁四八。

註六七　同註一七，頁三七二—四。

註六八　同註一七，頁四一五。

註六九　文學、藝術、美學三者的關係，簡單地說，文學可視爲藝術的一種，而藝術則是美學研究的核心對象。就文學而言，文學是語言的藝術，有它的審美要求；就藝術而言，藝術是以美爲其理想、爲其追求的目標。文學、藝術的創作，即是以審美爲訴求，並以藝術作品的誕生爲目的；而美學的研究，是一門有關於人類的審美活動及其規律的學問，因此，有不少學說都以爲美學的研究應以藝術爲主要對象，甚至是唯一的對象。

註七〇　審美活動的思維，是想像力的發揮，含有高度自由的創造能力，有別於具有邏輯性質的理性思維，帶有「形象」性的意味，具有可以具體感受的象徵性質。

註七一　同註一七，頁一三四。

註七二　儒家雖有「鳥獸不可與同群」的感慨，但事與願違的時候，也有「乘桴浮于海」的想法。這是由儒入道的關鍵所在，也是二家思想不相衝突的原因。

註七三　同註一七，頁四五。

註七四　同註一七，頁三七三。

註七五　同註二三，頁四。

註七六　徐先生認爲詩文之中決沒有所謂「無我」之境，而「有我」之境卽是他對儒家「感情之正」的體會而來。

註七七　同註二三，頁一五八—九。

註七八　同註二三，頁七五—六。

註七九　徐先生認爲佛教除了成就一個「空」字以外，再沒有其他的成就，這固然是他的偏見；同時，也是由於他對儒家思想的把握落於現實人生的角度很有關係。

註八〇　同註一，頁一〇三。

註八一　同註一，頁一二〇。

註八二　同註一，頁四五一

註八三　同註一七，頁二六—七。

註八四　同註一七，頁二七—八。

註八五　同註一七，頁四一四。

註八六　同註一七，頁二九。

註八七　同註一七，頁二九。

註八八　同註一七，頁三〇。

註八九　事實上，「樂由中出，故靜」，以及「人生而靜，感於物而動，性之欲也」這數語，在徐先生的意見中是很難得到恰當的解釋；這不如依照《禮記正義》視此「中」爲「心」，來得圓融。

註九〇　同註一七，頁一三六。

註九一　同註一七，頁四〇。

註九二　同註一，頁六二—三。

註九三　參見註三二，註三三之引文。

註九四　同註一七，頁一三六。

註九五　從莊子學道的精神中，可以發現有如今人所謂的藝術精神，但莊子的精神並不止於此。這個問題的討論，可參考謝仲明〈論徐復觀對莊子的解釋〉，見《徐復觀學術思想國際研討會論文集》頁一五一—一五三。東海大學，民國八十一年十二月。

註九六　同註一七，頁一三三—四。

註九七　徐先生深信中國文化不離具體而平實的生活，不愛從形而上學的觀點談中國思想，注重的是歷史時空下所展現的眞實世界。這些原因，一方面，造就了他的學術成就，且成爲他的治學精神之所在；但另一方面，也限制了他對某些問題的掌握，如他對王陽明哲學的理解，便不甚契合於陽明心學的本旨。此中的原因，應是他的學術性格所造成。＊

本文作者**胡健財**副教授任教於國立政治大學中文系

# 自然、形象與性情

## ——通過現代畫論戰重看徐復觀的美學思想

林　朝　成

## 一

一九五七年，「五月」與「東方」兩個新銳的繪畫團體，先後宣告成立，爲臺灣美術的現代畫運動，扮演了前鋒、衝刺與創新的角色。

一九六〇年，「中國現代藝術中心」聯合展覽，秦松，一位剛在年前以「太陽節」一作榮獲巴西聖保羅國際雙年展榮譽獎的年輕人，其參展的作品「春燈」，竟被政戰系統的梁氏兄弟莫名其妙地掛上「反蔣」的罪嫌，結果，在政治疑雲陰影籠罩下，「中國現代藝術中心」籌組的活動於是中斷。

「秦松事件」反映出當時的國民黨政府對文藝活動採行緊縮、控制的政策，保守人士，對「現代畫家」惡意的質疑與責難，並妄加揣測其不明的政治動機，政治與藝術的糾纏，在創作者心中留上恐怖的陰影。

由於不滿當時保守、沉悶的畫風，又覺得國畫的境界、氣氛和現實生活脫離太遠，不能表現當時的時代精神，現代繪畫的探索熱潮，並未因此而止息；加上國際藝壇得獎的鼓勵，繼而爲尋找具有世性的永恆東方，以及建立中國藝術新傳統的理想熱情，新生代的現代畫家已有足夠的理由鼓吹他們界最熱衷的主義，無懼於保守派的諷刺與攻擊。

一九六一年八月十四日，徐復觀先生於香港《華僑日報》發表〈現代藝術的歸趨〉一文，他從現代藝術本身所含的可能性來加以推論，認爲現代藝術有二個特性：一、它主張破壞藝術的形相；二、反合理主義。徐先生因留心自由世界與共黨世界間勢力的消長，極盼自由世界有著深厚的人文基礎，以對抗共產主義的意識型態，如今他所發現的現代藝術，只是虛無的否定精神，他便進而站在政治社會的觀點，指出現代藝術的歸趨：

> 假定現代超現實主義的藝術家們的破壞工作成功，到底會帶著人們走向什麼地方去呢？結果，他們是無路可走，而只有為共黨世界開路。

徐先生的文章在香港發表，當時他也不知臺灣有「五月」或「東方」畫會（註一），其批評的對象是西方的現代藝術。顯然，他的用意並非針對臺灣新生代的現代畫家。而且，就超現實主義的發展來說，布魯東（A. Breton）的企圖乃在於將造形藝術與文學和政治攏成一線，主張超現實主義爲革命服務。在適當的理解脈絡中，「爲共黨世界開路」該爲他們所樂意接受。（註二）但在當時的政治氣氛下，徐先生不只是單純的東海大學教授，他也是有份量的政論家與社會批評家，他的歸結幾乎構成政治性的控訴，若在有心人的扭曲解釋下，難免被利用成枉加紅色帽子的口實，這便直接威脅到現代藝術的存在。

就在徐文刊出的半個月後，五月畫會的劉國松便撰就一文爲現代藝術提出了嚴正的答辯。該文以極有力的標題提出他的反控訴：〈爲什麼把現代藝術劃給敵人——向徐復觀先生請教〉，發表在聯合報，如此引發激烈的論戰，是爲「現代畫論戰」。

「現代畫論戰」的史實及論戰各方思想的分析，林惺嶽與蕭瓊瑞兩位先生，已有客觀淸楚的論述，（註三）本文不再掠美重複。本文乃試圖以此論戰爲觀察點，通過它所引發的論題，考察徐復觀的美學思想主要客題。相信經由此研究進路，將有助於我們理解徐先生對現代藝術關懷的意義與用心。（註四）

徐先生曾說明他研究美學的方法：

我把文學、藝術，都當作中國思想史的一部分來處理，也採用治思想史的窮搜力討的方法。搜討到根源之地時，却發現文學、藝術，有不同於一般思想史的各自特性，更須在運用一般治思想史的方法以後，還要以「追體驗」來進入形象的世界、進入感情的世界，以與作者的精神相往來，因而把握到文學藝術的本質。（註五）

所謂治思想史的方法，徐先生強調「動地觀點」、「發展地觀點」的應用。（註六）這種方法採取發展的歷史的動態的觀點，因此，必從整體性著眼。整體性不是一先驗的假設，也不是如黑格爾所說的理性精神發展到最高階段所必經的總體歷程。思想史中的整體性，是作爲理解的基礎，把研究對象放在它自身形成的歷史，以及與它相關的歷史演變中來理解。因此，必得尋求其在歷史發展環節中的時代性，並從時代處境的同情理解中，以建構其評價的視域（Horizon）。另一方面則又由此視域展開其理解的可能，並經由其發展的過程，以確立、簡擇其合理性、正當性的意義。

這麼一來，因思想史的研究本身卽是目的，也是方法。其爲目的，乃肯定研究對象本身的意義，其理解內容的「客觀」呈現，對人類文化卽有價值；其爲方法，乃思想史的研究必涵化成我們的理解視域，並成爲建構我們理論系統的基礎。也就是在這種意義下，徐先生得出他的中國美學理論。（註七）

然而思想史的進路，其所得的成就，僅有歷史的意義，或者它也有現代的、未來的意義，參與到當代文化的言說論域中，以成爲活的文化思想，這並不能先驗地決定，或未經批判地視爲當然。這得由對象的內容與本性來考察，其所建構的理論也必是經過歷史的批判，方有所樹立。道德、藝術、科學，是人類文化的三大支柱，徐先生認爲三者之中，中國的科學只有歷史的意義，沒有現代的意義，但就道德、藝術而言，則不然。就藝術來說：

在人的具體生命的心、性中，發掘出藝術的根源，把握到精神自由解放的關鍵，並由此而在繪畫方面，產生了許多偉大地畫家和作品，中國文化在這一方面的成就，也不僅有歷史地意義，並且也有現代地、將來地意義。（註八）

也因此，徐先生所激起的現代畫論戰，雖是時代處境下的偶然，但也是其信念的理之所至。

至於文學、藝術史的研究，與一般思想史研究有著不同的特性，經由此獨特的研究方法，所把握到的文學、藝術本質，在徐先生的研究成果中，竟構成中國藝術精神與現代藝術精神互斥的對決關係，便是底下所要探討的主題，容後再述。在此，我們只注意到文學繪畫的思想，徐先生並未就其媒材表現的不同方式，加以區分爲二，因此，要探究其美學思想，不可捨棄有關其對文學思想的研究成果。這麼說來，徐先生引發「現代畫論戰」前後所發表的有關文學理論文章，其中已片斷但直接地批評到現代藝術，這些都可視爲合法的材料，納入到本文的考察中。那麼，環繞在現代畫議題下的文章，我們可整理成下表：（註九）

| 時　　間 | 篇　（書）　名 | 發表刊物 |
|---|---|---|
| 一九五八・七・一 | 〈傳統文學思想中詩的個性與社會性問題〉 | 《文星》二卷三期 |
| 一九五八・八・一 | 〈釋詩的比興——重新奠定中國詩的欣賞基礎〉 | 《民主評論》九卷十五期 |
| 一九五九・六・一五 | 〈詩詞的創造過程及其表現效果——有關詩詞的隔與不隔及其他〉 | 《民主評論》十卷十二期 |
| 一九五九 | 〈文心雕龍的文體論〉 | 《東海學報》一卷一期 |
| 一九六〇・五・二四—二五 | 〈毀滅的象徵——對現代美術的一瞥〉 | 《華僑日報》 |
| 一九六一・六・九 | 〈危機世紀的虛無主義〉 | 《華僑日報》 |
| 一九六一・六・一九—二〇 | 〈中國的虛無主義〉 | 《華僑日報》 |
| 一九六一・七・一七 | 〈非人的藝術與文學〉 | 《華僑日報》 |

一九六一・八・三　〈達達主義的時代信號〉　《華僑日報》

一九六一・八・一四　〈現代藝術的歸趨〉　《華僑日報》

一九六一・九・二—三　〈現代藝術的歸趨——答劉國松先生〉　《聯合報》

一九六一・九・三　〈從藝術的變，看人生的態度〉　《華僑日報》

一九六一・九・八　〈文化與政治〉　《華僑日報》

一九六一・一〇・一　〈愛與美〉　《華僑日報》

一九六一・一一・五　〈現代藝術對自然的叛逆〉　《華僑日報》

一九六二・一二・一　〈有醜面目〉——附轉載文四篇　《民主評論》十二卷二十三期

一九六三・一・一六　〈答虞君質教授〉　《民主評論》十三卷二期

一九六三・二・一六　〈文體觀念的復活——再答虞君質教授〉　《民主評論》十三卷四期

一九六四・三・一四—一五　〈藝術的胎動，世界的胎動〉　《華僑日報》

一九六四・一二・二八　〈回答我的一位學生的信並附記〉　《學藝周刊》十三期

一九六五・一・一　〈現代藝術的永恒性問題〉　《民主評論》十六卷一期

一九六五・一〇・三　〈中國文學中的氣的問題——文心雕龍風骨篇疏補〉　未發表在刊物上，直接收入《中國文學論集》

一九六六・二　《中國藝術精神》　學生書局

一九六六・一二　〈摸索中的現代藝術〉　《東風》三卷八期
一九六八・二・　〈抽象藝術的斷想〉　《華僑日報》
一九七二・一一・一一　〈中國藝術雜談〉　《新亞學生報》
一九七三・四・一九　〈畢加索的時代〉　《華僑日報》
一九七三・四・二七　〈再論畢加索〉　《華僑日報》

《中國藝術精神》初版的〈自敍〉寫於一九六五年八月十八日，其寫作時間共三年多，由此推算，該書開始寫作的時間，正在〈現代畫論戰〉之後便接著進行。以徐先生思想史的方法意識來論，他正企圖以此著作，對現代藝術進行總反省與總批判，但所採取的方法是間接的，即以中國繪畫美學爲對象的研究，而不是直接就現代藝術的發展與精神做詳密的分析，然後再進行內在發展理路的批判。這樣的回應，雖然有所不足，但就散在該書多處的文字集中起來看，(註一〇)徐先生對現代藝術的認識在美學的層次上有著精要的把握，並形成其問題意識，融通在其對中國藝術精神的發揚上。

所以，除了論戰直接相關的文字外，徐先生最重要的理論論述，應以〈文心雕龍的文體論〉(或可包含〈中國文學中的氣的問題〉)及《中國藝術精神》爲代表。前後發展的時間（一九五八—一九六五）共七年。(註一一)〈文體論〉建立了「藝術形相」的觀點，《中國藝術精神》則奠立了自然美感的理論與藝術精神的主體。以此爲骨幹，呈現了其美學思想的規模。之後，徐先生轉入經學的研究，對現代藝術偶有涉及，但已非其主要關懷了。

## 三

徐先生美學思想的形成，除了思想史的方法意識外，最重要的透過比較的觀點以形構問題意識，他認爲中國文學藝術的價值與問題，要在西方文化大的較量下才能開口，因此在論戰前，他已透過日譯的西方名著，摘抄了三十萬字有關西方文藝理論批評的東西。(註一二)一九六九年，徐先生發表〈西方文化沒有陰影〉(註一三)，明白表示，因有得於西方文化知識給他的啓發和問題疏解時的概念表達能力的訓練，使他在中國文學藝術上能夠有所建樹。

在思想史方法與比較觀點的自覺運用下，「現代畫論戰」中，徐先生始終將達達、超現實、抽象等派別混爲一談，委實令人疑惑。當時或可說「他對錯綜複雜的現代藝術的發展，未能全盤透視並理出一個頭緒來」，(註一四)但日後，徐先生接觸更多的著作，也已通讀赫伯特．里德（徐先生譯爲哈巴特．李杜）《現代繪畫史》等書，但從其行文的語氣來看，如「由達達主義這一系列下來的現代藝術特色之一」，(註一五)他仍然對現代藝術精神內在發展的理路，不願多加著意。其觀賞現代畫的經驗，從六〇年在京都美術館的展覽到十多年後參觀大都會博物館現代畫派的作品，他的總體印象分別是：「毀滅的象徵」，「這是西方精神沒落的象徵」，(註一六)其感受也未有所不同。

劉國松針對徐先生這個論點，強烈地指責爲「不可饒恕的大錯誤」，並推測其閣讀現代藝術書籍的態度，是爲了尋找它的缺點，並非爲對新思潮的求知與探討。(註一七)這個推測，從徐先生的申辯文章中所表達出的一貫關懷人類文化前途的可貴情操來看，是不能成立的。但在藝術史的發展上，徐先生對「現代藝術」一詞定義始終籠統含混，爲人詬病，也是合理的。

那麼，我們應如何理解徐先生這種違背自己方法論，卻又始終堅持的看法呢？筆者以爲，其關鍵正在奧林格（W. Worringer）《抽象與移情》對徐先生的重大影響上，尋找理解的線索。

一九〇六年，威廉・奧林格寫成了一篇論文；兩年後，這篇論文以《抽象與移情——對藝術風格的心理學研究》爲標題成書出版。這部書雖只是用來解釋歷史中存在的兩種對立的審美感受性，因而形成兩種對立的藝術風格。但卻直接轉移到激進的現代藝術運動中，爲現代藝術將要採取的新態度提供了美學和心理學的基礎。

奧林格接受里格耳（Alois Riegl）「藝術意志」（das Kunstwollen）的概念。「藝術意志」是潛在的內心要求，這種要求完全獨立於客體對象和藝術創作方式，自爲地產生並表現爲形式意志。依此概念，藝術史並非技巧的演變史，而該視爲意志的演變史。某種特定風格的消失不能歸之於缺乏某種技巧，而應歸之於不同的藝術意志。

「移情」這種審美體驗，亦源於意志的活動，其定義是：「審美欣賞是一種客觀化的自我欣賞。」這個定義源於李普斯（Theodor Lipps），在李普斯看來，移情是我在一個不同於我的客體中的對象化。移情作用時，我投射到對象中去的東西，整個看來就是讓對象充滿了我自己的生命。而當一個人感受到生命在一外在對象那裏產生共感的時候，審美體驗就會與發出來。而我們能夠移情的對象也只有有機生命形式之物才適合，否則，藝術形式與生命相對抗，我們便不能從中感覺到我們自己生命的存在。

然而，只有移情概念是不能解釋藝術史的發展，無疑地，存在另一種藝術原則，存在著另一種與生命相對抗，否定生命意志，卻仍然應稱之爲美的藝術風格。它直接反對移情的需要，壓抑生命的傾向，這種與移情需要相對應的另一端，便是抽象的衝動。

抽象是另一深層的心理需要，它是移情的對立面。如果移情以人與外在世界和諧圓滿爲條件，那麼抽象衝動的心理要求，奧林格是這樣說的：

> 抽象衝動則是人由外在世界引起的巨大不安的產物，而且，抽象衝動還具有宗敎色彩地表現出對一切表象世界的明顯的超驗傾向，我們把這種情形稱為對空間的一種極大的心理恐懼。……這種對空間的恐懼感本身也被視為藝術創造的根源所在。（註一八）

由於對空間的心理恐懼，人不再是自我生命外傾地投射，而是內傾地以抽象形式的秩序和規則性，否認外在事物生命形式的偶然與變化無常，從中解脫出來，在擺除所有有機存在外表上的變動不居後，安居於秩序和規則性的圖形世界。

這樣一種藝術意志所導致的結果是，一方面以平面表現爲主，盡可能去避免三度空間；另一方面竭力抑制對空間的表現，並獨特地復現單個形式。（註一九）

由於奧林格進一步指出東方文化的民族中，發現了類似抽象衝動的態度，他們對空間的精神敬畏，因而有著反機體藝術的心理機制。這個論斷便影響到日本學者研究中國山水畫的起源與文人畫的精神等問題的觀點，徐復觀先生經由日本學者的翻譯與引介，接受了奧林格「藝術意志」的概念，並形成其闡釋美感經驗中主客關係的支援意識，但把奧林格「抽象」的概念，運用來研究中國繪畫精神，則表示徹底的反對。

徐先生在〈現代藝術對自然的叛逆〉一文中，首次把抽象主義和超現實主義的精神根源做了說明。徐先生以爲它們雖摸索向兩個不同的途徑，表現爲兩種不同的形態，兩者卻出自同一的時代精神，卽「非人間」的性格與反自然。他引用島崎敏樹〈藝術與深層心理〉的論點，(註二〇)也提到《抽象與移情》爲抽象藝術的思想背景，顯然他對奧林格的思想有相當的認識，後來他在《中國藝術精神》中，對「水墨山水畫的出現」，以「藝術意欲」(卽「藝術意志」)來詮釋，(註二一)在說明南北宗諸畫家藝術的差異性時，以人對客觀世界的依賴與否爲據。(註二二)這便看出奧林格對他美學思想的重大影響。

「現代畫論戰」，以徐復觀和劉國松二人爲中心，因此，所謂的「現代畫」，實際上只以抽象畫爲代表，超寫實主義及其它後來發展的流派，皆被忽視。後來演變成抽象與具象的論爭，便使主題更爲窄化了。而徐先生也未反省奧林格說法的片面性，抽象畫家克利（P. Klee）的想法或可爲奧氏學說的例證，但蒙德里安（P. Mondrian）在抽象畫中想要表達的「純粹的生命力」，正好和奧氏的學說背道而馳。(註二三)劉國松的畫作並沒有扭曲的痛苦、懷疑、精神狀態呈緊張爆烈的經驗，(註二四)也未認識到奧林格所謂的抽象衝動的問題，因此，二人的辯論，在理論的基礎上便有著很大的距離，徐先生雖反對抽象藝術，但對抽象畫的美學基礎，其認知雖屬片面但卻更接近核心的課題。對現代藝術的精神有這樣的認識，反過來反省中國的藝術精神，徐先生便積極肯定其現代的價值。

日本學者下店靜市，以中國古代的原始祭祀，作爲山水畫的起源，卽是以山水畫爲起於對自然的恐怖。徐先生嚴厲指責這種說法旣無繪畫史的常識，又無藝術的常識（註二五）。山水畫並非反機體的藝術，而是把山水的各部分，都看成是一個生命的有機體，這種統一，是以衆多的諧和爲內容，而成爲多采多姿的統一。（註二六）其起源，在於莊子所把握到的虛、靜、明的心齋的心，以此虛靜之心爲觀照的主體，成爲藝術家的表現的衝動，卽由藝術意志而來的形式意志，以成就藝術作品的風格。因此，徐先生得到這樣的結論：

中國以山水畫為中心的自然畫，乃是玄學中的莊學的產物。不能了解到這一點，便不能把握到中國以繪畫為中心的藝術的基本性格。（註二七）

這麼說來，「抽象」與「移情」都不能解釋中國藝術風格的形成。「移情」雖較接近中國藝術的親近自然的心態，然而「移情」作爲一種客觀化的自我欣賞，仍潛在地壓抑了對象本身生機的表露，（註二八）而非以其虛而待物的特性，以心做爲通道，讓主客交融，自由出入，而成就美的觀照。來自觀照時的主客合一，對象實際是擬人化了，人也擬物化了，此卽「物化」，將自己融化於任何事物環境之中，而一無滯礙。這樣的藝術意志，亦是莊學、玄學的精神，才是中國藝術風格的理解關鍵。這種美學理論雖在中國畫史中已實際表現出來，但以理論的語言，淸楚地說明白其意涵，並從抽象與移情的心理類型中獨立出來，以成就其「心齋物化」的藝術意志，徐先生在美學領域的發現，爲藝術風格的研究，注入新而重要的概念。

## 四、

徐復觀早在〈文心雕龍的文體論〉中，確立藝術表現的形相性作爲美學的基本規定。他常引用卡西勒的觀念：「科學家是事實和法則的發現者，而藝術家則是自然之形相的發現者。」藝術家專注於自然現象的直觀，停留於現象上，並將此直觀知覺孤立化，集中化及強度化，即中止分解性、概念性的活動，也擺脫實踐層的關心，只就其爲現象如實觀之，那麼在存在、自然、事物的經驗屬性背後，發現了它們的形相，再通過形式的表達，以成爲藝術性的形相，這就是形相的發現。

徐先生認爲中國文學理論自曹丕以迄六朝，一談到「文體」，所指的都是文學中的藝術的形相性。(註二九)他進一步把文體分析成三方面的意義：體裁、體要、與體貌。這三者可構成三次元的系列，即由體裁→體要→體貌的昇華歷程。體貌，即藝術的形相性，文學必在體貌的層次，才能說明其藝術性的價值(註三〇)。

中國藝術精神的特質，強調出人與自然的親和關係，自然的山水，成爲中國藝術意志的歸結之地。山水自然，也在藝術觀照下，現示一當下安頓人精神的形相，此種形相，在中國的山水畫中，因主客的融合，人之有情反應出有情山水的形相，因而在人的心靈中開闢出一更廣大的有情世界，以此通向人生與社會，因此，形相性作爲山水畫的特質，更屬當然。

那麼，當徐先生認識到現代藝術主張破壞藝術的形象，其所感到的疑問，是迫切而眞誠的：「形象是藝術的生命。爲什麼他們要加以破壞呢？」(註三一)

劉國松在論戰中，爲文反駁徐先生的質疑：

形象雖已被達達藝術家們破壞了，但超現實以及後來的抽象藝術家們，都在破壞了的形象中去追求新的造形，創造一種屬於藝術家個人的藝術世界而與上帝所創造的自然世界分庭抗禮。難道不見現代的抽象藝術家們，整天不斷地在那裏努力創造屬於自己的「形」嗎？(註三二)

二人的論辯因對「形象」的定義不同，以致不能構成對話的關係，徐先生的形象是指自然的形象，劉先生的形象則是將自然變形扭曲的「形」或是擺脫自然的形，只用色彩與形來構成的抽象的「形」，二者的涵意是對立的。

再者，徐先生主張宇宙間的形象是無限的，所以藝術的創造也是無窮的。創造是要用新的心靈、感覺來發現新的形象(註三三)。抽象畫家的理論則是：「將形扭曲是藝術創作無限可能性的一個源頭」，(註三四)不同的創作觀，二者並沒有交集。

藝術形象的論辯，因未對準焦點，也就各隨所安。但卻在往後中國美學的論域中，形成眞正對話與批判的關係。

劉國松對中國繪畫史發展的看法是由寫實、寫意到抽象的進程。(註三五)這樣簡明的過程，無非要說明抽象藝術乃根源於中國繪畫的傳統，而爲其發展的最後目的。如此說來，抽象繪畫不只不違背我國傳統精神，且站在主流的地位，並爲未來努力的目標。(註三六)

再者，劉氏主張藝術發展史就是技巧的演變史。他認爲無論東西方藝術的問題，就是技巧的問題。因此，中國藝術的種種問題，都是以筆墨爲中心。(註三七)他得到這樣的結論：

中國繪畫的重視筆墨，是因為筆墨才是繪畫藝術所不可缺的，同時也說明了自然形象是不重要的。……過去筆墨的發展，產生了簡筆畫，寫意畫，而將人物簡化，花鳥變形……這就說明了原有的自然形象，與畫家創造的意象不能配合，故而變之。如果變了之後仍不能配合時，當然也就不一定非要它不可，藝術家有權力，也有這種自由來用另一種由自己創造出來的「無可名之形」——抽象的形——來代替。(註三八)

《中國藝術精神》斷然否定劉氏以上的論點。在徐先生嚴密的文獻疏解下，中國藝術的形象世界有了清楚的建構。

蘇東坡的詩：「論畫以形似，見與兒童鄰」及倪雲林：「余之竹，聊以寫胸中逸氣耳」，這二段文字常被附會到抽象主義上去。大村西崖在其〈文人畫的復興〉一文中便主張文人畫爲「離於自然」的繪畫，認爲對自然「離卻愈著，其氣韻愈增」。徐先生評爲「牽強傅會，全文無一的當之語」(註三九)，如果轉用來批評劉國松的觀點，想必也是恰當的。

那麼徐先生的論據何在呢？首先該從「氣韻生動」談起。氣韻生動，一般都翻譯成 rhythmic vitality，「生命的節奏」或「有節奏的生命」（註四〇），這是把氣韻視爲一義，徐先生從當時的用字及概念來考察，認爲「氣韻」應當作兩個概念，分別加以處理才是。（註四一）

氣韻的氣，是指一種清剛而有力的形相之美，氣韻的韻是指情調、個性中清遠、通達、放曠的形相之美，二者皆由人倫鑒識上的觀念轉化成藝術的概念。就顧愷之以來講究「傳神」的傳統來說，氣與韻，都是神的分解性的說法，都是神的一面。所以「氣」和「韻」，是說明神形合一的兩種形相之美，氣屬陽剛之美，韻則表現爲陰柔之美。

又因氣韻觀念之出現，係以莊學爲背景。莊學的清、虛、玄、遠，實係「韻」的性格、「韻」的內容。所以氣韻的觀念向山水畫的發展，從唐代興起「水暈墨章」（卽筆墨之墨）的技法後，以山水爲主的作品，便常在筆上論氣，在墨上論韻，而實際上則偏向韻的這一方面發展。

「生動」是就畫面的形相感覺而言，見氣韻則必有生動的感受，它是氣韻的自然的效果，本無獨立的意味。但在歷史發展中，有時爲了矯正作者太過於重視筆墨上的氣韻，僅停頓於筆墨趣味自身的欣賞，故將「生動」當做首出的概念，以要求作者將自己的精神，與自然的生命相融合、鼓蕩，使神形相合，不致產生離開自然之弊。（註四二）徐先生認爲，這種發展與謝赫的原意，是一脈相承的。

於是，「氣韻生動」形成雙層的辯證關係，「氣」與「韻」的辯證關係與「氣韻」與「生動」的辯證關係，中國繪畫史的發展，是在這條主軸上進行的，因此，並不會離開「形象」的藝術本質。

「氣韻」與「形似」的問題，也要放在這個脈絡來考察。從顧愷之起，便常常把「傳神」與形似對立起來，蓋欲傳達對象之神，絕非只是形似的模擬，而是其本質精神的把握。然而這並非完全捨棄「形」，而是留下與神相融的形，以形寫神。氣韻與形似也是如此，並非完全排斥形似，而是要求融形似於氣韻之中。由此而來的簡筆、寫胸中逸氣、不求形似，都是深入於自然之中，挹客觀之自然，爲胸中之自然，渾然一體，而後得神忘形之作。這並非完全著意於筆墨趣味，忽略自然形象，賞玩於筆墨線條的流動，韻緻的表現能力啊！

至此，有關形象的問題，徐先生已表露其從藝術史研究而來的整體理論構思的能力，其在藝術史的貢獻，爲人所贊賞，但其時代性的關切，隱然爲其寫作動機，研究者是不能不在此著意的。

## 五

中國藝術精神和現代藝術精神是否構成必然的對反關係呢？當康定斯基說藝術乃是一種內在之需要的表現時，他是就人類本身之精神的情態，而自然只有在當它被加以變形，以表現此人類之情態的時候才具有意義。(註四三)而徐復觀則以爲完全成熟以後的文學藝術，是直接從作者的人格、性情中流露出來，人格、性情是人的生命根源之地，也是藝術的根源之地。現代藝術是從陰暗的意識出發，當技巧成熟時，其作品不以技巧的本身出現，而依然以此性情（陰暗的意識）出現，那麼又如何給予人生「明」的洗滌作用呢？當他批評董其昌只是落腳於二米爲中心的「墨戲」之上，無形中只以暗的形相爲淡，而否定了明的形象在中國藝術中的重大意義時，其心中所憂慮的不正是破壞形相、秩序的更大黑暗混亂的力量？其結又何解？

現代藝術以其孤絕的意識，阻隔了羣衆，批判了資本主義的商業與虛僞的古典，然而他又如何要求與這個時代共感呢？徐先生在藝術的欣賞上，只承認來自觀賞者與作者人生境界的懸殊，因而引生的「隔」與不易懂，而「這種由人生境界懸隔而來的不易懂，實包含了透澈骨髓臟腑的不隔，而不只是普通所說的不隔。」（註四四）那麼由孤絕意識而來的「隔」，在徐先生的思想中就是種反合理的精神了。

然而，在「現代畫論戰」中及以後徐先生美學思想的建立，徐先生都忽略了現代藝術美學中「淨化」的重要概念。奧林格在《哥德式底形式》這本書中，論述了北方人的藝術風格乃是騷動的、怖慄的，因而：

> 北方人民的一般情況是屬於一種形而上的焦慮，因此古典藝術之寧靜與澄澈的性格便不適合於他了，他唯一的依賴乃是去增强他的不安與混亂的程度，以致於使得他進入了茫然與鬆懈的境界。（註四五）

這樣的論點不就是「淨化說」的新意？當一切的情感、精神，透過了藝術的形式（包括變形與抽象），其所傳達的效果就經過一層轉化而非原來的性質，卡西勒稱之爲「形式的力量」，他說：

> 如果不是靠著但丁的措詞和詩體的魔力而塑成的新形態，《地獄篇》（Inferno）中的恐怖就

將是永遠無法減輕的恐怖，而《天堂篇》(Paradiso)的狂喜就是不可能實現的夢想。(註四六)同樣的概念與修辭，應該可以用到現代藝術的意義上。或許，在人心無法尋求與自然的再度和諧時，不得已而用之」，現代藝術仍有他建設性的意義。

## 【附註】

註一：見徐復觀，〈現代藝術的歸趨〉，《徐復觀文存》(臺北：學生，民八十年)，頁二一七。

註二　布魯東在一九三四年於布魯塞爾的一次演講中，談到他的立場：「……我們所應採取的社會行動是什麼——這種行動就我們而言，有著唯物主義辯證法的正當性，這個行動是不能放棄的，如果我們認爲解放人類乃是解放心靈的第一個條件，而這種人類之解放只有從貧民之革命中才有期望」，雖然超現實主義者並非皆贊成布魯東的政治觀點，但大體而言，說他們主張共產主義是正確的。見赫伯特里德(Herbert Read)，李長俊譯，《現代繪畫史》(臺北：大陸，民七九年四版)，頁一三四。

註三　參見林惺嶽，《臺灣美術風雲四十年》(臺北，自立，民七六年)頁一〇九—一一七；蕭瓊瑞，《五月與東方》(臺北：三民，民八〇年)頁三一三—三四六。

註四　一九六二年五月，徐先生應東海大學東風社之約作一次演講，原本題目是：「中國藝術精神與現代藝術精神」，後因其它機緣，改變題目爲「論傳統」。這使我們失去一次扼要了解他美學思想的機會。徐先生自言原來題目的相關材料已大致準備好了。筆者以爲這些材料和對比中西藝術精神的思想，實貫穿在他後來的代表作《中國藝術精神》之中。

註　五　〈中國文學論集編篇自序〉，《中國文學論集續篇》（臺北：學生，民七〇年）頁三。

註　六　見《中國藝術精神．自序》（臺北：學生，民七二年八版）頁七。

註　七　徐先生說：「我自己並沒有什麼預定的美學系統；但探索下來，自自然然地形成為中國地美學系統」（同上，頁三），因而不能把《中國藝術精神》只視為美學史的著作，它同時也是中國美學的著作。

註　八　同上，頁二。

註　九　以下文章，除《中國藝術精神》為專著外，其它文章皆分別收入以下諸書：
《中國文學論集》（臺北：學生，一九七四）（以下簡稱《論集》）
《徐復觀文錄選粹》（臺北：學生，一九八〇）（以下簡稱《選粹》
《徐復觀文存》（臺北：學生，一九九一）（以下簡稱《文存》）
《徐復觀雜文集③記所思》（臺北：時報，一九八〇）
《論戰與譯述》（臺北：志文，一九八二）（以下簡稱《論戰》）
其中，〈文化與政治〉，收入《文存》後，改題目為〈藝術與政治〉。

註一〇　除該書的序言外，該書頁四八，一一九，一九六，一九九，二〇五，二〇六，二一四，二七一，三三九等處，都直接從中西藝術精神的對比，對現代藝術有所批評。

註一一　一般臺灣美術史的著作，都將劉國松一九六一年九月六—七日發表在聯合報的文章：〈自由世界的象徵——抽象藝術〉，視為論戰的終止，至此，現代畫派取得勝利，徐復觀因資料引用的缺失及論點不能扣緊現代藝術的具體問題，從此沉默。至於後來和虞君質的論戰，合是歧出，且多人身攻擊，已是餘響。

但如從徐先生本人的思想來看，應以《中國藝術精神》爲總結，才能窺其理論堂奧。

註一二　參見〈現代藝術的歸趨——答劉國松先生〉，《論戰》頁七四。

註一三　該文發表在一九六九年一月《大學雜誌》十三期，後收入《記所思》。

註一四　見林惺嶽，前揭書，頁一〇九—一一〇。

註一五　見〈中國藝術雜談〉，《記所思》，頁一五五，該文原發表在一九七二年一一月一一日，《新亞學生報》，離論戰已十一年了。

註一六　參觀大都會博物館的印象，徐先生並未形諸文字，其事蹟見洪銘水，〈徐復觀先生對中國傳統藝術的玄學觀〉，《東海大學徐復觀學術思想國際研討會論文集》(民八一年十二月)，頁二一二。洪先生特別指出徐生先唯獨欣賞畢加索，想必是肯定其「遊」的藝術精神。這樣的揣測並沒根據，其對畢加索的評價，請參見徐先生〈畢加索的時代〉，〈再論畢加索〉二篇文章。

註一七　見劉國松，〈與徐復觀先生談現代藝術的歸趨〉，《中國現代畫的路》(臺北：文星，民五四年)頁一六五。

註一八　見 W. Worringer，王才勇譯，《抽象與移情》(Abstraktion und Einfuhlung)(遼寧：人民，一九八七)頁一六。

註一九　以上所述，詳見前揭書第一章。

註二〇　從徐先生引文的內容來判斷，島崎敏樹是根據奧林格的論點來解釋抽象的衝動。見《選粹》頁二五〇。

註二一　參見《中國藝術精神》頁二五五。

註二二 同上，頁四三七－四三八。

註二三 參見 Rudolf Arnheim，郭小平・翟燦譯，《藝術心理學新論》（臺北：商務，民八一年）頁七六－八二。

註二四 葉維廉與劉國松對談時，劉國松覺得這和民族性有關。見葉維廉《當代藝術家的對話——中國現代畫的生成》（臺北：東大，民七六年）頁二五二。

註二五 同註二一，頁三三七。

註二六 徐先生以爲郭熙的〈林泉高致〉是山水畫創作體驗的總結。把山水看成生命的有機體，以反駁「自然的恐怖」的說法，在《中國藝術精神》中，雖只是不到一頁的篇幅，而其意義正是在與《抽象與移情》的比較中，而顯發出其論斷的重要性。

註二七 同註二一，頁三三六。

註二八 「移情」對客觀對象的潛在貶抑，詳見 C.G. Jung，吳康、丁偉林、趙善華譯，〈美學中的類型問題〉，《心理類型學》（陝西：華岳，一九八九）頁三四七－三五九。

註二九 見《論集》，頁八。

註三〇 參見《論集》頁一八－二三。

註三一 見《文存》頁二一六。

註三二 見《論戰》，頁七〇。

註三三 同註三一。

註三四　見康丁斯基，吳瑪悧譯，《藝術的精神性》（臺北：藝術家，一九八五）頁五七。

註三五　劉國松在一九八六年接受葉維廉訪問時，說他對繪畫史發展的看法已修正為「寫實、寫意、抽象意境的自由表現」，因此，在繪畫表現上，已不再堅持「抽象」了。

註三六　參見劉國松，〈過去・現代・傳統〉，《中國現代畫的路》，頁二一一—二一六。

註三七　同上，頁四八—六〇。

註三八　同上，頁六一。

註三九　見《中國藝術精神》，頁二〇六。

註四〇　劉國松先生也是這樣的詮釋，見氏著，前揭書，頁七五。

註四一　以下的說明，皆根據〈釋氣韻生動〉（《中國藝術精神》第三章）一文，不再隨文詳加注明出處。

註四二　康丁斯基以為純然的構圖是不足以訴諸感性的，藝術必需以內在的需要為本，否則完全掙脫和自然的關係，滿足於獨立的形和純粹的色彩，將流於幾何裝飾性的風格。這種謹慎的態度，可以和筆墨技巧的流弊互相對比。參見康氏前揭書，頁七八。

註四三　見赫伯特・里德，前揭書，頁二二六。

註四四　見〈詩詞的創造過程及其表現效果——有關詩詞的隔與不隔及其他〉，《論集》，頁一三九。

註四五　引自赫伯特・里德，前揭書，頁二二〇。

※本文作者林朝成副教授任教於國立成功大學中文系

# 王夢鷗先生的文藝美學

黃景進

## 一、王夢鷗先生的美學著作

王夢鷗先生在學術上有多方面的成就，除了唐人小說研究早已蜚聲國際之外（註一），他對於《禮記》、《文心雕龍》以及許多中國古典文學理論之研究皆爲學界所重視（註二）。但上述這些研究主要是針對個別的具體問題的嚴謹考據，並沒有構成某種思想體系。在王先生的著作中眞正具有思想體系的是《文藝美學》與《文學概論》二書（註三）。

《文藝美學》一書是尉天驄先生集結王先生早年所寫單篇論文而成（註三）。此書上編論西洋文學，下編論西洋美學。上編部分，除了介紹西洋自古代至現代的文學發展之外，也介紹西洋文學批評的發展。下編部分主要介紹西方自康德以下的各種美學。但王先生並不談美術、音樂、雕刻等其它藝術，而只談文學的藝術。由下編部分可以看出，王先生已經有一套美學體系(詳下)，並且要用這套美學體系來解決文藝美甚至文學的最基本問題。

王先生早年在日本留學時即對美學有興趣，並翻譯許多美學方面的著作（註四），《文藝美學》一書所收文章採取西方的理論較多，正反映王先生早年的興趣。由此書可以看出王先生對西方的文學及美學曾下過很深的工夫，並且形成一套美學體系。但在此書中王先生已時常將中國的傳統說法與西方的說法加以比較。如「上編」在討論柏拉圖的藝術觀時說：

（柏拉圖認為藝術只是「道」的糟粕）這觀念正似我國周敦頤說的「不知務道德而第以文辭為能者，藝焉而已矣。」（柏拉圖）甚至對荷馬的作品也不能寬恕。這又像我們的司馬遷，說司馬相如的賦「多虛辭濫說」，只能「采其語可論者著於篇」一樣的意見。……他（柏拉圖）整個的藝術——文學觀念，是純粹道德的觀念，較之我們孔子「興觀羣怨」的文學觀念更為刻板而嚴格」（註五）。

論賀拉西（Horace）的進化的語言觀時，又云：「很像陸機《文賦》中『謝朝華於已披，啓夕秀於未振』。但不似韓愈之『唯陳言之務去』。」（註六）論西方文學的發展云：

西洋古典文學有如我國古詩，到了沈約的四聲八病說成立，卽已變體；又如唐人詩歌，到了齊己的《風騷旨格》之類的著述出世時，已迫近於暮年了，法國和英國的古典詩劇，到了鮑華洛的〈詩藝〉，德萊登的〈詩劇論〉出世以後，也已經漸趨沒落（註七）。

論西洋近代寫實主義云：「他們對於藝術美的要求，提出『眞卽是美』的一句解釋。眞卽是美，這句話很合乎我國『妙契天然』的褒詞……」（註八），由這些比較已可看出王先生融滙中西文學思想的目標，而由〈意境論——假象原理〉一文（見《文藝美學》下編）（註九），則可看出王先生融滙中西文藝美學已臻成熟。到了《文學概論》一書，更是融滙中外古今文學思想及美學之作；《文學概論》的最後一章「境界」顯然就是〈意境論〉一文的改寫。

《文學概論》是《文藝美學》的進一步發展。此書堅持「審美價値」爲文學的終極目標，並對文學語言的藝術作了很仔細的分析，構成一體大思精之作。在王先生的文學理論中，美學問題顯然是最根本的，所以，本文卽從「美學」的角度談王先生的文學理論。

## 二、王夢鷗先生論審美經驗的特徵與條件

### (一) 審美經驗的特徵

《文藝美學》的下編專談美學問題，而第一章先談「美的認識」。所謂「美的認識」就是要認識審美經驗的性質。王先生引德哲康德的說法，認爲審美經驗的主要特徵就是除了「趣味」之外沒有其它目的。王先生說：

> 康德認快感為一種與「趣味」連結的主觀感情。而趣味之成立，則由於我們對某一種現象想結合而生滿意。亦卽我們對某現象「感」到滿意，而那種感，就是快感：而滿意就是趣味，但滿意與否，完全是個「判斷」的活動，不過這種判斷，沒有「趣味」以外的目的，它整個兒只構成一個趣味的判斷。康德卽稱這無目的之趣味判斷，為「無關心」的（disinterestness）。

審美經驗只是要求「趣味的滿足」，它不必依靠知識性的「概念」來加強，也不要求「實用價值」，王先生說：

審美目的，不必倚藉概念來加强，而且相反的，有時因事實判斷之强調，反而失去了美的印象之完整，而使趣味變了質。……這一連串屬於認識——知識方面的東西，不但不足以增大審美的目的而加强美的感情；而且已將我們引出審美目的之外，……不是純粹的美感。（註一一）

美感的性質是獨力純粹的，它既不借助別的目的來構成，並且可以不依感官的接觸來促進一般的趣味，……美的價值不因另外的目的的增加，也就是美的感情不能用另外的目的支持。（註一二）

現在我們判斷某一對象為美者，並不因其事實上之真偽或實用價值之有無，而是單純的只因其合乎主觀文化感情，便已滿意。所以說審美目的是無概念、無關心的。（註一三）

為什麼知識性的概念與實用價值會妨礙審美經驗？王先生說：

……在這三形式中，以悟性動機去美最遠，因其凡事皆以目的為重；為求達成目的則須反覆考慮。由這太多的考慮，故其意志發動過程即已嚴重地損害了感情的要素。（註一四）

這種價值判斷是「不假思索」而成立的，換句話說：這種判斷是不假藉「它是權威的」、「它是標準的」、「它是很值錢的」或「它是極有用的」……等等概念的助力便能自己成立；也就是我們基於「無所謂」的態度來觀取對象時所作直觀的判斷。於是，這判斷的對象，便成為審美目的，而作此判斷的態度，也成為審美的態度。我們所說純粹的文學欣賞，意思就是以這樣態度來對付這樣目的。(註一五)

審美經驗是「不假思索」的「直觀判斷」，而當我們考慮「實用價值」時，就必須運用許多思慮，很容易破壞這種直觀判斷所得到的感情價值，這就說明了審美經驗何以與實用價值不相容。因此，審美經驗與經濟目的或道德規條無關，王先生說：

既無經濟目的，亦忘却道德的規條，這一片純真，是為發展至最完全的客觀目的性，故為優美的特質。換言之，……存在於無概念無關心，一切唯感情之印象是從之中。(註一六)

由於審美經驗是一種「無關心」、「無目的」的態度，故美的感情與現實的快感與不快之感截然不同；它是從現實感情抽象而來的感情(註一七)。王先生很強調文學藝術與現實的物質欲望的距離，他說：

唯獨藝術所表現的，本是超越物質的創造，而是用人類的精神力為主宰，於物質之上用人類的精神力構成一個物質的存在。質言之，藝術所表現的，不止是物質或物質生活的本身，而是由物質或物質生活昇華了的生活境界。世界上，無論如何寫實的作品，它與實際的物質或物質生活之間總有若干距離。……不過這些東西之所以為雅，無非表示其與物質欲望的張力採取著相當的距離，……這種風格似乎完全建立在對「物欲」的距離上。(註一八)

王先生論美的性質，顯然是受到康德（Kant）「無關心說」、克羅齊（Croce）「直覺說」及蒲洛

(Bullough, 或譯布洛)「心理距離說」的影響。

## (二) 構成審美經驗的條件

從「無關心」、「無目的性」談審美經驗，只是審美經驗的消極面，是從否定非審美經驗的角度論美的本質。但什麼是審美經驗？審美經驗是在什麼條件下成立？這問題涉及到審美經驗的積極面，更爲重要。王先生認爲「美」是存在於主觀與客觀的特殊關係上(註一九)，亦卽需要主觀條件與客觀條件合作才能構成審美經驗，他說：

> 我們接到某東西的印象時，為什麼偏生那個印象會使我們稱之為美？我們日常同時接觸許多對象，為什麼在「許多」之中，偏是某一印象能合我們的心意？……這不單是依我們主觀的「看法」如此，而是在那客觀對象本身亦具有一種合乎我們「看法」的法則在。客觀的那種法則恰合於我們主觀省察的法則，於是，我們稱之為美。……前者，是客觀物自合其法則性；後者則客觀物合乎我們的目的性。總之，凡審美之「美」，並非專恃主觀方面的任意構成。(註二〇)

就客觀事物而言，客觀事物有其法則；就人的主觀省察而言，亦有其法則；當客觀事物的法則合於人的主觀省察的法則時才能產生審美經驗。例如我們覺得花美，是因爲客觀上花是植物生長的目的，花體現了植物的生長法則及其生命的極致表現，而這種生命的表現，又剛好合乎我們主觀的理想。故審美經驗是在客觀合目的性與主觀合目的性的結合的情況下產生的。

審美經驗是一種「趣味判斷」，而趣味判斷與主觀的理想有不可分的關係。爲什麼我們覺得某一對象很「美」？就是因爲這客觀對象給我們的感官印象合乎我們主觀的理想；我們所以判斷某物較另一物爲美，就是因爲某物較另一物合乎我們的理想。例如薔薇與蒲公英在客觀上皆合乎美的條件（卽具有客觀的合目的性），但有人較喜歡薔薇，就是因爲薔薇較合乎他的「理想」（卽具有主觀的合目的性）（註二一）。但主觀理想又是如何產生？據王先生的說法，主觀理想是在文化生活中長期醞釀而成的理念或典型，伴隨這些理念或典型有某種感情，可稱之爲文化情感。當我們說某物爲美時，其實是說某物合乎我們的文化情感。朗格（Lang）說：「美的性質有二：一屬於感官知覺性的，一屬於精神把握性的。」王先生認爲此處所說的卽是「自然的感情」與「文化的感情」的區別。美的快感是文化的感情，與純屬感官的快感不同，王先生說：

……因為美的快感是文化的感情，所以內容較為豐富，他實際不似一般的快樂，甚至於美的快感中含有反快樂的感傷或悲憤的情緒。例如我們閱讀詩人劇作者的哀歌或悲劇時一樣，我們對之只有滿意的好適，但不是一般的快感。

……現在我們判斷某一對象為美者，並不因其事實之真偽或實用價值之有無，而是單純的只因其合乎主觀文化感情，便已滿意。所以說審美目的是無概念，無關心的。（註二二）

按照康德的說法，一般的快感是和利害感結合在一起，對外在事物有所求，而審美的快感則沒有利害上的欲求，它對外在事物無所求。王先生亦認爲文化感情基本上是一種脫離實用的感情，而建立在文化感情之上的審美經驗也是一種「無概念」、「無關心」的感情。

審美經驗是一種趣味判斷，它與實用價值的判斷或知識價值的判斷不同；它追求的是趣味的滿足，除了趣味之外沒有其它的目的。要滿足趣味須要主客觀合目的性的統一，但滿足趣味的「目的性」，並不是屬於實用的範疇，正如王先生所說，滿足趣味的文化感情基本上就是一種脫離實用的感情。

如上所述，審美經驗是由主客觀合目的性的統一所構成，但主客觀合目的性的統一又為何會產生審美經驗？王先生認為，這卽是感情移入的結果。當一對象的客觀條件合乎我們的主觀理想時，我們很容易將自己的感情移到該對象中，得到我化於物，又於物中見我的享受；這就是審美經驗所常說的「入神」或「神會」或「神遊」。這種「神遊」的心理狀態其實就是將主觀目的性化入客觀目的性中，由物我相忘而達到物我同一的意境（註二三）。在這裏王先生融合了李普士（Lipps）之「心理距離說」與中國傳統的意境理論，給予「意境」這概念很細緻的說明，極有貢獻。

審美經驗既受到每個人的主觀理想所決定，而每個人的主觀理想往往不一致，故要判斷何者為美就很難訂出一個外在的標準。「俗人視文人畫如頑童弄墨塗鴉，而文人視俗人所欣賞之年畫鬼神圖為惡俗不可耐。這裏由於各有各的習成背景，各有各的自律性，各有各的主觀性，亦卽各有各的趣味感。」（註二四）

由上面的介紹可見王先生的美學著重在審美經驗的探討，而他所根據的理論主要是康德的「無關心說」、克羅齊的「直覺說」、李普士的「感情移入說」、蒲洛的「心理距離說」。這一系的美學正是二十世紀初期西方美學的主流，在民國二十幾年，朱光潛先生亦曾介紹到國內（詳見其《文藝心理學》）。而同樣，朱先生亦曾由主客合一的角度談審美經驗，他說：

美不僅在物，亦不僅在心，它在心與物的關係上面；但這種關係並不如康德和一般人所想像的，在物為刺激，在心為感受；它是心藉物的形相來表現情趣。世間並沒有天生自在、俯拾卽是的美。凡是美都要經過心靈的創造。……在美感經驗中，我們須見到個意象或形相，這種「見」就是直覺或創造；所見到的意象須恰好傳出一種特殊的情趣，這種「傳」就是表現或象徵；見出意象恰好表現情趣，就是審美或欣賞。（註二五）

朱先生所謂美在心與物的關係上面，實際是指在意象上看到一種情趣；當我們在某一意象中看到一種特殊的情趣時，就發生審美經驗。但朱先生並沒有告訴我們意象爲什麼會有情趣，而這正是關鍵之處。相對的，王先生從客觀合目的性與主觀合目的性來說明審美經驗，顯得比較具體清楚，而且很能解釋一些事實。例如欣賞戲劇，當一位演員把劇中的反面角色（卽俗稱「壞人」，如三國劇中的曹操）演得非常生動逼眞時，會引發觀衆的不同反應：一種是討厭，一種是讚賞。爲什麼會有這種情形？因爲前者只由自己主觀的好惡出發，基於現實中對「壞人」的討厭，於是討厭劇中的反面角色。相對的，另一種觀衆則能由「現實」中脫離出來，除了根據自己的喜好之外，也能客觀地體會劇中的角色。「壞人」是什麼樣子，是有其客觀性的，當一位演員把這反面角色演得非常逼眞時，他（她）的表現就具有客觀合目的性，也就具有引發審美經驗的條件。所謂藝術鑑賞力，其實就在於是否能兼顧主客觀的合目的性。不成熟的觀衆，只從主觀好惡出發，而且不能脫離現實情感的干擾，對於客觀性的東西，如果不合自己的喜好，往往加以排斥。

## 三、王夢鷗先生論文學的特質

### (一)文學的性質及其研究對象

文學的範圍可大可小，不同時代的人所講的文學，其範圍可能並不相同（如兩漢人所說的「文學」與齊梁時代人所說的「文學」並不一樣）。王先生是充分了解這種情形，而他在建立其文學理論時，就先聲明他所要談的是比較狹義的文學，他說：

怎樣算纔是文學作品？自古以來，任何一種答案，都只能代表某一部份意見。把文學看作被記錄下來的文章，這是一種意見，更在那些被記錄的文章裏面認定某些作品是文章，這又是一種意見；……我們討論的對象，無寧是趨向於後一種。（註二六）廣義的文學，是指一切書寫的東西；狹義的文學則專指那屬於所謂詩歌、戲曲、小說等作品。（註二七）

這種狹義的文學，他稱之爲「語言的藝術」（見《文學概論》「寫在前面」），它只包括一般所說的詩歌、戲曲、小說。比起傳統的文學觀，這範圍的確夠狹窄。王先生很重視語言的藝術性，他說：「文學的特質就是藝術的特質。」（註二八）因爲重視語言的藝術性，所以他認爲文學的本質也就是「詩」的本質，他說：

所以，詩的——文學的本質，不可能用一個名詞來表述，……那是說：詩的——文學的本質，只是一種恰好透過「語言」——這個實用的事實而成立的美經驗。亦卽因為語言的「聲音組織」與「章句構造」，這些媒介物的條件與它的潛在要素（感情、想像、知解）互相融洽，所以它所形成的（口講或書寫），便不同於其他表現品（一面是哲學科學，一面是音樂繪畫）。對於這種藝術，我們倘若依照前人已做過的分類，亦可稱之為「語言的藝術」。（註二九）

文學就是利用語言的藝術以成立「美經驗」，這種美經驗就是所謂的「詩」，所以詩的本質也就是文學的本質。文學這種語言藝術，一方面它的語言構造與一般的語言不同；一方面它所要表達的內容亦與其它的語言不同。要探討文學的奧秘，就要注意文學活動的這兩度事實，王先生說：

在這裏，我們設定的第一原則，是把「文學」說作「語言的藝術」。語言是它的本質，藝術是它的效用。……第二，我們順沿上述的原則，把語言的藝術活動區分作兩度事實：一度是內在的構想，一度是外在的構辭。（註三〇）

根據我國傳統說法，「在心爲志，發言爲詩」，故論詩必須考慮到心志的內容與語言的表達兩方面。用現代的觀念，則要論詩（或文學），必須從語言學與心理學兩方面著手。王先生說：

一句話：在心為志，發言為詩。如果「詩」可作為文學作品的代表，則文學作品的研究或批評，實離不開語言與心志，亦卽語言學和心理學的道路。自古以來文學批評就是一直徘徊在這兩條道路上。其中雖因牽涉到作品內容所含蘊的思想，有許多批評遂亦岔向哲學的倫理的甚至政治經濟和社會的問題上去，但那畢竟不是文學批評的正體。……因此本世紀大部分的文學批評，雖似在尋章摘句，但在章句的推敲上，多半又繞到心理的講求。所以現代人所講的文法原理修辭原理。多方面的皆與心理學相呼應。其中最值得提起的，就是在一般的心理上開拓了無意識的領域。這可以協助說明前人所未理解的作品的天才成份以及詩的靈感。（註三一）

文學創作是由心志發展爲語言的活動，王先生稱此活動爲「想像力的活動情形」。他說：

本世紀的文學批評，雖同在於注重本文的觀點下，但為著所循由的路徑或偏於心理的，或偏重於語言的，……亦卽文學與心理有不可分的關係；……批評家從文學作品中分析其語言組織亦卽以分析其心理或卽想像力的活動情形。（註三二）

文學離不開人的心理活動，文學作品如果只寫現實的表面現象，只寫物質不寫心靈，是非常危險，故王先生評自然主義云：

然而文藝這東西，它不是直接在現實表面上發生作用，而是要訴之於各個人的心靈，而且要把各個人的心靈予以劇烈的激動。所以從這觀點來看自然主義對於現實表面上各式各樣的刻劃雖甚成功，但對於人們心靈的秘密，幾乎沒有觸到多少。本來，自然主義純客觀的態度，卽有多少說不過去的弊竇。……然而人世的現實情形，並非純物質的現象，現在將對象物質化了，豈不陷於非人的危險？（註三三）

文學既是表達心靈的感受，而人的心靈非常奇妙，有屬於「意識」的部份，也有屬於「無意識」的部份，如此一來，文學語言就與一般的語言有所不同。王先生說：

人們的心靈活動，有時不依靠邏輯的機能，……尤其在無意識的境界，其間事物與事物之必然的關係或可能的關係皆被捨棄，……換言之，他是沒有常識上所謂「文法的」連鎖。詩語組織的情況，恰與此相同。詩語之間，不必有「因為」、「所以」、「於是」、「例如」等等表示事物或語詞之相互關係的語詞甚至連介詞亦被隱沒而不表出。(註三四)

心志活動常常是不合乎邏輯的，文學語言也就時常缺少正常語言中的「文法」的連鎖；故要了解文學作品，除了語言學的觀念之外，也必須有心理學的觀念。

## (二) 文學與語言符號

所謂文學基本上就是運用語言符號去表達內心的種種感受。但語言符號與心靈感受並無一對一的關係，外在的語言符號與內在的心靈感受並不是完全相等的，王先生說：

第一度是「在心為志」，「志」是一種內在記號；「發言為詩」，詩則是一種外在記號。外在記號未必盡同於內在記號，……因此，第一度的事實——內在記號也許是「直」的，但翻譯成第二度事實——外在記號，它却是曲的；又唯有那種曲的，才可吻合那個直的。……詩的語言，特別是要區分內在的與外在的兩度事實，不但外在的記號未必即是內在記號之翻版，有時內在記號還被外在的記號推衍、侵蝕，而至於變形。(註三五)

正因爲內在的想像與外在的語言符號並無「一等於一」的邏輯關係，故如何運用語言符號去完全的表達內在的想像，就成爲詩人文學家努力的目標。(註三六)人的心靈是相當廣大而且變化多端的領域，任何作家皆無法表現這心靈領域的全部，而有賴別的作家運用不同的語言組織來表現心靈的其它部份。同時，人的經驗又是隨著時代而不同，這又有賴新的作家用新的語言組織來表現其不同的感受。(註三七)因此，隨著文學的發展，語言也跟著產生變異。另外，語言的濫用會造成本身生命力的衰竭，這也需要新的語言藝術來表達人的心靈感受。故語言的變異卽是恢復語言生命力的必要途徑，王先生說：

總之，語言記號的作用，因知解、想像、感情的構成要素之充實而發生，亦因這些要素之崩潰而死亡。……所以造成這種狀態的重要原因是由於使用頻繁，亦卽「濫用」。濫用的結果，便磨損了它的想像感情的要素，使意象的語言變做概念的語言，這種非文學語言雖便於知解，但與審美的經驗、審美的快感不相連接。(註三八)

同樣的語言一再使用的結果會磨損其原來所具有的審美要素，使得人們只能由符號去了解其意義，而無法引發情感與想像以獲得審美經驗。於是新一代的作家就必須發展出新的表現方法以恢復語言的審美功能。

那麼，語言是如何達到其審美的功能？要解答這個問題，首先要了解語言的傳達力——就是語言本身具有什麼性質使它能具有「傳達」的功能。王先生說：

我們在前文還引述文學語言之四層傳達力，那就是「一句話」裏包括有「意義」的傳達力和「聲音」的傳達力；……因此我們仍延用這種文學語言傳達力的分析方法，把語言的聲音和意義之傳達作用，分開來說。（註三九）

語言符號其實是由「聲音」與「意義」所構成；文學的審美功能也就是由聲音的審美功能與意義的審美功能所構成。爲了使聲音具有審美功能，須對語言的聲音特別加工，這種加工過的具有審美功能的聲音，就是一般所說的「韻律」。韻律的主要作用就是它可以幫助激發某種情緒，王先生說：

文學語言之潛在情緒，完全寄托於聲音，一個單詞的聲音構造，不但是象徵觀念亦隨伴有某種感情；換句話說，構詞上的聲音形式同時就在象徵或隱喻著某種感情。（註四〇）

關於聲音方面的作用，除了作為知解的記號以外，有時對於情緒的激發，尤具有獨特的效果。（註四一）

韻律是我們對語調的一種加工。（註四二）

韻律是一種加工過的語言，它比一般未加工的語言更爲悅耳動聽，更能激發情緒以達到審美的功能。但是，正如上面所說，同樣的韻律常常被使用的話，必然會磨損其審美功能，故韻律沒有不變的形式，而且文學上的韻律，其變化要比日常語言的韻律要快得多。（註四三）

除了藉韻律的運用以達到審美功能之外，還可藉意義的傳達方式以達到審美功能。王先生說：

可見語言表現力之如何與想像品之多寡無關，而重要的乃在於我們把它表達到怎樣的程度。欲食男女之事，亙古以來，詩人歌誦不絕，這點事情，可謂毫無新「意」，而所謂「新」者却在於我們怎樣處理，怎樣表達那點材料。（註四四）

重視意義表達的形式，是王先生的文學理論中很值得注意的一點。而根據王先生的說法，文學的表達形式基本上不出於三種方式，就是我國傳統詩論所謂的「賦、比、興」。王先生解釋這三種方式說：

可把「賦」定義為一種不用譬喻而直接表述作者意象的方式。「比」是用類似的東西來說明原來的東西，更精確地說，應該是用其他事物的類似點來代表那原來的特點，而這特點乃是作者的意象所在。至於「興」，則為原意象引發到繼起意象之傳達，但所傳達的繼起意象與原意象之間可類似亦可不類似，甚至相反。（註四五）

一般的語言喜歡運用清晰的抽象概念來說明事情，而文學則用具體的形象（卽意象）來表達意義。但意義的傳達有時可以用意象直接表現，有時並無恰當的意象可以直接表現，此時必須採取間接甚至很迂迴的表現方式，這就是傳統所謂「賦、比、興」。前面說過，內在的心靈感受與外在的語言符號並無一對一的關係，作家所以要使用不同的傳達方式就是希望能將其感受表現得更爲完全（雖然不可能做到）。

㈢ 文學語言的特徵

王先生一再強調「文學是語言的藝術」，究竟文學語言有何特徵？這是值得注意的問題。綜合王先生在不同地方的提示可以看出，王先生心目中的文學語言最少具有三個特徵：

甲、具有想像的和感情的效果

王先生說：

雖然日常的語言有時也含有審美目的，但是文學的語言除此以外則別無目的。換言之，文學的構詞活動，於求為可知解的效果以上，更要有可想和可感的效果。（註四六）

故凡關係公共生活的說話或文書，都趨向於刻板的文法。唯獨文學的語言，以激發想像與感情為要務，有時竟把「知解」放在次位。我們認為文學的語言本來也是日常的語言，只因它在應用上更側重於語言之想像的和感情的效果，而這效果亦正與其他藝術的效果一樣。（註四七）

日常的語言以「知解」爲主要目的，但文學語言則除了「知解」之外，還要有想像和感情的效果。當然，這種感情是非實用性的審美感情。

乙、隱　喻

在日常語言，尤其是知識性的語言當中，語言符號與說者所要表達的「母題」之間，關係比較明顯直接。但在文學語言中，這兩者的關係很不明顯，甚至有時距離很遠。王先生說：

我們認為文學作品所共有的特色，乃在於它們好像都是個廣義的「隱喻」。所以由它帶給我們的，可能是一種「謎語」，然而決不是「謊話」。（註四八）

因此，從最廣義來說，凡是詩人文學家為著某種意象而發動述說，不管用的是直接法或間接法，都可說是一種「隱喻」，也就是說：他所講到一切話語，都在「隱喻著」他的「母題」

作家在表達其心志的時候並不是直接的，而往往是很曲折迂迴，甚至是相反的，換言之，意象與「母題」之間，是一種「隱喻」的關係。
(motif)。（註四九）

丙、背叛社會契約

文學語言的另一特點，就是它常有不合語言習慣的表達方式，王先生稱之爲「背叛社會契約」，他說：

儘管在文法學上造成了許多錯誤，背叛了語言的社會契約，成為難懂的生硬的語句。但我們要去懂它，就不能不付出若干想像力。因為我們實在付出了若干想像力在這些語句上，所以我們能親切地體會到作者的意象。（註五〇）

雖然文學語言常背叛社會的契約，但也因此使讀者在付出想像力之後，更能親切地體會到作者的意象而達到激發感情的效果。

㈣ 詩、小說、戲劇等三者之關係

王先生認爲文學的本質也就是「詩」的本質，他一再強調說：

只要把「詩」來仔細觀察，則關於整個文藝技巧差不多都看到了。因為「詩」是文藝的精髓，在詩作中，以語言傳達純粹經驗，是盡了語言的最大的强度。從一般的論點來看，詩的真相也就是整個文藝的真相，因此我們的理論說到「詩」，總是把它作為文藝技巧的典型來討論。

（註五一）

……其實，近代人把神話、小說、戲曲稱為「文學」，卽因它們皆具有詩一般的特質，……。（註五二）

常識性的看法認爲文學包含詩、小說、戲劇三種類型，而每種類型各有其特質：詩重在抒情；小說重在敍事；戲劇重在模仿（卽模仿故事中的動作）。王先生則強調，無論是「情」或「事」都已經包含在「詩」中，他說：

簡單地說，詩人們所欲抒寫的「情」，除非單用沒有意義的聲音來窮哼瞎叫，此外就沒有不隱寓於「事」中和盤托出的。（註五三）

因此，依我們的看法，凡屬文學作品都是抒情的，也都是敍事的。其中唯一可分別的地方，乃在於它所表現的規模的大小，也就是屬於「量」方面的問題；而且這問題必不關係作品的性質以及價值。……文學——小說、戲劇的本質，永遠是屬於詩，是抒情的敍事，或敍事的抒情。（註五四）

按照王先生的說法，詩與小說、戲劇的不同，只是敍事「量」的大小不同而已；亦卽詩的敍事量較小，小說、戲劇的敍事量較大。小說戲劇只是將詩中的敍事部分依循意象繼起的原則作「多頭緒」的擴大表達而已。（註五五）不過王先生又說：「雖然我們從敍事的實質上把詩、小說、戲劇，看作一氣衍成的東西；但從文體上看，它們之間卻有一些差別。」（註五六）這似乎是說，就各種文類的敍述內容而言，並沒有本質上的差別，但就其表達形式而言，則文類之間確有差異。

## (五)文學批評的目標

王先生認爲文學批評的內容就是要「揭發作家所埋藏於作品裏面的企圖。」(註五七)，就王先生所謂文學活動的二度事實而言，文學批評應有兩個目標：一是揭發作家所要表達的內心感受；一是揭發作家表達其感受的語言藝術。因此，文學批評必須結合心理學與語言學(詳見上文)。基於這種觀點，王先生反對西方十九世紀重視外圍環境的文學批評；認爲那種批評「僅注意作品和作者時代環境史料之蒐集與排列而沒有切實顧到那特定作品的內容，這種像寫實派作品一樣，要讀者從那紛陳著的資料中找尋自己的批評，實際已近於不批評了。」(註五八)相對的，他讚賞二十世紀重視本文研究的文學批評，他說：「本世紀初期的文學批評，倘說它有更前進的或更合理的看法，應該就是對作品本身的注意而把批評的目標按在作品的本文上面。」(註五九)所謂對作品本文的批評，其實也就是對作品的語言藝術的分析，故王先生說：

我們循名責實，現在旣要提出批評的尺度，所以就採取一種陳義較高的，趨向於純粹性的要求。我們把純粹的語言藝術作爲文學的定義，因之，隨伴著它而可能發生的種種副作用，例如文學與哲學、文學與歷史、文學與社會等等課題，都按下不表了。(註六〇)

所謂語言藝術，一般所指的是作者所使用的意象、表現方法、修辭韻律以及由此構成的文章風格等，但王先生認爲這些都還只是表面的手段問題，不是批評的眞正目標；文學的「終極價值」是由各種語言藝術所提供的審美經驗。故文學批評應以「審美價値」爲其中心。重視作品的審美價値是王先生文學理論的中心思想，因此我們必須回到「美學」的範疇去了解王先生的文學理論。

## 四、王夢鷗先生論文學美

(1)文學美的產生

《文藝美學》的上編是談文學，下編則談美學。爲什麼要談美學？因爲談文學不能離開「審美目的」。《文藝美學》下編第一章是論「美的認識」，而第一段卽云：

> 所謂文學也者，不過是服務於特定的「審美目的」下之文字系統或文字的構成物而已。它之不同於其他藝術，在於所用的符號不同，但它所以成為藝術品之一，則因同是服務於審美目的。是故，以文學所具之藝術特質言，重要的卽在這審美目的。反之，凡不具備這審美目的，或不合於審美目的，縱使有個文字系統或構成，終竟不能算作藝術的文學。（註六一）

按照王先生的說法，文學脫離不了「文字、表現、美」此三大要素，而美之要素則又統攝其餘二者。（註六二）因此，「所謂文學也者，不過是服務於特定的審美目的下之文字系統或文字的構成物而已。」

根據上述王先生對審美經驗的分析，則文學美的產生亦不出於「主觀合目的性」與「客觀合目的性」這兩種原理；當主客兩種合目的性結合時，就產生文學美的形象。此文學美的形象卽是所謂的「意境」，王先生說：

> 我們知道：文學美的存在，乃繫於主客所構成的完全合目的性之關係上。……

這裏所稱為「境」者，卽人間詞話所謂真景物，所謂「意」者，卽人間詞話所謂「真感情」。亦卽：前者為客觀之合目的性，後者為主觀之合目的性。客觀現象經過主觀的想像努力之後再現出來，卽是普門所謂「意從境中宣出」……故文學創作，重要的在乎意境，沒有意境的符號，至多是個未與主觀目的性發生關係的客觀物，它只是主觀感覺的形式或材料，不算是「完全」的表現。這感覺的材料與形式，是包括景物與感情而言，前者是外界現象的記錄，後者直是心理狀態的記錄。前者是無感情的形象，後者是無形象的感情，而二者雖俱為文學的符號形式，但均缺乏符號內容所代表的意境。我們說：「文學是具象的描寫」，具象的描寫，卽是代表著「有形象的感情」之符號作用，亦卽感情之形象化的再現方法。這裏，我們雖將「感情形象化的再現方法。這裏，我們雖將「感情形象化」，改用「意境」二字來代表，但我們必須明白，改為意境之後，那形象已經不是本來的形象，換言之，意境也者，是由客觀依其自身法則，呈現為合目的性的結果，與主觀的目的性相配合而後成立的東西(註六三)。

「意」指主觀的「感情」，「境」指客觀的「景物」，當客觀景依主觀感情的要求而再現於作品中，卽是意境。例如寫景，雨中之景、霧中之景、風中之景，各有其客觀的法則，而這些不同的景若與相應的情感結合就構成不同的意境。故意境是景物與感情相配合的結果，亦可說是客觀物依其自身法則，呈現爲合目的性的結果，並與主觀合目性相配合而後成立的東西。意境可說是一種「形象化的感情」。

意境是一種審美經驗，它不是現實的生活經驗，所以並不是一種實境，而是「妄境」。王先生很強調這點，他說：

這在經驗派的論者們，或以「特殊的經驗」或以「審美的經驗」來代表它，……因為他們所要指稱的那種「經驗」，並不是現實的生活經驗，而是由已有的生活經驗所再度揑造，本不直接於現實世界的一種經驗。……這種經驗，儘管具體得如現實的經驗，但它的本質，畢竟不是「實境」而是一種「妄境」。（註六四）

意境所提供的是一種超乎現實的純美感情，王先生說：

我們把批評的目標從意象上提高到它的極致價值，也就是說：一個欣賞者從文學中所經驗到的不單是知道那裏面說的什麼，如同閱讀一篇報告或時事新聞一樣；而是能從中經驗到一種有異於現實感情的喜愛。這種喜愛，不是現實的喜怒哀樂，而是從現實的喜怒哀樂混合釀成的一種更純粹的感情品質。簡單地說，詩人文學家之在作品中構造種種意象，其實就是在構造人人所得知解的可喜可怒可哀可樂的意象來寄托著象徵著那純粹的感情品質。……而有資格的欣賞者就能從那作品所描述的喜怒哀樂的意象中體味出一種純粹的感情。這純粹的感情裏面雖含有喜怒哀樂，但不卽是現實的喜怒哀樂，或可說是樂而不淫，怨而不怒，哀而不傷……等等似現實而非現實的，我古人或稱之為「化境」，而今人或稱之為美的經驗或價值感情。（註六五）

過去有人對意境（或審美經驗）作種種分類，王先生皆認爲不妥；他採用西方的美學觀點，將意境分爲「優美」與「崇高」兩種基本類型。「優美」的作品是由一些容易處理的材料所構成，例如易懂的文字、明晰的語句、和諧的韻律、清楚的文脈、愉快的意象、不喚起行動意志的語意……等等；欣賞這種作品會有一種「省力」的或「輕鬆」的經驗。相對的，「崇高」的作品是由不容易處理的材料所構成，如：超越語言習慣的構辭、超越常識的見解、高朗的韻律、新奇的結構……等等；欣賞這種作品是很「費力」的，需要很多工夫始能領會。（註六六）

## 五、王夢鷗先生文藝美學的特色

綜上所述，王夢鷗先生的文藝美學有幾個重點：

第一、文學與美學的關係。王先生認為文學的本質即是「詩」的本質，而詩的本質就在於藉著語言藝術提供一種超乎現實的審美經驗。

第二，文學與心理學、語言學的關係。依照王先生的說法，文學不過是作家用語言表達內心的感受，因此牽涉到心理學與語言學兩方面。就心理層面而言，作家所要表達的內心感受包括「意識」與「潛意識」兩方面；就語言方面而言，作家必須能活用語言，才能引發讀者的「知解」、「感情」與「想像」。文學語言常常有打破社會的契約的情形。

第三，文學的虛構性。王先生認為文學活動包括兩方面：一方面是作者用語言建立一個「意象世界」（即「意境」）以象徵人的感情；另一方面，則讀者透過語言憑自己的想像進入此一「意象世界」從而引發感情。由此看來，作者與讀者是透過「意象世界」以進入美感經驗。但此一意象世界卻是一個「妄境」成「幻境」，不是「實境」；它只是現實世界的象徵，不等於現實世界。

王先生這套文藝美學，完成於民國五十三年以前，就那個時代的學術界看來，個人認爲有以下幾個特點：

㈠**體系嚴密**。中國人是一個不擅於建立理論體系的民族，自古至今，我們很難得看到幾個具有嚴密體系的文學理論。現代的中國學者雖然已經接觸過一些（甚至許多）西方的「理論」，可是能建立一套有系統文學理論者亦不多。王夢鷗先生是當代中國學者中，研究文學理論而能建立嚴密體系的少數人之一。我們很強調「嚴密」這兩字，因爲別的學者也可能有其文學理論或體系，但他們的理論或體系往往是比較鬆懈或粗糙，而且比較簡略，並且是分散在許多不同的文章，很少集中表現在一本專著之中。相對的，王先生的文學理論則形成一個嚴密的體系，並且集中表現在《文學概論》一書中。此書先用三章證明文學是一種「語言的藝術」，接著又用三章談語言的性質。在處理完語言的問題之後，又用了十三章分析文學的「藝術」問題。首先用四章談「韻律」，接著用兩章談「意象」的性質，然後再用三章談意象傳達的三種類型：賦、比、興。談到這裏，已經解決了「詩」——也就是「文學」的基本問題，於是再用四章談敍事文（卽小說與戲劇）的問題。在分析完文學語言的藝術之後，王先生用兩章談文學批評的主觀性及其眞正的目標：審美價值。最後兩章：「純粹性」與「境界」，則是將文學與美學結合來談，使文學回歸到「藝術」的審美本質。

王先生的《文學概論》與一般東抄西湊的「概論」書大爲不同。此書不僅有一個完整的體系，而且對每一問題都有極仔細的論證，所以我們強調它有「嚴密」的體系。

㈡**融滙中西而形成具有中國特色的一家之言**　在《文藝美學》一書中，我們已經看到王先生融滙中西美學及文學理論的傾向，而在《文學概論》一書中，這種傾向更爲明顯。此書後面附有「參考書目索引」，包含中外古今著作，其數目之多，範圍之廣，即可看出王先生的企圖心。但此書並不是抄湊資料或雜取別人的說法；這些資料或說法都是經過消化而被融入作者的思想體系之中，成爲其體系中的細胞。本書無論是整體架構或細部問題的論證都很少看到抄襲自那本著作。作者雖然旁徵博引，但都是以很嚴格的批判態度來運用這些資料，並不隨便取用。本書雖然參考韋勒克與華倫等合著之《文學理論》(Theory of Literature) 頗多，但大部分內容還是王先生的一家之言。例如從第四章開始就用了三章談語言問題，對語言的重視可說超越韋勒克等之著作。如果我們檢查西方二十世紀六十年代以後文學理論的發展，必然會發現，「語言」問題實居於核心的地位。王先生在五、六十年代即對語言問題如此重視，正可證明他對關鍵問題的先見與敏感度。

寫一本文學概論的書不可能不用到前人的說法，但王先生在使用前人的說法時卻常有自己的獨特解釋，例如他用「繼起的意象」來解釋傳統所謂的「興」，不管是否合乎古人的說法，的確讓人耳目一新而且意思比較淸楚，容易了解。又如他用「糾紛」、「危機」、「解決」三個階段來分析敍事文的情節結構，雖是西方常用的觀點，但王先生對這三階段的解釋卻有個人的精闢看法，例如他用「加力至於無可復加」來解釋「危機」就非常深刻。

但此書更值得注意的是，王先生如何運用中國傳統的文學觀念做為其理論體系中的重要一環。例如王先生喜歡用「在心爲志，發言爲詩」、「心生而言立，言力而文明」這些傳統的說法來說明文學創作的過程；又如他不取韋勒克「意象、隱喩、象徵、神話」的分析架構，而用「賦、比、興」來說明意象傳達的層次，這就將整個文學的傳達問題建立在我國傳統的詩論之上。又如王先生將「境界」(意境）當作文學的極致價值，並放在《文學概論》一書的最後一章，亦說明他嘗試建立以中國文學觀爲主體的文學理論的苦心。（註六七）

**(二)對我國傳統文論及文學發展史提出許多具有啓發性的看法**。王先生非常推崇劉勰的《文心雕龍》，而劉勰在論述任何理論時都會從各體的文學發展史談起，王先生的《文學概論》也採用文學理論與文學史結合的方法。王先生在《文學概論》一書中，經常論到我國的傳統文論，尤其是對「性靈說」、「興趣說」、「神韻說」這三個重要詩論的異同，王先生有獨到的看法。王先生認爲性靈說特重文學中的感情性質，神韻說特重文學中的想像性質，而興趣說則特重在文學中的聯想性質（註六八）。王先生對文學的演變也非常關心，他很注意詩與禮俗、神話、傳說等之關係；對原始歌舞如何演變爲詩、小說、戲劇等文類，尤有詳細的說明（見第十七章：敍事文體）；至於各朝代文學風格的變化問題，更時常提到。故王先生的目的不僅要建立一套文學理論而已，他也想藉著這套理論解決許多文學史以及文學理論的問題。在閱讀《文學概論》這本書時，我們會有一種感覺，就是從王先生論傳統文論及文學史所得的啓發並不下於在文學理論方面的啓發。

㈣文學本體論的主張。王先生採取的是狹義的文學觀，他著重於探討文學語言的藝術性、純粹性、審美價值等，而不論文學與社會、政治、道德、哲學等之關係，可說是一種文學本體論的主張。有人認為王先生受到美國「新批評」理論的影響，是有道理的。(註六九)但是也應該注意到，在王先生的著作中並沒有提到如蘭遜（Ransom）、布魯克斯（Brooks）等這些最具代表性的新批評家的著作，我們所看到的，只是王先生時常引用韋勒克與華倫的《文學理論》。而正如上面所說，王先生的理論與韋氏的理論仍有許多不同之處。王先生的理論與新批評的不同之處，筆者認為至少有三點：一是王先生的文學理論有一套美學作基礎，他的文學理論是與他的美學結合在一起；而在新批評的著作中，我們很少看到談論美學問題。二是王先生喜歡從語言學與心理學的角度談文學，尤其很注意「潛意識」對語言的影響。新批評雖然注意文學語言的問題，但不重視作者創作時的心理動機。三是王先生無論是談創作或欣賞皆很重視作者與讀者「主觀」方面的作用，亦即重視「文化感情」的影響力。而新批評比較重視作品的「客觀結構」，對讀者主觀方面的感情問題非常忌諱。

筆者認為，王先生的理論比較接近俄國的形式主義及歐陸的結構主義。例如王先生很重視文學語言的變異，就如同俄國形式主義所提的文學語言的「陌生化」。又如王先生認為意義的傳達有「賦、比、與」三種基本方式，這很像結構主義所大力發展的敍述原理。(註七〇)但是王先生又提出「文化感情」的主觀合目的性原理，這又使他的理論接近七十年代以後流行的詮釋學以及接受美學（或讀者反應理論）。為什麼會有這種現象？我想，這與王先生理論中的「中國」成分有關。因為中國傳統的理論本不是很極端的，其包融性本來很強。

總之，王先生的文學理論結合了美學、語言學與心理學，並且結合了「潛意識」與文化感情，這使他的理論格局不像新批評那樣狹窄而具有較大的詮釋力量與發展潛力。當然，王先生極端強調文學作品中「美感價值」的重要性，這使得他排斥美感經驗與經濟、政治、道德、宗教等經驗的關係，也不免限制了他在文學理論上的發展性。

**【附　註】**

註一　王先生在唐人小說方面成就可參考下文：
鍾來因〈王夢鷗與唐代文學研究〉，中研院文哲所《中國文哲研究通訊》第一卷第四期，民國八十年十二月。

註二　王先生研究《禮記》數十年……其結晶爲《禮記校證》一書。《鄒衍遺說考》及《漢簡文字類編》，則是王先生對《禮記》研究的副產品。除《古典文學的奧秘：文心雕龍》（民國七十年一月，時報出版公司）外，王先生關於中國古典文學理論的研究大都收集在《古典文學論探索》（正中書局，民國七十三年二月）與《傳統文學論衡》（時報出版公司，民國七十六年六月）二書中。

註三　《文學概論》一書，民國五十三年由帕米爾書店出版，民國六十五年改由藝文印書館重校後出版，唯本文所據爲「帕米爾」版。《文藝美學》一書於民國六十年由新風出版社出版，民國六十五年改由遠行出版社出版，本文所據則爲「新風版」。《文藝美學》之出版雖晚於《文學概論》。但其所收文章，寫作時間應早於《文學概論》。因爲《文藝美學》中有三篇已收在《文藝技巧論》一書，而該書出版於民國四十八年（重光文藝出版社）。

關於王先生的著作可以參考下列文章：

李豐楙〈王夢鷗教授及其中國古典小說研究〉，《中國古典小說研究專集》一，民國六十八年八月。

林明德〈自強不息的君子──王夢鷗先生〉，中研院文哲所《中國文哲研究通訊》第一卷第三期，民國八十年九月。

林明德〈王夢鷗教授〉，《漢學研究通訊》第十卷第四期「學人專訪」，民國八十年十二月。

註　四　見林明德〈王夢鷗教授〉，《漢學研究通訊》第十卷第四期「學人專訪」，頁二九八。

註　五　王夢鷗《文藝美學》，新風出版社，民國六十年十一月，頁七。

註　六　同上書頁一〇。

註　七　同上書頁一四。

註　八　同上書頁五五。

註　九　案此文的部分內容已見於《文藝技巧論》的〈詩境界〉，應是〈詩境界〉的修改擴充而成。

註　十　同上書頁一四四。

註十一　同上書頁一四五。

註十二　同上書頁一四五─一四六。

註十三　同上書頁一四七。

註十四　同上書頁一九六。

註十五　王夢鷗《文藝技巧論》，重光文藝出版社，民國四十八年四月，頁四二。

註十六　《文藝美學》，頁一九六。

註十七　同上書，頁一九〇。

註十八　《文藝技巧論》，頁九—一二。

註十九　《文藝美學》，頁一四八。

註二十　同上書，頁一五〇—一五一。

註二一　此段意思見《文藝美學》，頁一五三—一五四。

註二二　《文藝美學》，頁一四七。

註二三　參見《文藝美學》下編第四章〈神遊論——移感與距離原理〉。案王先生論感情移入與審美經驗的關係似不够清楚，以上的說法乃筆者參考王先生的說法加上自己的體會而成。

註二四　同上書頁一六三。

註二五　見《文藝心理學》，臺灣：德華出版社，民國七十年十二月，頁一六六。

註二六　見王夢鷗《文學概論》（帕米爾出版社，民國五十三年九月）「寫在前面」第一頁。案此書於民國六十五年校正後由藝文出版社再版，唯本文仍據「帕米爾」舊版。

註二七　同上書，頁八。

註二八　同上書，頁一九。

註二九 同上書，頁二一。

註三十 見《文學概論》「寫在前面」頁二。

註三一 同上書，頁一一三—一一四。

註三二 《文藝美學》，頁一〇八。

註三三 同上書，頁八三。

註三四 同上書，頁一〇三—一〇四。

註三五 見《文學概論》，頁三三—三四。

註三六 同上書，頁一〇三。

註三七 見《文學概論》，頁三一。

註三八 同上書，頁五五。

註三九 同上書，頁一〇一。

註四十 同上書，頁六二。

註四一 同上。

註四二 同上書，頁六六。

註四三 同上書，頁七三。

註四四 同上書，頁一〇四。

註四五 同上書，頁一一六。

註四六　同上書，頁一一七。
註四七　同上書，頁一九五。
註四八　《文學概論》「寫在前面」頁二。
註四九　同上書，頁一三三。
註五十　同上書，頁一二三—一二三。
註五一　《文藝技巧論》頁七〇。
註五二　《文學概論》頁一五。
註五三　同上書，頁一五二。
註五四　同上書，頁一五四。
註五五　同上。
註五六　同上書，頁一六一。
註五七　同上書，頁一九八。
註五八　《文藝美學》頁一〇〇頁。
註五九　同上書，頁九八。
註六十　《文學概論》〈寫在前面〉頁二。
註六一　《文藝美學》頁一三一。
註六二　同上書，頁二九。

註六三　同上書，頁一八四—一八五。

註六四　《文學概論》頁一八。

註六五　同上書，頁二三三。

註六六　同上書，頁二三七—二三九頁。

註六七　輔大林明德教授目前正在整理王先生的著作全集，預備出版。據林教授對筆者云，王先生有意將《文學概論》的書名改為「中國文學的理論與實踐」，據此更可見王先生確實有意建立一個以中國文學思想為主體的文學理論。

註六八　見《文學概論》頁一七。

註六九　如柯慶明先生雖說新批評的頭銜並不適合王先生，但仍將王先生的《文學概論》放在「新批評與比較文學的盛行」這一節來談，並強調王先生受到新批評的影響。見《現代中國文學批評述論》頁一一三—一二五。民國七十六年，大安出版社

註七十　關於結構主義的敍述學，請參考高辛勇《形名學與敍事理論》民國七十六年，臺北：聯經出版社。

※本文作者**黃景進**教授任教於政治大學中文系

# 架構人文美學及人文美學的架構

## ——從高友工先生美學理論切入

王宏仁

## 壹、引　言

當代中國美學的研究，依李澤厚所說分為美的哲學、審美心理學和藝術社會學三大類（註一）除此外，尚包括譯介西方相關論著及美學史的著作。從這些研究，可以看出當代中國美學研究的主要方向，在於美的本質、審美現象、審美經驗及美感的探抉與再創造，所涉及的實際內容，又不外乎藝術品的創作與詮釋。由此，美學研究的重心實不出人文美學的探究、詮解及其架構了。（註二）

高友工先生對於中國美學研究的貢獻，展現在前三種進路中的「美的哲學」、「審美心理學」兩大類之中（註三）。依筆者所面對的這六篇論著來架構高先生的美學理論體系，則可以用層次脫卸的方式，漸向其體系核心探索；再從其核心遞次迭增，形成一個較完整的理論結構。層次脫卸的一個進程，即：人文美學的核心在於文學，文學的核心在於詩歌，詩歌的核心在於語文的用字、語法結構及其所塑造的意象。而從其核心（即語言文字賴以構成的各要素及其呈現）遞次迭增的進程，大抵是層次脫卸進程的反向回溯。只是，筆者要強調：高先生的理論絕非直線性推進，而是一座架構完整的平面設計藍圖，它的關鍵在於其理論中對經驗之知與分析之知的區分，及相互融攝的分析。至於高先生的核心意——人文美學的核心意義——在於文學詩歌中的語文之用字、語法及其意象，依筆者所討論的論文上來看，當無太過。高先生的核心方向如此，恐怕是其對對象的擇取有專精的考量，當無輕重偏頗的意思。

根據遞次迭增的進路，由其核心出發，本文擬從「人文美學的中心」、「解釋與詮釋」、「從分析之知到經驗之知」、「經驗的內在及呈現」、「人文美學的範疇之收束與開展」、「人文美學的架構」等六大節，進行本文兩大研究重心的討論，即：一、評論並架構高友工先生的文學美學理論；二、對當前中國美學研究提出些許個人的見解。

這兩項重心的討論，基本上是立足於高先生的成果上進而期望有所進展，行進的程序則盡量採取由線性↓平面↓立面三個進程的「交流反饋」的方式（註四），亦即盡可能完滿照顧到本文對「人文美學」的基本定義所涵攝的三個向度。

## 貳、人文美學的中心

爲了更清楚瞭解高氏的美學理論，並著重其「實踐」的實況，本文將會大量引用高氏文，希望能見其實踐的連貫性，如此的作法也會有利於「層次脫卸」及「層次迭增」的進行。

「(從)『經驗』的諸義來看，似乎我們研究的對象是完全存在於主觀領域，不能簡化爲客觀知識。那麼我們的研究分析是否有任何學術價值？這涉及到一個更大的問題：即是『人文研究』的基礎。」(註五)、「把注意力轉移到可以客觀觀察的材料上去，從純粹的內容結構分析，到作家背景、……。這固然都是文學研究不可或缺的因素，但卻忽略了最重要的『美感經驗』的一環，即是我們讀者對作品本身的反應。」(註六)、「『人文研究』的目的不僅是在追求客觀事實或眞理，而是在想像自我存在此客觀現象中的可能性。……而其最終目的卽是一種『價值』的追求，『生命意義』的瞭解。」(註七)、這樣說來，『文學』和『藝術』在整個人文教育中是一個核心，『美感經驗』是在現實世界中實現一個想像世界。而研究文學和藝術正是希望描寫各型想像世界建立的客觀條件，鼓勵人去想像這種經驗的可能性。」(註八)

從上述的引文中，我們已可窺見高氏的美學理論的核心義在於「人文美學」的建立，對象則爲「文學和藝術」，經由層次脫卸的實踐成果的展現（卽高氏的六篇論著）來看，文學中的詩歌是其主要的研究對象，而對象的核心則在於語言文字，語言文字呈現人文美感的客觀元素卽在於語法、用字與意象，因此可以說，高氏的人文美學的中心，在他實踐的進程當中，語言文字的語法、用字及意象，乃核心義之所在。從此核心義的研究、分析的實踐中，逐步擴展其理論，架構「他的」人文美學。

他的實踐過程，可以由他自己對於論文的寫作動機的交代，得到一個鮮明的印象。在〈分析杜甫的「秋興」〉一文：「本文的目的在於發掘「秋興」結構上的特色，並指出杜甫如何運用這些特色使

「秋興」達到較高的文學境界。」(註九)而結構的特色則來自於「單字或句子的多義性；音韻形式的運用造成節奏上的抑揚頓挫；意象的複雜與奧秘等。這詩使用的語言各層次之間結構的呼應與連繫使「秋興」寓意深遠耐人尋思。」(註一〇)此文確實能如實反應他的動機和訴求，只是，若和其他諸篇參照，此文的解釋（在其核心義上），正是其他諸篇的原型，由「杜甫〈秋興〉的語言結構」，到〈「律詩」的美典〉、〈「唐詩」的語法、用字與意象〉、〈中國語言文字對「詩歌」的影響〉。其核心義不變，對象則漸趨放大（引號是筆者自加，以突顯其對象的變化。）

在〈律詩的美典〉中：「這美典基本上是一種解釋符碼，藉著它詩人可以超越字面的意思，讀者的以領會相關的意義。」(註一一)「在一首成功的詩作中，形式乃是詩人意圖的一部分，無法自其靈視（vision）之體現中抽離出來。……形式與詩人之間的互動關係導致形式意義的產生。在這形式意義可背後，包含了許多難解而又有趣的問題的模糊領域，我稱之爲『潛藏的美典』。」、「事實上，這美典包涵了許多不同的組成元素，從技術方面的問題，如結構安排，到表達哲思的模式……。類(註一二)這種形式、模式，在律詩裏，高氏化約爲「依循著普遍奉爲圭臬的聲律和修辭原則的一種詩體。」在此，我們再度檢視出他的核心義仍然沒有多大的改變，只是，透過對象的擴大，其含意亦隱隨在其擴充、迭增中，即他所謂的「美典的潛藏」。

在〈論唐詩的語法、用字與意象〉中：「本文旨在探討唐代近體詩的用字與語法，……本文所要論述的通常依次稱之爲『用字』、『語法』及『意象』。……主要的中心問題是：詩的那一部分通常用什麼樣的句子？什麼樣的詩句會造成什麼樣的意象：孤立的？連貫的？靜態的？或動態的意象？語法與用字兩者又如何決定意象的有無等等。」(註一三)而此文名為〈論唐詩的語法、用字與意象〉，對象再次擴充，其核心義雖亦不變，卻跟著對象之迭增而豐富了，詩中用字及語法的如何結構，會直接造成如何的意象。不過，仍未脫卸其「形式的意義」的範疇。〈中國語言文字對詩歌的影響〉一文，可說是高氏從核心意義開始的遞次迭增的努力業已完成，他個人對於文學研究的理論體系的架構亦已大功告成。可以說其理論的基石是語言文字中的字，語法結構及其展現的意象，隨其對象的遞增，而有一種線性推進的進路存在，這種現象，從其立題亦可以看出。

然而，這樣化約的結果，高先生的理論架構，徒具直線性而未見其平面性，是否恰當呢？他在其餘的兩篇論文即：〈文學研究的理論基礎——知與言〉、〈文學研究的美學問題〉正是將筆者前述的四篇中已隱藏的誘因，較為全面的導出。這個誘因，就是他在進行人文美學的中心——文學詩歌中的語法結構及用字所呈現的意象——的分析、解釋時，已寓其詮釋於其中，那個他所說的「潛藏的美典」，在這兩文中，以對西方分析之知的欠缺的批評，分析之知到經驗之知的連繫的剖析裏，突顯了出來，儘管他的方式仍是分析性的。

讓我們再進入他的體系中，「理想地說來，依仗了『分析語言』，整個經驗世界的現象都應該能以語言代表出來，而且傳達給別人，別人也能重建這些現象。」、「在日用語裏，我們用字時已把我們經驗世界隱隱地分析成『個體』、『通性』種種不同型的觀念，這些觀念是由我們對各種個體依其通性而分類。」然而，他接著對這種「分析語言」進行了批判「所謂通性已不是絕對的標準，個體的劃分更是個人的習慣。……「語言」之意義是在其用（以「命題」爲「語言」的基礎也就削弱了語言的力量。），但語言更重要，更常用的目的是日常生活的交流傳達。」(註一四)高先生所分析關於「分析之知」欠缺的反省，在於「分析語言」只是一個手段、方法(註一五)，而其補足的地方，正是他強調的「經驗之知」的部分，且在其理論實踐過程中：「種種經驗中，美感經驗對我來說是最典型的經驗活動。」(註一六)相關這兩層次的論點，本文放在下節「解釋與詮釋」中再做說明，在此，我將本節的重點收束在：高氏人文美學的中心在詩歌的語意結構中，並且呈現在他的語意意象的解析裏。

## 叁、解釋與詮釋

前節導出高氏人文美學的中心在文學→詩歌→語言文字→語法結構及意象之經驗，而此體系的架構在其解釋當中，其詮釋成果是分析、解釋所帶領出來的，卽重心非在詮釋，而是「寓詮釋於解釋」。這個論點，可以在其論著中，舉三例來檢證。

其一，我舉〈分析杜甫的「秋興」〉一文中討論「秋興」整篇結構爲例：「『秋興』主要可分兩部分：前三首寫今日夔府，後四首寫舊日京城，而以第四首爲轉捩點。……第四首以『聞道長安似奕棊』起興，與第一首之故園、次首之京華、三首之五陵遙相呼應，而總寫朝局的變遷，邊境的紛擾。末句之『故國平居有所思』興起以下四首。……前四首寫夔府，仍然涉及長安；後四首雖寫長安，仍然涉及夔府，所以長安與夔府的並存是結合『秋興』的主要脈絡，……此一現實與回憶的掙扎是『秋興』的主題，是『秋興』戲劇成分的根本。」(註一七)至於「秋興」的整篇結構，則又立基於他對每首詩的分析與解釋之上：「第二首：

夔府孤城落日斜，每依北斗望京華。
聽猿實下三聲淚，奉使虛隨八月槎。
畫省香爐違伏枕，山樓粉堞隱悲笳。
請看石上藤蘿月，已映洲前蘆荻花。

七行之前寫杜甫耽於冥想之中……遠處悲傷的笳聲，陣陣襲耳，回憶前塵，恍若置身夢境，不可捉摸。可是最後一行的『請看』，似讓讀者自夢幻中驚醒突地與詩人直接面晤。『請』爲仄聲，依律詩規律應用平聲字，這也是突然。而語法的節奏又變爲二一：五請看／石上藤蘿月。此時杜甫醒自幻境，』忽』見月上藤蘿，已經映照著岸上的蘆荻花了！」(註一八)這兩個二而一的例證，已透露出筆者所說「寓詮釋於解釋中」的事實，其解釋語法結構的過程亦說明詮釋的對象（作品）、作品表現的經驗與作品中客體結構（語法結構），三者由於異形同構的高度藝術融合，滙聚成一完整的人文美感。

其二，本文舉〈論唐詩的語法、用字與意象〉中分析杜甫〈江漢〉的例子，今舉此例：

江漢思歸客，乾坤一腐儒，
片雲天共遠，永夜月同孤，

落日心猶壯，秋風病欲蘇，
古來存老馬，不必取長途。

高氏經由「名詞」、「動詞」、「統一語法」三大類中諸結構及所塑造的意象等進行唐詩的語法、用字與意象的詮解。在〈江漢〉一詩中，他以「本詩由四個軸心所構成：意象與論斷一軸，連貫與散漫一軸，空間與時間爲一軸，主觀與客觀一軸。」精簡的總括他的論證、分析。(註一九)

「這首詩語法有的散漫，有的則很緊湊。一、二行各含兩個並列的名詞片語（江漢，思歸客，乾坤，腐儒），其間沒有連繫詞。三、四行『天共』，『月同』是動詞片語，『遠』、『孤』是述詞，但語法仍顯得散漫，語序也顚倒了。因爲『共』、『同』是動詞，通常應放在受詞之前，即『共天』、『同月』。第三行有兩義，或解作『片雲如天一般遠』，或解作『藍天下之思歸客如片雲般遠離家鄉』。第四行亦有兩解，……。第五六行語序正常，節奏通暢，有如常見的五言詩。最後兩行語法最緊湊，最具連貫性，前面六行，每聯用的是平行結構句法。平行結構句法的特點，是語法之流暢以『行』爲終始，無法貫穿聯內之兩行，使之一氣呵成。最後之七、八兩行結構不是平行的，而是連貫的，『老馬』是第七行的受詞，也是第八行的主詞。總而言之，從本詩可以看到最散漫的詩行，也可以看到最具連貫性的詩行，顯示著整首詩節奏步調的緩急或滯暢是藉語法的運用而駕馭自如。」(註二〇) 接著我們可以用高氏所用的條例式比較，來說明這首詩，（由於語法結構的有別，而各自塑造的不同效果的意象）作爲此例的收束：

中間幾聯

1. 節奏缺少連貫性，結構只是簡單的並列。
2. 訴諸感官上的感受、想像。
3. 簡單的陳述。
4. 絕對的時空。
5. 客觀的手法。

尾聯

1. 節奏持續而連貫，結構是一種統一語法。
2. 訴諸理智、瞭解。
3. 論斷語氣（命令、疑問、條件等）。
4. 相對的時空。
5. 詩人爲第一人稱的主觀手法。（註二一）

其三，以律詩的美典，進行說明。此文中相關律詩定型前演變的源流，可直接參考高氏文，在此不贅。這裏依其章節，分兩類簡述：

一、有關詩的聲調格式：⑴詩行的聲調格式，律詩中基本的節奏單位仍是雙音節段落，依第二字——重音音節——的聲調而被標爲一種聲調類別。……這些聲調段落的組合，反映了最大對比的原則。因此，一般的四字句就會有兩種簡單的格式：『——／——』和『——＼——』（註二二）。⑵詩聯的聲調格式，依照最大對比原則，在稍高的層次上，『——／—（——）』的對比類然是『（——）—／——』，而『——／（——）—』的對比則是『——／（——）—』——它的倒映象(mirror image)。……在這封閉的設計中，每一部分都被它的相對物所平衡，造成一種整體和自足的感覺。對稱性也造就了一個獨立於較大整體之外的小世界。於是詩聯的獨立感更因聲調的封閉設計而增強。⑶爲了達到最大程度的對比，就一四聯的詩來說，詩人很自然地會交替使用兩組詩聯格式，以造成一四行詩組，然後重複一次，以構成全詩。……，將之比作建築藍圖，它有四個獨立但互相關連的部分，每一部分由兩種對比色彩的磚塊構成。它們被緊緊的湊在一起，像是一個抽象的系統，有待其他因子的加入來使之完成。(註二三)

二、詩中修辭的格式「⑴行與聯中的對仗格式⑵行與聯中的連續格式(因原文過長，本文從略)⑶詩的格式，上述兩類詩發展下去，就成了兩種表達的方式——描述的和表現的。……大體上前者偏向對偶詩聯，後者則傾向連續詩聯。……。」

從上述三例中，高氏對於「人文美感」或「潛在的美感」的詮釋，實立足於詩歌中字、句、語法結構的分析上，即是本文說的「寓詮釋於解釋中」，儘管他說「我願指出，即使這些形式上的元素都各有定位了，形式仍是一個空殼子，只有檢討詩作對形式的種種解釋，我們才能找到詩作生命所寄的潛在美典。」(註二四)仍然說明了他的詮釋只是「帶」出來的。當高氏的美感視野猶只是線性平面的呈現時，他的詮釋便無法充分和解釋結合爲完滿的展現。

## 肆、從分析之知到經驗之知

人文美感往往是當下的呈現、完滿自足的。當這種清新飽滿的感受毫不保留的流露出來，卻不被接受、自我懷疑時；或者，這種感受的美好，扯動了回憶；或者受強烈的感動之驅使，意圖紀錄時，我們開始回溯，想如實的重建這美感。我們因此回憶、經驗過去，甚至分析，從「無知」邁向「有

知」。分析在此開端，知識從此形成，理論於此建立，美學因此存在。（註二五）

《莊子・秋水》中關於莊惠濠上之辯，很能將這種當下呈現的美感，被質疑到建立（記錄）美感經驗的過程說明清楚：「莊子曰：『儵魚出遊從容，是魚之樂也。』惠子曰：『子非魚，安知魚之樂？』莊子曰：『子非我，安知我不知魚之樂？』惠子曰：『我非子，固不知子矣；子固非魚也，子之不知魚之樂，全矣！』莊子曰：『請循其本。子曰：汝安知魚樂云者，既已知吾知之而問我，我知之濠上也。』魚之樂，乃我觀其「出遊從容」，且「出遊從容」也必然是我以爲「樂」之事。當魚出遊從容的具象呈現於我目前，這訊息被我接收到，塑造、重建我的「樂」時，這個美感是融合的，斷不會說：「儵魚出遊從容，是我之樂，然非魚之樂也。」可是，當此一美感遭遇「子非魚，……。」的質問時，美感已然被打破了，即使以分析、知解的方式，努力想再拉回原有的美感，這美感絕非先前那個「當下呈現」的美感了。

作品美感的來源是當下美感的經驗，透過某種媒介來重現，卻未有人規定，是否要如實的重現或再創的重現。倘若當下的美感是由夕陽西沉而興起的無限好，在作品中，卻沒有限制不能加上海邊或渡頭的景象，只要能用合宜的形式，表達他完滿的感受，經驗即可；欣賞者需不需要回歸歷史中存在的作者，或是直接爲作品的美感感動，而重現這類美感，亦非絕對重要，只要不脫離作品形式、意象，太遠、太離譜，他依然可以享受或再創作品的美感。因爲，美感容許想像，同時也容許重建、生發。

高氏所說「分析之知」與「經驗之知」皆本於經驗，並以前者爲現實之知，後者爲經驗之知。在〈文學研究的美學問題〉一文中：「第一層的現實之知，經驗是原始材料，根據它，語言把它分析爲眞理，而在此第二層的『經驗之知』則以一切表現方式（包括語言）爲手段、工具，以期能體現某一種的特殊經驗。……後者的知則以經驗本身不能分割，語言企圖表現的是這經驗的整體。」、「分析語言是以語言代表外在世界，所以語詞雖然有含義，包括了這個詞的各種性質、關係、活動、變化，通常只是次要的部分，而最重要的是它的「指稱」，……但是爲了創造想像世界，我們的語言要轉向感性的方向，『性質』變成了語言的重心。」、「語言既用語彙，就先天地決定了這種現象必須分割，但在『還以整體』的過程中經驗有兩個定軸，仍能把支離破碎的觀念重新統一起來，這是在主觀的時空軸上的兩個定點，卽是『自我』和『現在』。……。」高氏利用「時空定軸」及「同一關係」的說明（註二六），正是此節〈從分析之知到經驗之知〉的「到」字，它正如前面所說的：無人規定不當怎樣、怎樣，只須在合乎形式上「法」的上限卽可。卻說明了，人在相通的文作背景，使用共通的語言，可以享受共有的美感，否則，人與人的溝通不存在，作品的存在是多餘，美感的興起與傳遞亦必然無由。分析之知帶領你認知，經驗之知幫助你感受。

將美感的對象收束到文學作品中，我們當明瞭作品本身自有其成規，高氏的實踐，正是透過對這些成規的分析，以解釋、塑造這對象的美感。王銘鴻在《中國建築空間與形式之符號意義》中：「在記號學的觀點裏，語法是受著深層結構的影響，因爲人們要表達內在深層結構的『意欲』才後設出各種表達意義的系統，在語言的表達系統中，我們的『意欲』可以藉由『語法』組織成句子而令我們互相溝通。』(註二七)這裏不討論深層結構與各種語言系統的先後次序，兩者間的關連，恐怕是互相表裏的，尤其當語言系統或文學形式已是我們接收、感受訊息的來源時，實難明究它們的先後。任何人可以因所感發或欲抒意念而運用固有的表達形式、表達系統；也可以因固有的作品而感發、生發意念。從經驗之知到分析之知亦可從分析之知到經驗之知，只要這種因之而起的美感能經得起考驗，程度越大，它的普遍性就越大。

高氏從人文美學對象的語法結構、用字的分析，進而領帶出美感意象，如果缺乏這個從分析之知到經驗之知的融攝，那麼高氏的理論架構勢必徒具線性的推演。審美的對象（在此為文學作品）透過分析之知的進程為我們所認知，並進由這種認知，喚起或建立我們的審美經驗，據此而產生審美判斷——美感的誕生，便足以形成平面的印象，扯動我們身心的感受。

審美的對象收束到藝術美的範疇時，如杜夫海納在《審美經驗現象學》中說到的，審美作品成為一個對象，必然包含作品及欣賞者的當下感受方才得以成立。因為作品的存在，不須依憑經驗而存在，它的存在是穩定的；換句話說，作品未有欣賞者對它進行審美的認知與感受時，它純然只是作品，一旦欣賞者對它進行審美活動時，它便由作品轉為審美對象。因此，能夠促使欣賞者對它進行審美活動的作品，其構成要素，他稱之為審美要素，這些要素的結構與形式，便是高氏分析的實踐。(補註一)

結構與形式，在藝術的各範疇中，自有其系統：詩歌主要是字、句及語法結構，律詩與樂府已然有異；繪畫則是線條、色彩、布局及光彩的表現法，水墨與金碧山水亦有差異；音樂、雕塑、建築也是如此，所以，古典文學和現代文學的符碼結構勢必有所轉換。高氏在說明傳統中國的批評、西方分析批評方法的異同時，其實忽略了由於對象的要素結構與形式的轉移，在進行審美活動的分析與認知部分，不得不受原有典式的制約。傳統箋註系統已形成一套詮釋的典範型式後，除非藉以抒情達意的方式得以突破，並有足以代表的作品產生，我們實難設想前人的視野，能如今日的寬廣。高氏分析實踐的部分，在傳統的箋註中，曾有片斷的提到過，如洪興祖《楚辭補註•九歌》中「吉日兮辰良」的註中引沈括語：「吉日兮辰良，蓋相錯成文，則語勢矯健，如杜子美詩云紅豆啄鸚鵡粒，碧梧棲老鳳凰枝；韓退之云春與猿吟兮秋鶴與飛，皆用此體也。」(註二八)，只是，高氏講的精準明確，而沈括不過「相錯成文、語勢矯健，皆用此體」。

對審美對象進行活動時，美感的產生，實來自於共同的文化背景，它提供作品及分析，從「無知」到「有知」的典式以供學習，由這個過程，它逐漸涵養成爲我們的經驗。所以，它不是我們是否要恢復、能不能恢復中國傳統批評方法的問題，而是現代與傳統的對話可不可能，如果能，我們站在如何的視野，用什麼方法來重建(包含創造生發)這種美感？如果能，我們站在如何的視野，用什麼方法來重建(包含創造生發)這種美感？若無此層思考，分析之知是無法融攝經驗之知，經驗之知也無法再涵生新的分析之知。

## 伍、經驗的內在及呈現

上述三節，已大致對高友工先生的美學理論，做一番完整的架構：從其實踐的角度而言，其體系是呈線性的向度推演而成，若連繫其勾勒美學理論藍圖的理想核心——經驗之知，他的美學理論便猶如一份建築平面的設計圖。本節著重處理的部份，便是根據文中可以延伸其理論成爲立面的部分，加以立體化。

高先生的〈文學研究的美學問題〉一文，是其美學理論的核心，也是其理論架構可以延伸爲線性↓平面↓立面的重要環節。前文說到高氏的理論架構猶如一份建築設計的平面圖，那是因爲高氏的立面部分——「實踐」面，尚未完滿的建立（註二九）。不過，就理論層面說，是可以「延伸」的。其延伸主要便在於「美感經驗的建立」的四個解釋層次上，「眞正要了解『美感經驗』，得從『解釋』的方法和『觀照』的對象入手；……下文我們將從材料解釋的四種可能方式開始：『直覺』的，『等值』的，『延續』的，『外緣』的。……所以，它們形成的最後感象也可以分別爲四類：『印象』的，『通性的』的。『關係』的，以及『表現』的。」（註三〇）而這四個層次在高氏文中，實涉及創作者、欣賞者及共同的文化背景，並由此而共有經驗的內在及呈現的過程。

在分析義上，高氏又分別使用「語料、語典」（語言的材料、典式）、「語境」（發言當時的境況條件）、「延續」、「創作者的意旨、語旨」四項對照來說解，並提及「藝術經驗雖非交流，但我們的解釋有類似語言的各種功用；只是各種功用都指向實現自我現實經驗的這一個中心目的。」從這一篇文章中，我們再次看到遞次迭增的詮解過程，即一、觀念單位——直覺印象。二、結構原則——等値通性與延續關係。三、外緣解釋——目的與境界。而這樣運作的進程，其來源正在：擁有共同文化背景的創作者與欣賞者，彼此美感經驗的相融通上。

這在高氏的析論經驗與再經驗處可見：「『經驗』的『再經驗』也可以說是『經驗』的核心義。」、「我們之所以談『再經驗』，則是因爲經驗本身有它『內在』的價値，値得爲此經驗而再經驗。」（註三二）講經驗的再經驗，放在創作者的向度，則凡足以興起他創作的經驗（不論藉由客觀環境的興起、內在意念的興起、或是情境的交融），在整個創作過程，便是所謂値得經驗的再經驗；以欣賞者的向度說，進行審美活動的對象，便是値得經驗且成爲再經驗的對象。若經驗的內在完全收束到文學的範圍內，它便包含了三個主要的範疇，一、形式的詮解；二、人情的共通；三、文化美感的創發。

一、形式的詮解，在「審美的對象」中，先是主體（欣賞者或解讀者）、客體（作爲審美對象的作品）這一主軸，其次是兩者共同擁有，並藉以溝通的主要元素（語言文字）；最後則是這些元素所組織的結構及結構所含的語意和語境。當解讀者進行解讀時，他需要經歷和作者相似的學習經驗，而且必須有更多相關的知識，如作品的語意、語式及作品時代背景的知識，以和自身的情感，共同融塑成新的美感境界。同樣的，語意和語境，在作品中，有其原始創作時的定點，到解讀者時，他可在語言成規的制約內，作最寬廣的解釋，擇取最能「代表」他此時此刻的美感心態——審美判斷。於是，創作者與解讀者在歷史時空的交錯置換下，進行身份的易位。只要解讀者具備創作的能力，他隨時可以變易身份，成爲新的創作者（可以謹遵固有的形式，也可以另創新的語式）。這種交錯置換的易位，主要的來源有二：語言文字的相同、人情感受與經驗的互通。

人情的共通，是文學創作、文學研究者必須設定存在的普遍情況。就像日常生活中，我們儘管知道語言不能百分之百的盡到表達、溝通、傳遞的責任，它仍然是主要的手段，原因在於人類的情意感受是共通的。文學作品的語意、語境的感通基礎，正是在此。作品在獨立前，所記錄的經驗與感受是內向性的（與當下的美感相較，亦經歷了經驗的內在及呈現這一歷程）而內向於作者；作品獨立後，開放給欣賞者，他們除了面對作品的意象，試圖經歷作品的經驗和感受外，更經由想像，再塑造立面的經驗、感受。人同此情、情同此感，不外乎人面對時空環境、面對人世變遷的各種情境變化，我們反覆經驗其間冷暖辛酸、歡喜悲愁、得意昂揚、無奈嗟嘆時所包蘊含融的種種層境與美感。

文化美感的創發，不在分割、斷裂對象與主體間的連繫—即，不在斷裂形式的詮解及人情相通二者間的繫連，而在於還原這一整體。莊惠濠上之辯的文化美感，不在於爭辯主客（魚、莊子）間的連繫，將此樂感割裂；相反的，在分析過後，更能掌握這一「精神」主體的完滿。高氏分析〈秋興〉、〈江漢〉乃至我們閱讀作品，進行分析認知時，不爲了割裂我們和審美對象的繫連，而在於重建，甚而創發新的美感。

經驗的內在及呈現，歷經這三個範疇，有如高氏所說：「在解釋過程中我們時時停留，綜合所知所感，把握到的片段材料，形成一個整體的感受。這是我們在『觀照、內省』，終於在我們以爲把握到了它的整體價值，又確實覺得自我置身於此『感象』中時，同時又感到這些意義與價值已被『感象』所體現，我們才敢說我們到達了一個『境界』。」(註三二)亦如同高氏引柯勒的話：「在意義徹悟的瞬間，形式呈現爲整體，表層表現了深層。」

前面提到的是人文美感的開放層面，這裏必須再說明它的制約層面：「第一，解釋的對象本身已可能給了我們限制，這是客觀條件的限制。第二，解釋的層次本身也有傾向某種解釋的傾向。一般說來，在『等値層次』、『複合形象』形成的是『形相構式』，自然適合『和諧』的解釋；在『延續層次』、『意象』是一個代表『實存』的『模式』，比較容易接受『矛盾』這類解釋。但是我們把『感象』看成『構式』還是『模式』，這似乎仍是一種抉擇。第三，整個文學傳統(包含作品產生的時代背景、體類意義、作品意旨)也預先決定了作品應有解釋。」(註三三)第一點所說的是藝術門類，如音樂、繪畫、文學的客觀限制，其次說的是同一形式，如詩歌的某種格式中，風格的不同，最後則爲文學中各種體類的不同。無論那一種限制都須經過此一形式的知識學習、運作的過程，方能進行形式的詮解，才能產生經驗的再經驗，塑造經驗的內在及呈現。(註三四)

## 陸、人文美學的範疇之收束與開展

人文美學，其範疇的收束，體現於高氏的〈文學研究的美學問題〉、〈律詩的美典〉二文的理論與實踐中，本文旨在以此說明人文美學的收束與開展，故不詳述高氏的論證過程。

首先，高氏的收束：他先行區分兩類文學間架爲「抒情精神」、「悲劇精神」（這是大傳統而言）；接著在這典型的傳統中，以律體詩美典的「形態、結構」的探抉，努力爲實踐對象，再以傳統中「一種」典型撐開他的理論架構。這個過程本文在第二節提過：透過層次脫卸，高氏的人文美學核心在文學中的詩歌，而核心義的呈現在語言文字的形態、結構裏；再取遞次迭增的進路形成線性→平面→立面的方式架構而成。依循這個基礎，本文提供些許建議，以作爲人文美學的開展。

高氏在〈中國語言文字對詩歌的影響〉一文「藝術的類型」一節中，說明了中國語言文字的「口語」、「文字」分向發展後對中國傳統藝術的影響，是歷史發展的事實。不過，將之化約成爲「口語和文字對立轉化爲外向美典和內向美典的一種自然結果」且「娛樂和實用的表演傳統的美典是和抒情言志的內省傳統的美典迥然不同的。」並以爲「比較值得考察的是前面討論到的形式意義，在這種口語和文字的對立下有什麼樣的表現呢？」在人文美學的開展中，恐怕不夠全面，也收束的太過了。

人文美學，甚或說「美學」，在西方的發展中，被規範到藝術品上去，並從此延生出對審美對象、審美主體及對所具備的審美要式——符號、現象的探討，乃是立足於其自身的文化層面而發展的。姑不論高氏在陳述「分析之知」的欠缺時，以「經驗之知」的層面來補足，是站在另一個文化層面的觀點，即便是西方美學研究者，處於目前東西文化交流頻繁、興盛的景況下，已有從事於東方美學研究，意欲因交流以資滙通的努力（註三五）。此一事實足以說明當代中國美學的研究，在大方向上，除了專類美學（一般對藝術類型的分類，如文學美學、繪畫美學、建築美學、音樂美學……等等）的深向研究外，當還有廣向的美學研究（如徐復觀《中國藝術精神》這一個大方向）。

本文以爲，在這兩個大方向中，尚可分成幾個小類，做爲本文對人文美學架構的一些建言。首先，深向的研究，若依類別分類，當前的研究，似乎偏向文學、繪畫及書法上的探討，有不夠全面的窘境存在；若依對文學美的研究，則由於方法論的大體西化，而偏重於形式結構，忽略了文化結構及思維結構對美感的影響，例如在文獻中大量出現的時、空概念的資料，說明了各時代人對生存空間及時間的思維角度轉變，亦對其美感的塑造及轉移，起重大的影響（如漢代一統的空間觀，對漢賦的形成與演變，卽有決定的作用；再如魏晉六朝對時間的感受，強烈的突顯於中國文化史上亦是）。其次，文學史的書寫，向來肯定一代有一代的文學，漢賦、唐詩、宋詞、元曲，並未眞正如實地反應當時文學社會的情況。蘇東坡以詞著稱於後世，實際卻同時借由詩、畫及評論進行美感的抒發、創作。然我們如何說明，是否因不同的美感經驗，因此須以不同的美感形式來表達；或者如前引《中國建築空間與形式之符號意義》所說，形式結構是後設出來的？最後，各類藝術品在構成元素上的差異如此之大，結構的組成亦截然不同，卻同樣能夠給予我們美感經驗（美感經驗固可因對象的不同而有差別，但對經驗者再經驗並據之下一審美價值判斷，使我們更加認知世界、認知自我及現在，則是合一的）。因此各類型式的藝術品之間的會通，也是深向的研究所須努力的。

[illegible]徐復觀先生在《中國藝術精神》自序中提及：「莊子之所謂道，落實於人生之上，乃是崇高的藝術精神；而由他的心齋的功夫所把握的心，實際乃是藝術精神的主體。……我自己並沒有什麼預定的美學系統；但探索下來，自自然然的形成爲『中國』的美學系統。」(註三六)這個藝術精神主體，落實在人生可以是藝術的人生，可以是藝術性的創造，也可以是藝術性的詮解作品，是一種美感人生的廣向發展，在整個人文歷史中，不僅有歷時性的縱向連貫，也有共時性的橫向交通。

它又可以再細分幾個小類：其一即如徐先生所說的，對藝術精神主體，做一種哲學、或說本質上的探究，並實地考察他在各時代的呈現景況；其二是從各門類藝術、各藝術創作者、各理論專家，做滙通的美學史研究，考察這三者在實踐與理論間存在何種實況，對未來的發展有何啓發（非專爲藝術家或美學家作美學史）；其三在一個整體的觀點下，考察人文美學在人文研究中的定位，和其他學科、實際人生互動關係如何。綜合會通這兩大方向、六小類的通力合作，來架構人文美學，應當是較爲全面的。

## 柒、人文美學的架構

人文美學的架構，尚在發展且會繼續發展下去，前述的方向與分類，只是參照性的提法。（本節試著以圖示的方式說明）從「收束」到「開展」、從深向到廣向的發展，是可以相互交流會通。

人文美學的架構，按本文的看法，可以有三個進程，即：A「形式的詮解」、B「人情的共通」、

C「文化美感的創發」。這三個進程，呈現一種開展的程序，同時又富涵「交流反饋」(註三七)的動態力量，以推動其開展：

圖一：直線性的進程

A→B→C

卽，透過對審美對象的可感性質及形式的分析認知（人情的共通爲認知、感知的先驗條件，大體在內向性中活動）進而形成審美判斷。

圖二：線性交流構成平面

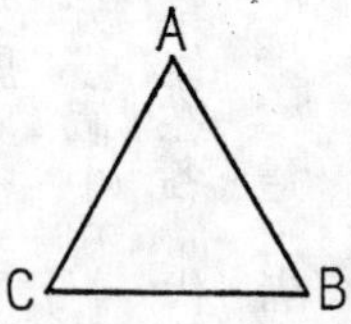


當交流的情形產生，文化美感的創發遂不止於審美判斷，而再經由判斷的誘發，與原作品並列，再成爲新的創作者，產生作品，形成審美對象，最後又循環進入下一個平面。（新的創作者可以以原有的形式，如文學，進行創作，亦可以不同形式，如繪畫，進行再創作，小說成爲劇本，再成爲電影卽是。）

圖三：線性交流（直線、虛線）相互構成立面

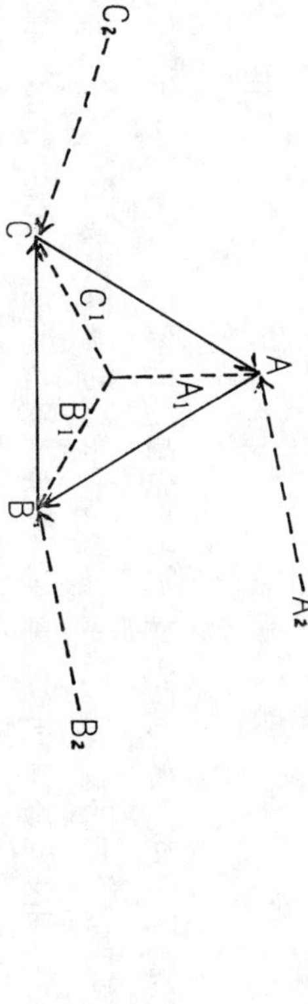


當形式的詮釋、人情的共通、文化美感的創發，各自交流，它們可以在最大規範限制（如高氏所說詩聯中有多義聯的情形）各自生發，但仍在立面的規範之內，這些實、虛便構成立面，其中Ａ１、Ｂ１、Ｃ１都還在規範內，或同一形式系統內；若Ａ２、Ｂ２、Ｃ２，則介入其他形式系統的影響。

圖四：立面中三個進程形成反饋及各形式系統之交流反饋形成美感主體

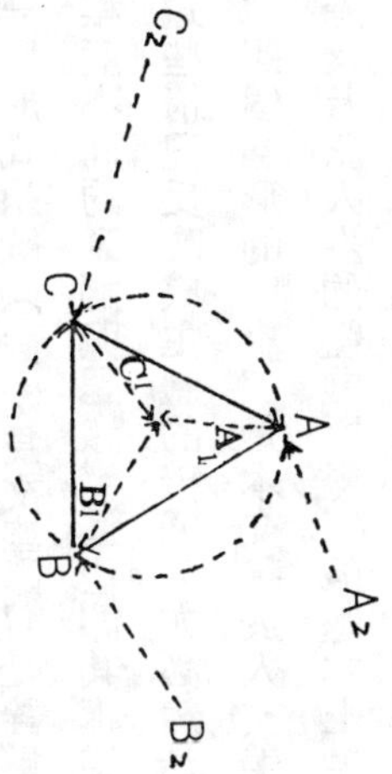

圖中實線範圍內是一種形式系統（假定爲文學），是詮解者的專業。詮解者生存在人類文化中，勢必對各系統的形式有程度不同的了解與認識，這些非其專業的型式系統，對其本身亦必提供某種參照、反饋的交流實況，這些情況反映成主體的美感，亦必然是以整體的狀況來呈現。

透過上述三個進程、四個圖形的解說，是本文對於人文美學各種實況可以會通的原因所在。它的來源，當然是整個學習過程及對人生的體驗所得，但基本上是透過架構高友工先生理論的過程，而有所啓發。也由於本文認爲高先生在文學詩歌的專業內，基本上線性平面是其實體的部分，而其延伸則爲其立面畫出虛線，故保留的定其人文美學架構爲平面的設計藍圖，並非「只是」平面設計圖。（註三八）

## 捌、結　語

無論如何，意欲越俎代庖的替誰做理論架構，都有點「不實際」的味道。只是，人文研究除了要問是不是如此？更重要的是，能不能如此？本文站在人文美感的交流會通之下，自然認爲是能的。至於做得適不適宜，至少本文在熱誠與眞誠的寫作下，尙有一點對自我的肯定。因此，不妨在最後，以「語文的形構美典」來稱呼「本文」所架構的高先生之人文美學，做爲文章的總結。

## 〔附　註〕

註　一　見李澤厚《美學論集・論美感、美和藝術》之註二，（臺北：駱駝出版社，民七十六年八月），頁五〇。

註二　人文美學在本文中，是透過創作者的創作、作品的呈現與詮解及欣賞者的詮解與再生發的可能三個向度的整合，此三向度的進程及其展現的方式與意義，正是本文的意欲，其努力將盡可能如實的表達正在文的陳述及其延伸。

註三　對於高先生的理論架構，本文擬從其陸續發表於《中外文學》六篇論文即：〈分析杜甫的「秋興」——試從語言結構入手作文學批評〉、〈論唐詩的語法、用字與意象〉、〈文學研究的理論基礎——知與言〉〈文學研究的美學問題〉、〈律詩的美典〉、〈中國語言文字對詩歌的影響〉，來進行評論。當然，想從一位文學理論研究者的幾篇論著，去分析其理論體系的架構，是無法全面性的處理高氏的各個層面的，但正如本文副題所說，這是一個「切入」點，是「架構人文美學」的一個起點，後續的努力，均將由此開始。

註四　「交流反饋」概略來說，則猶如人體內部各器官系統，就單位而言，自有眼、耳、鼻、口、手足、心肺等器官的區別，若就整個運作的角度說，尚有其他負責交通各器官順利運作的血液、內分泌循環系統及統籌所有運作的腦神經中樞，這些系統各有所司，卻互相反饋支援其他系統功能的施行。

註五　此見高友工〈文學研究的美學問題〉，引自李正治《政府遷臺以來文學研究理論及方法之探索》一書氏文，頁碼爲書中，（臺北：學生書局，民七十七年十一月），頁一四四。

註六　同註五，頁一四五——一四六。

註七　同註五，頁一四六。

註八　同註五，頁一四七。

註　九　見氏著〈分析杜甫的「秋興」——試從語言結構入手作文學批評〉，《中外文學》第六期，頁八。

註一〇　同上。

註一一　見氏著〈律詩的美典（上）〉，《中外文學》十八卷二期。

註一二　同上。

註一三　見氏著〈論唐詩的語法、用字與意象〉，《中外文學》。

註一四　見氏著〈文學研究的理論基礎——知與言〉見同註五引書，頁一一九—一二三。

註一五　依筆者的詮釋的三個向度而言，此一方法、手段，是和另二個向度呈「交流反饋」的情況的。

註一六　見同註五，頁一三八。

註一七　同註九，頁二六。

註一八　同註九，頁一四。在此須提點兩項由於篇幅所限及高氏對語法結構分析不容割解所造成的引用困難，須注意的事：一、本文所引之例，是較爲完整的，卻無法如實反應其實際情況，請閱者自行參考氏文；二、本文引例，特著重氏著諸文間變化遞增的情況，故須相互參照。

註一九　見同註一三，頁三七。

註二〇　見同註一三，頁三六。

註二一　見同註一三，頁一五六。

註二二　見同註一一，頁一八「—」代表平聲，「|」代表仄聲，「／」代表間歇。

註二三　見同註一一，頁一八。

註二四　見同註一一，頁二三。
註二五　「無知」，因爲美感的當下呈現無關利害不爲目的，自然不爲知識，即便是價值判斷，也在審美的判斷，邁向「有知」則在於讓美感能便於陳說，便於認識，便於成爲「美學」。
註二六　見註五，頁一二三、一二七、一二八、一二九。
註二七　見王銘鴻《中國建築空間與形式之符號意義》，（臺北：明文書局，民七十八年十二月），頁一五。
註二八　見洪興祖《楚辭補註》卷二，頁九九，藝文印書館。
註二九　關於理論，實踐的相因相就，本來就很難做到整齊劃一，本文是就氏的實踐的偏重來說，這個偏，絕非偏頗，而是程度的輕重有別。
註三〇　見同註五，頁一五九—一六〇。
註三一　見同註五，頁一五七。
註三二　見同註五，頁一五七。
註三三　見同註五，頁二〇二。
註三四　關於客觀條件的制約，在氏文裏出現過不少頗精闢的見解，其中在頁二〇八中，他提到了要建立理想的經驗，有一：作品與其他作品的關係（體類問題），它可以較確切地從文學史的體性，類屬的流變，與衰看出作品時代，社會意義。其二：「作品」與「作者」的關係〈意識型態問題〉即表現此時此地的心境，物境，表現作者整個人格理想及在作品中潛藏的個人價值觀念。詳參氏文。
註三五　可參閱（美）托馬斯·芒羅《東方美學》，（中國人民大學出版社一九九〇年七月）。

註三六　見氏著《中國藝術精神・自敍》（臺北：學生書局，民七十七年一月），頁三。

本文作者王宏仁先生就讀淡江中文研究所碩士班二年級

# 唐君毅先生美學觀的理論闡釋

蕭振邦

〔凡例：本文凡引用或參考其他著作暨相關資料，皆於引文之後或段落相關位置以「（引用書碼，頁碼）」——例如，(01,123)，即指「引用書目」所列第一本書，第一二三頁——之固定形式標明出處，而所使用之「引用書碼」暨相關書籍、資料，參見文末所列。本文均以此方式徵引文獻，不另於附註中再說明出處。〕

## 前言

本文為筆者研究唐君毅先生美學思想第二階段的闡釋，而相關研究實分三個階段進行：

(1)第一階段就美學向度蒐尋與檢索《唐君毅全集》，並就建構美學進路將所獲資料予以列示與重構——建構出唐先生的美學觀——這一部分已發表（註一），且為輔助本文之闡釋，其局部內容，於第一節「唐君毅先生的美學觀」中摘要說明。

(2)第二階段則就哲學美學進路，進一步闡釋唐先生的美學觀，以說明他論述藝術或美學如何可能的梗概，這是研究唐先生美學思想的重要部分。

⑶第三階段乃就——卡爾（Carle, H. W.）提出的——「哲學卽藝術」、「美學卽倫理學」與「美學卽個人的道德」等特殊觀點，討論唐先生眞美善合一論的實義，以及構成此一理論的根本條件曁其內在邏輯。

因此，本階段研究重點卽承續第一階段唐先生美學觀的討論，說明這一種美學觀果眞要成爲美學建構的成功例示，則其理論基礎與焦點何在。

本文的觀點乃根據第一階段對《唐君毅全集》所作的檢索與研究，已然能判定唐先生的美學思想具有形成系統理論的要件，做爲探究的出發點，並採取單純的內容分析法，釐淸唐先生美學理論的可能基礎，而本文的論點，主要著眼有四：

⑴所謂「美學理論」或「藝術理論」的「理論」究何所指？

⑵理論試圖解答什麼？它理當（supposed）解決什麼難題？

⑶這類理論應如何建構？

⑷完整理論的邏輯結構爲何？（註二）

這些問題都十分複雜難解，本文的主題卽環繞這些論點適度開展。

基於前述觀點與論點，本文所要完成的工作是，恰切地闡釋唐先生所揭示的美學理論，並於其中釐定一般美學／藝術理論都必具備的要件：

⑴它必須能決定什麼是或不是藝術的／美感的事實——藝術品；

⑵它必須能決定批評的判斷標準；

⑶它必須能核驗那些標準。（註三）

依筆者的研究，唐先生有關美學理論的主要論述，見諸《唐君毅全集、卷二〇、文化意識與道德理性》一書第六章〈藝術文學意識與求眞意識〉（以次簡稱〈藝術〉）。《文化意識與道德理性》一書，旨在深論各種文化活動（或意識），以明實現文化理想之文化活動的必然基礎，而〈藝術〉一文長達七十一頁，正是試圖透過美學／藝術層面的討論，與全書論點互動地說明此一基礎所在，其主要論題爲（06,24）：

一、首先揭明藝術文學之審美意識、審美判斷與求眞意識不同；

二、其次說明文藝審美活動仍爲表現理性之活動；

三、再次提示求眞活動的目的卽具體眞理之獲得，而具體眞理則在美中實現，以說明眞理與美二種價値的互相補足性；

四、最後論列科學哲學的層級化價値區隔，並類比地區隔文學藝術之價値。

本文卽嘗試就〈藝術〉一文的討論，以說明唐先生美學觀的美學理論基礎所在，這也就是本研究的主題與主旨。

## 一、唐君毅先生的美學觀

首先概要說明唐先生的美學觀。在第一階段的研究中，基於構建美學之要求所做的《唐君毅全集》檢索，已獲得下列要件（17,10-11）：

甲、藝術之原則——愈少之物界形色表現愈多之精神意境（3,328）

乙、藝術之精神——表現於可以藏、修、息、遊的可遊中（3,318）

丙、藝術的終局定位——物質對精神的照明，形下對形上的顯露（4,47-8）

丁、求美活動原理——往復（1,147）

戊、求美活動特質——溫雅（1,147）

己、美學原理之一——知美原理（2,182-3）

庚、美學原理之二——實現原理（2,195;196-7）

辛、美學的終局之一——人格的流露（5,220）

壬、美學的終局之二——最終統合：以善爲主導的眞美善俱現的統合人格之實現（1,170）

癸、美學的終局之三——終極回歸（1,170）

以上列舉所示，唐先生的深層美學探究，實已提供建構中國美學的若干線索與憑據。首先，唐先生以爲中國藝術活動展現了藏、修、息、遊——「可遊」或「虛實相涵」的精神；其次，這種藝術活動是物質對精神的照明，形下對形上的顯露；其三，它不是技藝的講求，而是人之性情胸襟的自然流露（註四）。那麼此藝術活動與「美」有什麼關係呢？唐先生以爲求美的活動乃物質與精神之間的回環往復活動，但它又一面表現，一面收回，而呈現其「溫雅」的特質。

這種求美或實現美的活動如何可能？唐先生提出兩個美學原理——知美原理與實現原理，來說明精神、物質的交通，以及美在文化統一體中呈現的可能。如是，這一美學經營所指向的美學終局，唐先生以爲卽是「以善爲主導的眞美善俱現的統合人格之實現」，乃是對人格的眞實創造與終極回歸！其次，從美學的建構來說，既然唐先生探究的範圍涵蓋了人之「生活取向」的廣義文化領域（註五），卽可再細分爲「美學」範圍——卽人格範圍——包括人格創發暨人存問題的先行解決；以及「藝術」範圍——卽「狹義的文化」範圍，或卽謂「人文」範圍——包括人文精神領域的開發，或卽「世界」的發展。

再次，順唐先生之意，無論是人格的「創造」或人文的「建構」，實際上都涵蓋了創造面與建構面，而呈顯「體——用」，或「文——質」的二元性，若再細分之，人格涵攝了「心靈」與「肉體」兩面，而强調創造對精神、人格的「終極回歸」；人文則包括了「主體」與「客體」兩面，而强調建構在世界中的絕對統合。事實上，這種人格與人文的回歸與統合，唐先生卽謂之爲「通透」，是爲一個人的完成。

唐先生所謂的求美活動與美學終局均與「創造性」暨「建構性」有關，故一方面，兩者皆可歸入美學論域，而豁顯其爲物質與精神的往復，並由創造主體自作主宰地在其人格中完成之，顯發爲溫雅的美趣。另一方面，兩者也可歸入藝術論域，呈顯其爲一主體的「可遊」與技藝的開發，它是物質對精神的照明，形下對形上的顯露，而成爲人文精神中人格的眞實流露。所以，從美學的觀點立論，可以就前文所列唐先生之美學建構的要件，而較系統地擬出明確的美學觀，今試表之如次（17,13）：

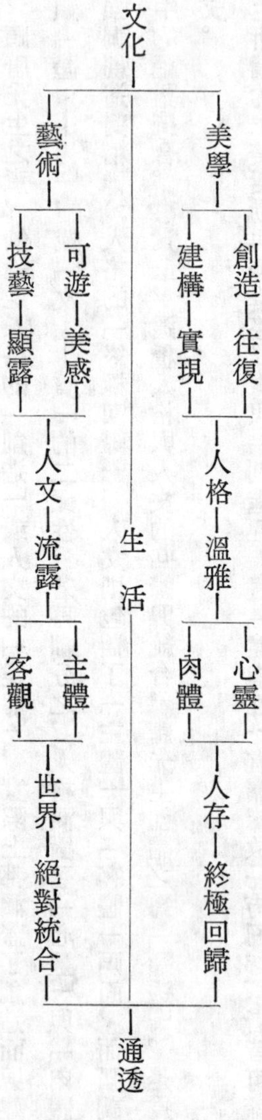


## 二、美學理論的六個說明

在接下來的的研究中，首先要闡釋唐先生有關美學理論的六個說明。

### ㈠求美依道德心靈而可能，故亦表現道德價值

唐先生在〈藝術〉一文中的第一個說明，即列舉了四種他不同意的求美活動的起源說，以鈎畫出他心目中求美活動的基源（06,393-394）：

⑴史賓塞平衡生理的遊戲說。

⑵佛洛伊德裝飾手段的原欲說。

⑶馬克思經濟目的勞動生產說。

⑷尼采實現個人的權力意志說。

唐先生認爲這四種學說皆以實用觀點解釋求美與文學藝術之起源曁價値（註六），既無涉於人之根本價値（卽指道德價値），亦非以客觀之美爲訴求，而純針對主觀要求的滿足，是不足取者。

實際上，唐先生主張求美與求眞意識，實涵攝了主觀心身活動的忘却，與實用目的之超越；因爲美是普遍的，一如眞理可以被普遍地認識一樣，故求眞、求美皆依於一「大公無私之道德心靈」(06,395)。唐先生指出：

> 吾人之得真理而有知識，卽不能已於告人，望人知；與吾人之於所欣賞所表現出之美境，亦不能已於望人欣賞之表現之同。事物真理之在天地，不容我私有而獨知，與事物之美之在天地，不容我私有而獨欣賞表現同。由是而求真理與求美之可以使人自制其私欲，而培養其道德之價值亦同，而皆依於一道德的心靈亦同。(06,395)

是以，求美活動所以可能，卽依於一道德心靈而可能，故亦表現道德價値；求美活動正是以道德意識爲基礎，以及其他文化活動的扶持，才繼續成爲可能的。此實爲唐先生美學思想的綜結（註七）。

### ㈡美、藝術與應用技術意識的共同原始

唐先生以爲目的觀念爲一普遍觀念。對目的而言，可以有各種方法達成目的，因此，便有關連於一普遍目的的各種方法知識，以及通過普遍目的觀念而聯結成的知識系統。其次，對目的而言，方法

屬於個殊物，每一種方法皆各別指示如何操作（加力於）事物，使事物相互作用，進而促使普遍目的的實現。

普遍目的的實現，實操作事物，使其相互作用而各自超越了本身的個殊性，而成爲此普遍目的實現者，由是乃知一普遍目的如何爲個殊方法所實現，換言之，即知普遍者如何通過個殊者而存在的知識。進而，在此知識的意識中，普遍者與個殊者遂可直觀爲相融不二，而此卽爲美的意識、藝術意識暨應用技術意識的共同原始（06,446）

### ㈢美之發現乃超判斷者，判斷恒破壞美

唐先生認爲所謂眞理的獲得，首先卽對客觀實在有所直觀，其次再抽離此直觀之內容以形成觀念，最後以此觀念去判斷客觀實在，而核驗觀念之內容與客觀實在之內容爲同一之謂，故眞必後於判斷活動。美之發現則適與此程序相反，當以一境相爲美時，無需就境相之內容去判斷外在的客觀實在，並且正是要忘卻境相外的客觀實在，才能凝神於境相而發現美（60,396-397）。

判斷必先於眞理，故判斷乃眞理呈現之必要條件，而美的發現，正處於無判斷活動的欣賞之際，所謂「一境相爲美」的判斷，乃是在發現美之後，將「美」抽離出來用以判斷客觀實在，而形成「美之判斷」，此時已暫時離開欣賞階段，不復欣賞美，故唐先生指出：

當吾人知某理為真之時，吾人可重作一判斷，謂此理為真之命題本身為真。而當吾人對境相加以之賓詞，謂此境相為美之後，吾人不能謂「此境相為美」之命題為美。吾人至多只能謂「此

境相為美」之命題為真。(06,398)

由此可知「一境相爲美」的判斷，不直接隸屬於美的價値範疇（並非美之呈現的必要條件），故謂美的發現乃超判斷之事，繼起的判斷活動恒爲破壞美之發現與欣賞之事。

唐先生這一見解，換一個角度說，卽以「眞理」的獲得，需通過主、客觀的判斷、檢證程序，而無可避免地內涵「主——客」、「物——我」的對待，故眞理的思考乃屬於檢證（核驗）邏輯（logic of justification）脈絡，有賴證明。反之，唐先生以爲發現美時，固有一境相之覺識（awareness），但我們僅只是「彌綸布濩」於此覺識中（06,398），而無觀念——實在、主觀——客觀與物——我之對待，換言之，（美的）直觀自身卽爲美，卽爲價値所在，無需以判斷爲條件，亦卽無需通過檢證、核驗程序，故相對於美的呈現的思考乃屬於發現邏輯（logic of discovery）脈絡，無待於證明（註八）。

若再詳言，求眞理的歷程中，一方面對象本身具有一定的形式，另一方面理解對象也有一定的形式，一方面理解對象的眞理時，又有所謂隸屬於思想自身的眞理形式——卽一般所謂的邏輯形式等等，而欣賞美的過程，却無這類對待；美的境相固有其形式，然此形式卽構造美的境相自身；欣賞美的境相時，吾心實別無形式，而卽以境相之形式爲吾心之形式，換言之，判斷或肯定活動，必在欣賞境相之前融入境相之直觀中，而針對美的對象之各種理上的判斷，亦必隨之沉入對象之直觀中，因而，縱使先預設了一肯定之活動，亦復可超越之（06,404；405）。

### (四) 美的意識是超時空的，美的境相乃唯一的、獨立的

唐先生以爲求眞理之心，必在特定時空的經驗事物中從事抽象活動以得眞理，而眞理之運用，亦必關注特定時空之事物，反之，欣賞一境相之美時，需忘却此境相在特定時空中與其他事物的關係，或將不同時空中的境相融爲一體，而把握其全體之美，換言之，凝神於一美的境相時，即直接接觸其個體性，亦即超越了對此境相以外之事物的思維，不順此境相中各種理皆對應於其對象，而要求越過此境相以求通於其他事物，故在美的欣賞過程，乃自覺此心不局限於特定時空的經驗事物，而在超時空世界活動（06, 402; 403）。

就眞理與其所構成的知識之間的關係而言，固然可以結合、涵蘊各種知識而構成一知識系統，但知識系統的「眞」，有待於其各部分分別爲眞，反之，各種美的境相不能相互涵蘊，亦不能相互結合成爲美，各種美的境相是唯一的、獨立的，不能結合成爲「美的系統」，是如，「王維之畫不能與李思訓之畫合爲一畫而美」（06, 402）。但是，也並非境相各部分分別爲美，美的境相的各部分，唯有在此境相一定之配置下，成爲有機的全體時，方顯示美的價值。

唐先生這一說法，類似於方廸啓（R. Frondizi,）在《價值是什麼》（What Is Value）一書所提出的「完形」（Gestalt）價值說。方廸啓氏認爲價值具有「非實在性」，但却呈現在一實在環境中，所以價值是一種在實際情境中呈現的完形性質（Gestalt Quality），他所謂的完形性質是：具體的眞實存在之全體、殊多的統一——整一、結構、各部分相互依存之有機關係的結合（但組成分子不一定要同質），而方廸啓氏也正是以美的價値作爲例示（12, 147-165）。

## ㈤感受（Feeling，註九）與理智相違，而生發安頓於藝術活動中

唐先生以爲理智活動使自然之感受隱伏的原因在於，自然的感受恒依於對象的意欲（欲求"desire"）而生，此欲求與感受乃緊密連接於「引起意欲（欲求）情感〔感受〕之具體對象」（可欲"the desirable"）而向對象施發者，反之，理智活動則向內反思，以認識具體對象之理，並將此理從具體對象中抽離，因而失去與對象密接的關係，感受亦失其著處之故（06,407-408）。

但是，上述情況是就純粹理智活動而言，唐先生指出：

> 吾人若通過整個人生以觀理智活動之與情感之關係，吾人將指出二點，一為理智活動為自內開拓人生之情感者，一為理智活動對情感本身為不能加以誕育安頓者。（06,408）

唐先生的意思是說理智活動所覺察之理可以做爲感受運行之通路，而且可以經由理智活動將現實事物的感受轉移重構成一理想的或超現實的感受，但是，理智活動固能推知一異乎現實存在的理想性存在（如形而上的事物），而引發新感受，以替代或平衡原初之自然感受，畢竟，理智活動不能誕育與安頓自然感受，自然感受的誕育與安頓有賴於欣賞美、表現美的藝術活動。

藝術性的欣賞境相之直觀，可以超拔自然感受，可以誕育與安頓自然感受。當注目一境相之美時，此對象即成被觀照的境相，而不再是刺激欲求，而與欲求緊密連結的對象，換言之，自然喜怒哀樂皆緣欲求而生，故當對象成爲觀照的境相時，這些自然的喜怒哀樂即被化除、超拔。

自然感受生於對物的欲求，此種感受的發生與否，恒以所接觸之物能否滿足欲求而定，而在藝術

活動中，欲求已然超拔，而凝神於境相，因此，感受乃一種以境相之覺識爲主導的移情或同情，此種感受卽凝神於美的境相而移入其中，同化於境相之結構形態而滋生的，並非由過去經驗中的感受所喚起而重構者，故美的境相呈現時，乃表示現實世界有所改變，而可謂眞有感受新生或誕育（06，410-412）。至於唐先生所謂的感受的安頓，實際上卽指將感受表現於藝術品中，繼而能欣賞之謂。唐先生的這一重要見解是：

所謂將吾人情感表現於藝術品中，卽求在實際客觀存在界能創造一與吾人實際存在之情感構造相應之客觀存在事物，如音樂圖畫戲劇之類，使吾人能凝神於其中，而將吾人之情感客觀化。由此客觀化，而吾人之了解吾人之私情，乃通過一公情而了解，同時吾人遂可發現私情失其私性，而存在於公情中，而在公情中得其安頓，化除其原有之不安成分。（06，412）

### ㈥美之價值高下的釐定

〈藝術〉一文的最後一個部分，唐先生提出了對美之價值層級化區判的重要看法，然而這一美之價值區判所以能成立，實有其特殊條件、判準、步驟與原則。其特殊條件卽確認美與眞相待、普遍者與具體者相待；其特殊判準卽「愈美之眞理，愈具體之眞理，在眞理領域中應爲最高者，而愈包含普遍之眞理之美，在美的領域中應爲最高者」（06，444）；其步驟卽先釐定各種眞理知識之意識的高下，再藉以類比說明各種藝術文學之意識的高下；其特殊原則有二：一卽就其原始意識而非就其成果的原則以論知識的高低，二卽類比原則——以知識的高下類比藝術的美之價值的高下（06，445-461）。

唐先生以爲，在各種知識中，經驗科學、歷史科學與應用科學的眞理價值屬於較低層次，幾何數學的眞理價值較高，而邏輯、哲學的眞理價值最高，而唐先生進而以散文與經驗科學類比（皆主觀心理或經驗對象之把握）、小說與歷史科學類比（皆敍述實際或虛構之連續故事的演變發展）、戲劇與應用科學類比（皆抽象或具體之分段而有目的的行動）、建築／雕刻／圖畫／書法與幾何學類比（皆關於形相之律則與構造）、舞蹈／音樂與數學類比（皆依行動的秩序而構成）、詩歌／頌讚／哀祭／箴銘與哲學類比（對宇宙人生、文化意義的理性或直觀表現）。唐先生據此而釐定藝術文學的美之價值的高下：

一、內容有意義而重在表述其意義之文學，其純美的價值較低，此即散文、小說、戲劇。

二、內容無意義，而重在表現一純形式之美之藝術，其純美的價值較高，此即建築、雕刻、圖畫、書法、舞蹈、音樂。

三、內容有意義而意義融於其形式中者最高，此即爲詩歌頌讚箴銘等。（06，444）

## 三・美學理論的三大分析

如上所述，爲唐先生美學理論側面的闡釋說明。以次嘗試進一步闡釋唐先生美學理論上的三個主要分析。

### ㈠求美活動爲求眞活動之本質的分析

關於這個分析，唐先生以下述三義說明：

然吾人若自求真理意識之理想與求真理意識所以可能之根據而言，則將發現其與求美意識之相通。此將由三義以明之：

一、吾人求真理之超越理想，正在達到一泯除主觀客觀之對待之絕對真理，絕對真理卽一具體性之絕對實在。而此絕對實在正為須兼為表現於感覺之直觀中者。故絕對真理卽絕對美。

二、吾人在求真理之歷程中，卽可發現真理之潛在之美，而真理之表現於文字，亦恒有文學化之要求。

三、美的對象及美的文學藝術作品之美，由於其形式構造。此形式構造乃表現生命之理精神之理，亦卽絕對真理者。由此而吾人遂可欣賞美之活動，文學藝術之活動，卽所以實現吾人求真理活動之本質者。（06，413）

這三義可分項闡釋如下：

1.絕對眞理爲個體性之絕對實在

(1)求眞活動實際上是主客對待的，由於它包含了要獲得泯除主客對待的絕對眞理這一超越理想、超越目的，故始終不能自足；

(2)有絕對眞理之超越理想，卽有絕對實在之理念，因爲，唯有把握實在性之知，才能驗證所知的實在之理爲眞，故獲得絕對眞理即得絕對實在，此即爲「心與實在之合一」；

(3)所謂「個體性」有三義：一、圓滿自足義——因絕對眞理無所不包故；二、其所包含的所有眞理皆相互依賴而成有機的全體義——否則即可獨立而不包含於絕對眞理系統之內故；三、所包含的各眞理皆貫於特殊中之普遍者，即皆爲具體共相義——以絕對眞理即全部實在之眞理系統，亦即貫於特殊之具體共相故。（06,413-416）

2.絕對眞理表現於感覺的直觀中

(1)以感覺對象爲絕對實在所包含者，爲絕對實在所表現的一側面，因而亦爲絕對眞理所表現的一側面；

(2)因此，以感覺的直觀接觸感覺對象，即同時接觸絕對眞理。（06, 416）

3.絕對眞理即絕對美，且求美活動乃求眞活動的延長，以求眞活動必藉着求美活動以完成其自身

(1)美的境相之所以美，即在於能泯除主——客對待，而致使美的欣賞成立；

(2)美的境相即各部分相互依賴而構成的有機全體，復爲感覺直觀所把握的個體，因此，絕對眞理本身即包含美的理念而爲絕對美；

(3)求眞活動有賴主——客對待這一條件方得進行，故絕對眞理、絕對美的理念乃求眞活動所欲實現而永不能實現者；

(4)求美活動則能泯除主——客對待，而由感覺直觀接觸「有機的全體」；

(5)此一「有機的全體」卽包含眞理，表現對絕眞理者；

(6)因此，求眞活動所不能實現的，卽可由求美活動相對地實現，而可謂求美活動爲求眞活動的延長，或爲求眞活動自身所要求的一種「藉以完成其自身的活動」。（06, 416-417）

4.眞理中包含美

(1)邏輯、形上學的思維俱可經驗到有一美的意識相伴，此乃因直覺到諸眞理互相照映證明，直覺到諸眞理成一有機的全體而生出美感；

(2)求眞理之活動既然趨向於絕對眞理的獲得，則必嚮往美意識的誕生；

(3)但是，求眞活動並不能完全實現嚮往美的意識；因爲單一抽象的眞理命題原不具美的價値，唯有貫於特殊中的普遍而具有具體性之絕對眞理才能滿足美意識；

(4)因此，遂有將抽象眞理命題具體化的趨向，此卽尋找能象徵或表現眞理之事實，進而以之直觀地把握此抽象眞理的趨向，此卽爲美感的誕生，同時，這也證明了求美意識確實潛伏於求眞意識中，而爲完成求眞意識者。（06, 418-419）

5.美中包含眞理

(1)美中包含眞，並不僅指美的境相中顯示具體事物之眞相而已，因爲美的境相可純由形相之配合而成，而與具體事物無關；

(2)最概括性的美包含眞理的解釋，卽美的境相之形式皆爲普遍貫於特殊中者(卽爲具體者)，此實即含眞理之成分；

(3)所謂普遍貫於特殊者，是指凡情意活動皆有目的，而此目的即爲變化萬端之情意活動的普遍者，甚至有生命之物，其生機發露，亦見其潛在的合目的性，此即與眞理相通處；

(4)唯有一區別是，求眞活動中恒對普遍者有一明顯之自覺，再以之判斷特殊，求美活動則無此自覺，而是直觀普遍者在特殊中的整全境相，以欣賞、表現之，此乃因普遍者必須在特殊中與特殊同時呈現才有所謂的美。（06，419-422）

6. 求美活動乃求眞活動之本質

(1)求眞活動始於反思，反思對象可爲感覺知覺所對、自發的情感意志暨各種思維活動本身，這些可以總謂之爲「反思對象」；

(2)眞理的獲得至少依賴兩重直觀：一即「反思對象」呈現之直觀，一即反思構成了觀念，進而發現觀念內容與「反思對象」的內容同一之直觀，眞理的「眞」，即在後一重直觀呈現之際說的；

(3)後一重直觀的呈現，即自覺到心融入實在而與之冥合之際，而此即同於一美的經驗，且求眞意識即包含於求美的意識中，或依於求美意識；

(4)然求眞活動往往忽視直觀的重要性，而只重視觀念思維，但是，理想觀念，以及各觀念異同之判斷是否眞，實皆爲直觀，是故，求眞活動的目的既在獲得眞理，亦即求得對眞理之直觀；

(5)是此，思維過程實爲直觀過程所涵蓋，而且是透過直觀以觀思維中的各種觀念，故一切觀念皆融攝於「特殊與普遍之統一體」的審美直觀中，亦即求眞活動卽涵攝於求美意識中，並且根據求美意識而存在；

(6)然而，一般在思維過程中，因普遍者只以單向融入特殊者，唯覺察普遍觀念不斷出現，反而對普遍融入特殊的直觀本身無所覺察，故恒不能自覺直觀的重要性；

(7)這一種直觀，唯有對感覺境相的審美直觀才是純粹直觀，因爲，在審美直觀中，才有思維的停止，與普遍者從多方向融入特殊而成就一有機的全體，故求眞活動中的直觀乃因嚮往審美直觀，而被覺識，並成爲眞理自身充量呈現的要求，表現爲求眞活動的本質。(06，422-428)

**(二)求美意識活動對求眞意識活動的補足性分析**

1.以審美的直觀活動根絕求眞活動罪惡之源

(1)在求眞活動中，形成普遍觀念並表現其內容的固定性之後，心靈却陷溺其中，乃屬罪惡；

(2)觀念內容的普遍性所以化爲固定性，實源自於認識本身的自我封固，故普遍觀念本身並非罪惡之源，而以其普遍性能化爲固定性，乃成爲心靈在求眞活動中陷溺的根柢，故要免除此罪惡，唯有自普遍觀念中超拔；

(3)將普遍觀念的內容之理，融入特殊之審美直觀活動，即可自普遍觀念中超拔；

(4)此卽欣賞表現美的境相，具有根絕求眞活動罪惡之源的道德價值。（06，429-432）

2.以求美活動去除求眞活動所可能引發的私心

(1)眞理雖具普遍性，然並不能被每一個人同時理解，故足以導致一人——我之距離感，此爲人之私心出現的憑藉；

(2)美的境相原本表現於身體之外，故凝神欣賞、表現時，乃暫忘身體之執，亦卽以境相的體驗抵消了身體的體驗，而以感覺活動傾注於境相，抵消了自發的感覺活動對感官身體的注意；

(3)美的境相乃有形的客觀存在，可在特定時空爲衆人所欣賞，故可以體驗到美的境相普遍地被欣賞享有，亦卽可體驗一價值已實現其客觀普遍性於人我之心，此時，心靈卽擴大爲涵蓋人我的大公無私心，以實現一涵蓋人我的超越我，此可去除求眞活動可能引發的私心。（06，432-433）

3.求美意識可以超越因果知識而補足求眞意識

(1)因果觀念之原始，乃對情欲、行動與外物三者關係的直覺，此卽謂因果意識，其初包含於手段——目的意識中；

(2)由因果探索以得知識，恒在使之便於運用，以遂行私人之目的，或滿足私人之欲望；

(3)求美意識可以抵消因果意識，超拔出因果關係之意識，因爲，美的境相是獨立、唯一的，可以使利用因果知識以達私人目的的意識停止，此正是求美意識有以補足求眞意識處。（06，

434-436）

4. 以求美活動化成公情公欲與辨別價值高下

⑴求眞活動可以使主觀心理、生命活動之理客觀化，因而一方面也可忘却私情私欲，但它不能使主觀心理、生命活動本身客觀化，故不能使私情私欲化爲公情公心；

⑵文學藝術活動中可以同情地體驗具體的情感意欲，更且可在美的境相中得到安頓，亦卽私情私欲在同情的體驗中，被潤澤、陶冶、融化，而可漸次化爲公情公欲；

⑶求眞活動恒以爲僅是去理解存在的眞理而非實現一價值，故在求眞態度下，一切事物均可平等地被理解，而呈現一價値中立之態；

⑷在美的境相欣賞中，美乃被直觀爲內在於此境相者，故美之爲價值，更容易被自覺，而求美乃被自覺爲求實現一種價值，故以求美態度直觀事物，亦不必要求於一切事物皆可發現美，反而可採取美的差等觀，因此，求美活動有助於對事物價值高下的辨別。（06，433-434）

## ㈢求眞意識活動對求美意識活動的補足性分析

1. 求眞意識補足美的境相彼此不相通所引發的不滿足

⑴美的境相原初爲感覺的對象，無限的精神自不能永久凝注其間，而必求超越之而轉凝注其他感覺對象，然此超越仍不能不留痕跡，而不免有一記憶，因而可反思出各個美的境相不相通；

(2)各個美的境相之間不相通，亦卽各種美分別隸屬個體之美的境相，彼此間無邏輯上的涵蘊關係或相互證明的關係，故美的境相皆要心靈整個傾注與暫時的安頓滿足其中，此卽使美的境相成爲絕對者，而爲求眞活動的本質；

(3)是此，以各個美的境相不相通，當反思及此不相通時，則又造成精神上的不滿足，而求貫通統一而滿足之。然求美意識正是不容許做普遍的概念思維，由是，便只好從美的境相的欣賞表現，轉爲美的境相之批評，以發現普遍美學概念而應用之，否則只有打破美的境相之絕對性，使成單純的感覺對象，而研究其事實存在的原理；

(4)於是，求美活動亦需要求統一原則、普遍概念的求眞意識活動的補足；（06,437-439）

2. 求眞意識化解求美活動中與本能欲望糾結出的惡趣

(1)美的境相的感覺性亦有引起本能欲望的作用，反之，也可能因本能欲望而追求能滿足此本能欲望的境相——此正是俗惡文藝之由來；

(2)當欣賞表現美的境相時，常不免轉出佔有執取的欲望，然所能佔有者，實美的境相所寄托的物質或對象，故遂由欣賞、表現美的興趣，轉爲私人收藏美的物品的興趣，甚至藉收藏之多以自炫的興趣；

(3)以求眞意識所對之物象皆成爲表現理者，物化爲理，則無物堪被佔有，故求美活動卽賴此求眞意識的解放與補足。（06,439-440）

3. 輔助求美意識分辨價值高下的活動

(1) 求美意識對價值高下之辨別，皆爲直覺突發的，或可能有誤；

(2) 價值可區分爲二種：目的客觀價值、工具主觀價值，若要分辨兩者，則需先對它有所了解；

(3) 欲先了解二種價值，則需具備能反思那些直覺價值之區別的客觀心靈，而此種心靈的訓練，平時要能超價值地辨別事物，而對一切作平等觀；

(4) 於是，求眞之心靈正似超價值地辨別事物，守價值中立，不自覺其自身爲追求價值者，此正輔助求美意識對價值高下的分辨。（06，422-423）

4. 要貫通心靈時求眞意識相對爲求美意識的補足

(1) 因爲美的境相爲有感覺的形相，美的觀念、美的意識非藉感覺形相不能傳達，故設若不能聚於特定時空以欣賞美的境相，則不能共同體驗一價值的普遍實現；

(2) 眞理則無形相，表達眞理可用純抽象的語言文字，以使在不同時空的人，皆有可能認識同一眞理；

(3) 則以求美與求眞活動皆共同要求心靈的貫通而言，求眞意識可補求美意識的不足。（06，440-441）

5. 保有求美活動的作用，有待求眞意識的補足

(1) 美的境相的欣賞表現可化私情私欲爲公情公欲，但它是以特殊來表象普遍，故此超化情欲之

效，唯在接觸境相時，一旦境相消逝，超化之效亦去，是以要長去私情私欲，長保公情公欲，實必須賴道德觀念制裁私欲與支持公情；

(2)此一道德觀念衍生於道德理性之道德目的，是爲普遍的，它雖與眞理的普遍不同，却爲一種眞理，而要認識它，就必須依賴抽象思維與形成概念的能力；

(3)因此，要保有求美活動的作用，卽有待求眞意識的補足。（06，441）

## 四、唐先生美學理論的檢討

本文的主要論題之一卽在於檢視唐先生所提示的美學理論，截至目前筆者仍然認爲這是一個困難的工作。經由前文的闡釋，可以說唐先生的美學理論形貌仍不十分明顯。實際上，要明確地區別那一個是美學理論，那一個不是美學理論，原本就是一件十分困難的事，一般而言，理論或被視爲是由其結構或特殊判斷演繹出來的，而且被理解成作爲理論公設的一種邏輯推論的結果，或者，被視爲只是一種在批評活動中可以逐步證明，而僅僅是「粗略之實際原則」（rule-of-thumb）的理論。

目前，大致上我們可以贊同的看法是：理論總是潛伏在其批評的判斷中，換言之，可以在批評的各種判斷中找到充分的美學特徵，而這些美學特徵可以解釋它所屬的美學對象，更且，我們仍努力把這類解釋當作是一種得以在邏輯脈絡形式中導出的論證綜結。此一假設可以說正是把理論視同「粗略的實際原則」。採取這一種假設來檢驗任何美學理論，我們先要有三種基本認識：

(1)這個理論可以適用於人們同意歸類爲藝術品的所有對象上，並且能有效地解釋它；
(2)或者，這個理論一定不適用於人們不同意歸類爲藝術品的所有對象上，並且能有效地解釋它；
(3)或者，這個理論被用作評估不同藝術品之相關價值的唯一判準所在。(15,47)
關於前者，可稱爲「理論的積極運用」，或可簡稱爲「積極理論」；次者則可稱爲「理論的消極運用」，或可簡稱爲「消極理論」；三者則可稱爲「理論的終極運用」，或可簡稱爲「終極理論」。

若再詳述之，則積極理論陳述了作爲藝術品的必要條件，消極理論則陳述了作爲藝術品的充分條件，終極理論則結合藝術的界定與價值判準的釐定。此一價值判準——若沿用我們先前的理論設假，則可以說，在詳細的價值比較判斷中實隱含了價值之界定，因而它可以視同一種潛伏的理論。

果爾如是，唐先生所提出的美學理論當屬於前述第三種模式——終極理論。筆者所持的理由是：

第一、若就一般美學而言，唐先生並未提出任何有關藝術品充分或必要條件的說明，而只指出了價值上的釐清與貞定；

第二、若就唐先生所特舉的——與人格的創造有關的——「人格美學」而言，唐先生的確提出了關於「藝術品」的充分、必要條件的說明，但這些說明實際上是出現於道德意識、道德哲學的討論，就一般藝術品的立場來看，仍只是一種價值上的會通；

第三、唐先生的美學觀的終局乃呈現爲眞美善的合一說，而且無可否認的是，唐先生的說明，明顯地顯示其以道德價值爲優位的觀點與立場，美感價值畢竟只是會通終極價值時的一種說明而已。

可以說，唐先生的美學理論乃關涉人存價值、文化價值之釐定所作的總體說明，而在此一價值的釐定中理論卽潛藏其中。筆者這一個階段的研究，只能指出唐先生所構劃的這一類「粗略的實際原則」(註一〇)，換言之，唐先生的美學理論只是作爲討論人存價值、文化價值時，一種價值比較之判準的界定所潛藏的理論。唐先生並非爲了構作系統美學而展示其理論的演繹，此誠如他在〈藝術〉一文中所說的「唯吾人今非專論美學，不須詳加分析耳」(06, 422)，這一點相信無論就其作品的靜態分析或論述的邏輯核檢，都可以是一中肯的看法。

其次，本階段的研究仍看不出唐先生美學理論的明顯結構，乃因爲本文還未涉及唐先生「人格美學」的終極探究。一般而言，理論建構的階段性歷程或需包括下列步驟：

(1)必須從理解一般形上理論的必要性出發，因爲藉由這些形上理論——「世界的預設」，這個世界上的諸般事實始得以被理解；

(2)摘述一般有關「藝術的」、「美學的」前理論的(pre-theoretical)理解，並且找出與之對應而吾人願意稱之爲「藝術品」的東西——此稱之爲「常識檢驗界定」(common sense test definition)；

(3)藉由那些控導「世界預設」的諸概念與範疇，以描述各組「常識檢驗界定」的結果；

(4)再經由第三步驟所得的描述，以界定「美學領域」，並檢別所有的美學領域所共有的屬性。這一檢別所導出的最後界定，一方面將是「性質的界定」，因爲它檢別了何者是藝術品的內涵，另一方面則將是「量上的界定」，因爲它決定了美感價值的判準。(16,21-37)如果相對於美學理論的建構，我們可以採納上述看法，可以說，本研究階段所處理的文獻，本身並未企圖說明美學建構的細節，而是假定了某一「美學領域」已然存在，而進一步去討論這一領域之共通屬性與科學領域之共通屬性之間的關係，進而隱然指出它們皆通於另一個更高的領域(道德領域)。

唐先生對形上學的推崇是無庸置疑的，其理論建構的始點在於形上理念的把握，也是不爭的事實，此如他指出「形上學則爲求了解時空中存在之最後的根據或究竟之實在者。」(06,444-445)，的確可以作爲理論建構的「世界預設」，但唐先生最大的興趣所在，往往卽停在這些高級理念的探究，而略去了理論細節的說明，由本文的闡述，卽可見一斑。因此，本文的討論還不足以說明唐先生美學理論的面貌，有待進一步究明其「人格美學」。

## 結　論

本文從唐先生的美學觀起始，闡釋了〈藝術〉一文所揭示的主要美學理論，其要點在於科學哲學與美學在價値上的會通，而並未涉及美學理論本身的細節，甚至除了「美的境相」這類抽象概念之外，吾人也不能透過唐先生的論述而了解「藝術品」究爲何物！顯然唐先生的立意不在於建構一種一般性的美學，他探究的目的或許在於指出「終極價値」畢竟統合的諸側面，而試圖構劃一人文、人存的文化統觀圖式罷了。

綜結地說，本文在第二、三節所闡釋唐先生的理論，實作爲其「人格美學」或道德哲學的「次理論」(sub-theory)，而不是其主要理論。一方面，在完整的美學理論提出時，這些「次理論」的建構則是主要理論得以完成的條件，所以，如果繼續討論唐先生的「人格美學」，闡明這些「次理論」的必要性卽得彰顯。另一方面，一如前文所述，這些「次理論」要件在形式上僅是「粗略的實際原則」，換言之，它們是一「潛藏的理論」，如果我們非要從這些有限資料中說明唐先生的美學理論全貌，便只好以建構的方式，由唐先生討論美學價值、美感價值的各項判斷中，演繹分析出此一潛藏理論，而這一進路不啻爲加添曲解唐先生美學思想之危機的作爲。

筆者畢竟未採取這一進路，因爲唐先生在其道德領域的討論，對本文所關懷的「美學理論」作了充分的發揮，筆者稱之爲「人格美學」，而這正是本系列研究第三階段將討論的主題。

## 【附　註】

註一　第一階段研究以「唐君毅先生的美學觀——建構美學試探」爲題，發表於「第二屆當代新儒學國際學術會議」(16,1-17)。

註二　衍生本文論點的這四個問題，是提曼（Tilghman, B. R.）討論美學／藝術理論時，所提出的看法，他認爲完整的美學理論至少要能解答這四個問題。請參閱 Tilghman, B. R., "The Aim and Structure of Traditional Theory" from *But Is It Art: The Value of Art and the Temptation* (08,3)。

註 三 參見前揭書（08,6-7）。

註 四 關於唐先生此一「人之性情胸襟之自然流露」的具有特色的藝術原則，曾昭旭先生在其〈儒家美學〉與〈道家美學〉二文中有精要的說明與創發，請參閱姜一涵等著，《中國美學》一書（07,22-83）。

註 五 筆者所提出的此一「涵蓋生活的廣義文化領域」概念，實際意含包了政治，經濟、歷史文化與人文領域的一切活動，而具有重大的現實影響力，請參閱 Fumerton, P. *Cultural Aesthetics* 一書的相關討論（09,24-28）。至於，唐先生「生活取向的」美學觀，請參看拙文〈唐君毅先生的美學觀——建構美學試探〉一文之討論（16,4;8）。

註 六 關於這四種藝術起源說，唐先生以「實用觀點」目之，或許一般以爲，除史賓塞的觀點之外，並非單純的「實用觀點」。然以蘇史特曼教授《實用主義者的美學》(*pragmatist Aesthetics: Living Beauty, Rething Art*) 一書討論「描述的眞理」與我們「解釋作品」之間的關係時，曾引用弗洛伊德的學說（10,87）；討論藝術的自律與社會解放、社會實踐力之間的關係時，曾引用馬克思的學說（10,143）；論述實用主義者（譬如，杜威等人）的美學時，也曾引用尼采的學說，甚至區判出「尼采式的實用主義者」（10,116）。從這些論點看來，唐先生所謂的「實用觀點」，也是說得通的。至於史賓塞的實用觀點，請參閱萊莫（Reimer, B.）等人編的《藝術，教育與美感認知》(*The Arts, Education, and Aesthetic Knowing*) 一書（11,20-25）。

註 七 唐先生這項看法已列爲筆者第三階段研究之重點，本文暫不討論。

註 八 關於檢證（核驗）與發現邏輯的說明，請參閱拙文〈了解孔子之道〉(18,22-24)。在這裏還可以有一層說明，或者我們也可以強調美的呈現實與邏輯無關，但是，當我們談論（talk）美或藝術時則不能沒有邏輯，而「美的邏輯」應置於此一層來論。最簡單的談論美或藝術的邏輯卽描述／解釋／評價的邏輯，有關討論請參閱阿德利希（Aldrich, C. V.）《藝術哲學》（*Philosophy of Art*）一書所論（13, 79-103）。

註九　關於「感受」一詞是筆者之用詞，唐先生文中原用「情感」二字，今以其相關敍述，特別是唐先生以「懷特海及勃拉得來所謂的Feeling」作爲其「情感」一詞的同義字（06,410），是據以改作「感受」二字，以次之引用援此例，惟於正式之引文，仍保留唐先生「情感」二字之原文。此一區別可進一步參閱卡倫（Callen, D. M.）等人編的*The Aesthetic Point of View* 一書中討論美感性質時，針對攝受（prehension）所作的說明（14,93-110）。

註一〇　這一說法純就唐先生美學理論的形式說，無損其內容的精深博大。

## 中文引用書目暨書碼

01　唐君毅全集編委會編著，《唐君毅全集》・卷一・人生之體驗・道德自我之建立》，臺北：臺灣學生書局・民國八十年九月校訂版。

02　唐君毅全集編委會編著，《唐君毅全集・卷二・心物與人生・愛情之福音・青年與學問》，臺北：臺灣學生書局，民國八十年九月校訂版。

03　唐君毅全集編委會編著，《唐君毅全集・卷四・中國文化之精神價值・中國文化與世界》，臺北：臺灣學生書局，民國八十年九月校訂版。

04 唐君毅全集編委會編著，《唐君毅全集・卷九・中華人文與當今世界補編（上）》，臺北：臺灣學生書局，民國八十年九月校訂版。

05 唐君毅全集編委會編著，《唐君毅全集・卷一一・中西哲學思想之比較論文集》，臺北：臺灣學生書局，民國八十年九月校訂版。

06 唐君毅全集編委會編著，《唐君毅全集・卷二〇・文化意識與道德理性》，臺北：臺灣學生書局，民國八十年九月校訂版。

07 姜一涵等著，《中國美學》，臺北：國立空中大學，民國八十一年二月。

## 西文引用書目暨書碼

08 Tilghman, B. R. *But It Art: The Value of Art and the Temption of Theory*, New York: Basil Blackwell Inc., 1984.

09 Fumerton, P., *Cultural Aesthetics*, Chicago: The University of Chicago Press, 1991.

10 Shusterman, R., *Pragmatist Aesthetics: Living Beauty, Rethinking Art*, Cambridge: Blackwell Publishers, 1992.

11 Reimer, B. & Smith, R. (ed.,) *The Arts, Education, and Aesthetic Knowing*, Chicago: The University of Chicago Press, 1992.
12 Frondizi, R., *What Is Value:An Introduction to Axiology*, Illinois: Open Court Publishing Company, 1971.
13 Aldrich, C. V., *Philosophy of Art*, London: Prentice-Hall Inc., 1963.
14 Beardsley, M. C., *The Aesthetic Point of View*, edited by Michael J. Wreen & Donald M. Callen, Cornell University Press, 1982.
15 Osborne, H., *Aesthetics and Criticism*, New Yory: Philosophical Library, 1955.
16 Pepper, S. C., *The Basis of Criticism in the Art*, Cambridge: Harvard University Press, 1984

## 期刊論文引用目錄暨引用碼

17 蕭振邦，〈唐君毅先生的美學觀——建構美學試探〉，臺北，第二屆新儒學國際學術會議，民國八十一年十二月。
18 蕭振邦，〈了解孔子之道——一個感性向度的反思〉（《鵝湖月刊》第一九五期），臺北：

鵝湖月刊社，民國八十年九月。

（爲省篇幅，中、西文參考書目暫略）

※本文作者蕭振邦教授任教於國立中央大學哲學研究所。

# 從生命美感到形上美學

## ——方東美到史作檉的美學思維

孫中曾

### 前言

生命，生命，譎幻真如優孟。狂情熱意當前，頃刻化入冥煙。冥煙，冥煙，煙冥杳渺，空虛難詞。（註一）

方東美《堅白精舍詩集·調笑令》

美景不長留，憑虛以幻現，直如走馬燈，前影非後惘，……，美景無形跡，虛弱夢中滑，微乎觸我心，積想不能見。（註二）

方東美《堅白精舍詩集·幻美》

少年時，常感情物之相駁，宇宙之深美，不覺而有志于此世人哲之識學者。或嘗遊于林間黃昏，漫而發乎樹情山意，感興而志暢，情寄而智萌，溟溟乎於大自然之中油然而生一層感契而機悟之概矣！稍長，或因深思而欲解，或于來事之徵驗，際於人物情理天地之間，心沈而志宏，生也世者重，始而來覺此生美處其浩大之深含焉。

——史作檉《孔子思想之哲學精神·自序》

方東美誠爲一美學家，實是毋庸置疑之事，但在時代交錯、與環境變裂的條件下，遂使方東美的美學地位隱而不彰。方東美的定位可由〈哲學三慧〉一文見其端倪，他在〈哲學三慧〉的前言中宣稱：「當時客座盡係哲學專業者，心源略同，我方宣趣，彼已會心，故篇中只揭簡要義例，事證不待繁舉，所謂：「我方宣趣，彼已會心」所指實是活躍於當時學術界中的朱光潛、宗白華而言，其後朱光潛與宗白華各自成爲中國現代美學的主要建立者，這實是歷史條件的因素所導致。事實上，方東美早期的美學論點，主要是來自〈生命情調與美感〉一文，但這篇論文不過是爲〈哲學三慧〉所寫的序而已，因而，可推知，方東美的哲學系統與美學有不可分離的密切關係。

而當吾人在中國整個美學氛幟下思考時，臺灣的美學思維究竟需植根於何處時，以方東美爲主的哲學精神就必須給予一重估的定位。事實上，延續着方東美之後的哲學思想，其變化呈現多元風貌，但美學的發展却始終受到範囿而導致此脈不彰，尤其在學院之中更是如此，而在學院外，最主要的發展，就應屬史作檉所試圖建立的形上美學爲最重要，又從史作檉受學於方東美，並明言其受東美先生教誨至深的事實來看（註三），他所想要建立的形上美學與方東美的哲學系統有密不可分的關係。因此，就臺灣美學的發展面向上看時，史作檉與方東美間的承繼延續實是重要命題，而這正是本文所處理的核心問題。

## 壹、生命情調與本體論

方東美的哲學系統乃源自希臘、近代歐洲、與中國三種哲學系統的比較而得，這從《哲學三慧》

中論列這三種哲學的方法卽可得知，他試圖從比較哲學的方式來論證三種不同的哲學體系並從中建立他的哲學體系，也就是方東美主要的意指乃在生命情調的闡發。這個說法能夠成立，主要是按照方東美的哲學體系來看時，方東美所受的是中國的心靈感受所致。因爲對於方東美而言，民族文化的顯現，就是表現在其民族的生命情調上，因此，方東美可以客觀地剖析三種哲學系統的本體差異，但眞正的指向則歸依於生命情調的種種顯發，也就是本體的實質所指是與生命情調共存的本體，也就是中國人心靈所展現的形上本體，這個觀念相當一貫地表達在他前後期的思想中，在方東美晚期的主要著作《中國哲學之精神及其發展》中他說：

> 夫結合藝術才情與哲學創造，渾融一體，以表現形上學之統一者，斯固不獨於中國心靈為然。（註四）

又言：

> 中國形上學之志業卽在於通過種種事實，而蘊發對命運之了解與頓悟。（註五）

方東美說「不獨」的意思，是認爲希臘哲學的形上本體和中國的本體觀十分接近，主要的目的是以中國的形上學來對抗二元對立的近代思潮，若就西方的二元論而言，方東美認爲其二元就是生命與宇宙的對立（註六），但對中國人心靈所感應的世界而言，生命與宇宙是共攝爲一的世界，因此，中國以生命情調所建構的形上世界才是方東美所闡發的本體意義。

## 一、哲學與生命本體

很明顯地，方東美早期哲學基礎是以生命感受爲核心，而開展出整個哲學系統，而生命感受的識認與「哲學」的概念息息相關，因爲哲學的意義對方東美而言，就是一套詮解人生，或生命存在的思想系統，因此，他在〈哲學思想緣何而起〉的文章中引尼采的話說：

尼采（nietzsche）嘗稱真理欲不過是生命欲的外表。理性、邏輯或思想範疇之所由構成都出自生命需要的裁決力。（註七）

又在文章中對「哲學」下一個結論說：

人類思想系統都是人生情趣與意義的象徵；這些思想的客觀性亦只是它在人類經驗裏普遍的應用性耳。（註八）

方東美對於生命的看法，就是一個本體的思維，而對生命本體的思維，就是哲學的工作。但就方東美的哲學體系來看，哲學在思想上可分成兩種結構，即境的認識（一時空上事理之了解）與情的蘊發（一事理上價値的估定）（註九），基本上，這是方東美日後劃分情理兩端的原形，在《哲學三慧》中他指出情、理相應而相生的本體論，他說：

一、太初有指，指本無名，熏生力用，顯情與理。

1.1 情理為哲學名言系統中之原始意象。情緣理有，理依情生，妙如連環，彼是相因，其界繫統會可以直觀，難以詮表。

1.2 總攝種種現實與可能境界中之情與理，而窮其源，搜其真，盡其妙，之得哲學。（註一〇）

哲學就是要窮究「種種現實與可能境界中之情與理」，這就是情理一貫的說法，本體的顯發就是情與理兩端，但是就方東美而言，情理之間是不可以截然二分的，他說：

情與理原非兩截的，宇宙自身便是情理的連續體，人生實質便是情理的集團。哲學的對象之總和亦不外乎情理的一貫性。（註一一）

雖然本體是一「情理的連續體」，但若再細究方東美的根本指向時，這個本體的本質是有一固定的指向，否則就無法構成意義，而方東美的眞正指向，就是指向人生。人生的問題才是哲學的問題，因此對於「境」（亦卽理）的說明上，他說：

哲學思想起於境的認識，此中要義是：我們依據某種興趣，選定某種觀點，察覺一群事象的倫脊與線索，以明其理。科學上種種簡約律例都不外乎境中事理之寫實與說明。境的認識貴在擧物得實，撫事求真，……簡言之，境的認識只求於時間上空間上種種事理得着一個冷靜的、系統的了解而已，假使哲學思想僅以此處為止境，所謂哲學純是科學的化身。進而言之，境之中有情，境之外有情，我們識得情蘊，便自來到一種哲學化的意境，於是宇宙人生之進程中不僅有事理的脈絡可尋，反可嚼出無窮的價值意味，……我們所謂情的蘊發卽是指着這些美化、善化及其他價值化的態度與活動。近代哲學家受了科學的影響，頗有主張嚴守「道德的中立」者，無怪乎他們的哲學空疏不切人生了。其實我們於萬象中搜求事理，尋得事理之後，仍須追求美的善的情趣，乃能滿足人性上根本的要求。（註一二）

從這裏可以淸楚的看出方東美在「情理一貫」的立場，是以人生爲最後的歸依。因此，生命才是整個哲學的最後基礎，若不以人生爲指向，那麼哲學的意義無法建構，生命的本質無法呈現，所以他標擧尼采的觀念說：「理性、邏輯或思想範疇之所由構成都出自生命需要的裁決力」，就是指出人性中本質的需要是一個生命本體，外在世界的客觀實存是「有」的事實，生命是依賴這個宇宙的實有而存有，因此他說：「情緣理有」，値得注意的是「理」必須建立在「情」上才有眞正的意義，他說：「科學的價値在發抒人類的生命欲。科學系統乃是人類生活情調的符號；科學定律乃是文化內容的標幟。」(註一三)方東美對於「理」的認定，正可透顯出生命本體才是眞正的本體，而這正是區別哲學與科學的分界點。事實上，對於「理」的詮釋是否相涉於本體的問題而言，通過對「哲學」概念的考察最爲允當，也就是經過東、西方對「哲學」概念的分析後卽可得知。

## 二、科學、哲學後設性分析與形上本體

方東美對於形上學的護衛一向十分淸楚，這表現在〈黑格爾哲學之當前難題與歷史背景〉一文中尤爲明顯，所以他用黑格爾的謬誤來呈現本體與哲學的關係，他說：

> 科學和哲學處理自然的方法應有層次的差別。科學直接針對自然客境，發揮一層同分的思想（homogeneous thought of nature），哲學往往就科學取象自然所已成就的思想再度推敲其義蘊，這可叫做雙層異分的思想（heterogeneous thought about the thought of nature），……。萊卜尼茲和牛頓各依科學立場考慮時空，僅做一度同分的思量，分別成立時空相對論和

時空絶對論，只在理論上表示異趣而已。等到康德酌取這兩種科學思想，把他們納入哲學知識論的統一體系中，再度依範疇之客觀正確性的標準予以衡論，便覺產生理性上的矛盾，這純是兩度異分思想的結果。(註一四)

所謂科學和哲學對「自然」處理的方法有層次上的分別，這就指出「理」本來就有科學與哲學的差異，他用「一層同分」和「雙層異分」的概念來點明科學與哲學的不同，簡單的說，就是「雙層異分」是對「一層同分」做後設(meta-)的分析工作，因此，康德在理性的作用中得到二律背反的結果，就表示科學與哲學在分析立場上的差異，但二律背反的解決方法，也就是唯一的出路，根據方東美的見解而言，就是將物質世界提昇到心靈世界，才可能使二律背反建立在一個可能性的基礎上，所以他認爲：

康德最大的貢獻厥為就科學業已經過一度同分思想所發見之物質世界，再依兩度異分思想予以範疇的決定，使之轉變成為心靈世界。(註一五)

方東美肯定康德的理論，其關鍵就在於心靈對物質世界的支配，而這主要是針對康德運用範疇系統來收攝一切客觀世界所呈現的現象而言的，因此他說：

康德以前各種唯心論者曾以金鈎釣魚或小網張羅的方式企圖把科學所確立的客觀世界引到心靈世界裏面來。這在康德看來，都是收效甚微的工作。他在知識論上開始建立一個超越的自我，制訂一套範疇系統，作為天羅地網，張之四維，竟把近代自然科學的領域全部收入心靈所支配的內在世界。(註一六)

方東美認爲康德的「建築學系統」就是不同於科學，並以「兩度異分」的哲學方法來建構其範疇系統，使所有客觀實存的物質世界都納入心靈的內在世界中，也就是讓「理」攝入「情」的作用之中，使得「理依情生」的基礎得到確立。但是，就論證形上學的本體而言，康德的三大批判只是論證知識，道德與美感的可能性基礎，因此，消除了承續傳統哲學而來沃爾夫（wröff）的形上學，所以，方東美對此一問題的解決，正突顯出他對形上本體的重視，他延續上段的引文說：

就結果來說，在普遍而又必然的定律決定之下，一切知識對象都是一律平等的，因此他的內在世界只是變形的周遭界，其中並沒有像希臘哲學家所肯定的層疊差別，除却真理外，其他藝術、道德、宗教價值亦殊無法安排。這在康德批評哲學裏確是一個極嚴重的問題。（註一七）

方東美認爲康德在理論上的問題有二，一是其理論建構僅能對知識構成意義，對價値系統則無法形成完整體系，二是除掉形上的第一義後，卽等於除掉希臘哲學的層疊差別，無法構成完整的哲學系統。於是，方東美解決這個問題的辦法就是修正其理論架構，使之成爲「一套完備的形上學體系」，並藉此打開一條「從康德到黑格爾」的通路（註一八）。但以希臘哲學的層疊差別來考慮時，則仍可淸楚看出方東美建構形上學的意圖，他指出：

哲學家的慧心兀自與科學家的理解有別，後者可以定住一境，往往撇開真源以尋思，捨第一義而造論，前者必須玄覽曠照，探索宇宙之大全，然後提神上躋於價值之極峯，於以體會真相，領悟真理，故能從源溯流，窮根究抵，創獲上下融貫縱橫旁通之思想系統。惟有在這樣的體系

中，我們才能援引第一義諦懸為真理標準，以徵驗其他一切後得知識之真理價值。這是形上學的根本義。（註一九）

又言：

哲學之在西方，自希臘以來，直到近代，則認宇宙為層疊的構造，所以劃分境界之後，則需鑑別各層價值，以求上達至高的價值理想，因此西方形上學的發展，最後總是與藝術和宗教聯成一系，以窺測純真性，完美性，與宇宙之神聖性，形上學第一原理之安立，實是柏拉圖所謂一切知識系統蓋頂的工作。（註二〇）

方東美對於康德哲學體系的修正，最重要的一個步驟就是形成層疊差別，如對感性、悟性、理性的作用就修正爲層疊差別的直立系統，由於層疊差別的系統才可能形成最後、或最高的層級，這和希臘哲學的「第一義」是相同的作用，就是柏拉圖「形上學第一原理之安立」，也就是爲「一切知識系統蓋頂的工作」。簡言之，哲學的目的，就是建構「第一義」的標準，並據此來斷定其他的價值系統，而這也是方東美判別科學與哲學最重要的關鍵。事實上，從這裏可以發現，方東美所要建構的是「第一義」的形上學，而這就是哲學工作。方東美說：「形上學者，究極之本體論也」（註二一），就是表明其最後安置的「第一義」就是其本體。

## 三、宇宙有生論、機體主義與生命本體

而方東美所想要建立的本體爲何？這是最核心的問題。對於其本體論而言，由思想的內容中可以

區分出早期及晚期的差異，衆所週知，方東美是由西洋哲學漸漸轉向中國哲學的研究。(註二二)因此在早期的本體觀中，仍以西洋哲人的思維爲主。他引用尼采的話說：「理性、邏輯或思想範疇之所由構成都出自生命需要的裁決力」，又論到哲學的作用就是指向生命本身，他引用培道(W. Pater)的說法：

哲學之有助於文化，不在闡發絶對幽玄的知識，以求標新立異，逞艷鬪奇，而在提示種種問題，令人可以憭悟生命情緒，領受生命奇趣，觀感生命之戲劇的景象。(註二三)

就方東美而言，在早期思想中，是以「宇宙有生論」與「宇宙無生論」來論定中國、希臘哲學與西方近代哲學的差異，而在晚期思想對於中國哲學則以「機體主義」(organicism)來界定中國哲學的特質，機體主義容攝「宇宙有生論」的基本論點，他主要的觀念是：

機體主義旨在：統攝舊有，包擧萬象，而一以貫之；當其觀照萬物也，無不自其豐富性與充實性之全貌着眼，故能「統之有宗，會之有元」，而不落於抽象與空疏，宇宙萬象，賾然紛陳，然尅就各人體驗所得，發現處處皆有機體統一之跡象可尋，諸如本體之統一，存在之統一，生命之統一，乃至價值之統一……等等。進而言之，此類披紛雜陳之統一體系，抑又感應交織，重重無盡，如光之相網，如水之浸潤，相與浹而俱化，形成一在本質上彼是相因，交融互攝，旁通疏貫之廣大和諧系統。(註二四)

機體主義融貫一切的本體、存在、生命與價值，成爲一「超越形上學」(transcendental metaphysics)，這個體系和「宇宙有生論」的差距就在於體系化的完成與否，從方東美早期論著中卽可看到這個體系的雛形，但眞正的體系化，在一九五一年〈黑格爾哲學之當前難題與歷史背景〉才見端倪，一九五六年將《中國人生哲學概要》翻譯成《中國人的人生觀》"The Chinese view of life"時，將原有的「宇宙有生論」譯爲 Organicism。而在一九六四年第四屆「東西方哲學家會議」中更以 Organicism 爲中國思想的特色，以此表達出「超越形上學」的本體概念。最後，在方東美晚年最主要的著作《中國哲學之精神及其發展》"Chinese philosophy: Its Spirit and Its Development"中，將「機體主義」(organiscism) 的概念做爲中國形上本體的理論型態。(註二五) 但若回到方東美最先的思想時，主要的本體概念連繫着「生命」，他對「宇宙有生論」的觀點如下所述：

中國人的宇宙不僅是機械物質活動的場合，而是普遍生命流行的境界。這種說法可叫作「萬物有生論」。世界上沒有一件東西眞正是死的，一切現象裏邊都藏着生命。……宇宙根本是普遍生命的變化流行，其中物質條件與精神現象融會貫通，而毫無隔絕。……(註二六)

「宇宙有生論」和「機體主義」中始終貫串着一致的主題，就是對「生命」的定義，機體主義融貫一切，但仍然歸回生命，如在《中國人的人生觀》"The Chinese view of life" 中所言：

根據中國哲學，整個宇宙乃由一以貫之的生命之流所旁通統貫，它從何處來，或到何處去，固然屬於神秘的領域，永遠隱密難知，然而，生命本就是無限的延伸，所以無限的生命來自「無限」之上，而面對着「無限」，有限的生命又得綿延賡續，因此所有生命都在大化流行中變遷發展，「生生不息，運轉不已，它是一種途徑，一種道路，……這創進不息的歷程就是「道」，若是「原其始」，則為善之本質，由此源頭而流出一切生命原動力，超乎一切價值之上，所以必然是超越性的（transcendental），不只是超絕性（transcendent）而已，若是「要其終」，則為善之完成，所謂「道」也就是在此歷程中盡性踐形，正已成物；又因其包容萬類，扶持衆妙，所以也必然是內在性的（immanent），在萬有之中彰顯出造物主的創造性，如此在「原始要終」之間，正是大道生生不息的創進歷程，蔚成宇宙的太和次序。（註二七）

方東美界定「宇宙」時，由中國人的觀點來看，整個宇宙的本體就是「一以貫之的生命之流」，也就是「道」，是「流出一切的生命原動力」，事實上，由早期到晚期，方東美的核心思想就是建構形上學體系，而本體，第一義就明確地指向「生命」，即周易的「生生之德」，因此不論是早期「勢」、「情」二元融爲一貫的說法，或「理」、「情」不分彼此的相因系統，都必須以「生命」爲前提才能形成意義。因此，方東美認爲本體就是生命。而哲學就是要指示出種種生命本體的問題。事實上，只有通過方東美的本體論，才可能進入其美學思維的殿堂。

## 貳、美的本質與生命美感

面對方東美的美學觀點，要表明出美的本質，其實，有相當多隱晦難言的部分，但若引用方東美在一九五六年受邀寫黑格爾的藝術論來看，則可明顯的看出他的觀點，因此將方東美當時面臨的問題陳述如下：

本論文集〔是一九五六年《黑格爾哲學論文集》〕……，作者本人原初邀試寫一篇黑格爾的藝術論，但因藝術在黑氏系統中是與哲學與宗教同住「暖頂位」的，一些基層問題未經剖析，實在無從著手。(註二八)

又說：

黑格爾哲學，無論從那一個觀點來看，都構成一套形上學系統。(註二九)

其實，方東美的藝術論或美學問題，和黑格爾一樣，若不明晰其本體概念，無法解析眞正的內涵，因爲從體系哲學來看，方東美與黑格爾同樣的將藝術放在「暖頂位」的位置(註三〇)，從體系哲學的系統性來看，美是整個體系中的一個面向，因此，美與體系間的關係，及美感的產生與構成均形成美的本質與本體論間的互動關係，而這正是進入方東美美學理念的主要途徑。

## 一、美的本質與生命本體

方東美對於「美的本質」的觀點，主要是寫於(中國人生哲學)《The Chineses View of Life》的〈藝術理想〉〈artistic ideals〉中，在翻譯的過程中將原來的演講稿做了結構性的修正，主要就是提出「美的本質」(the essence of beauty)做爲中國藝術型式的哲學基礎，這個概念在原演講稿中並未清晰地呈現，但在新的修正稿中則將「美」的核心思想指出，他主要是以莊子言：「天地有大美而不言，四時有明法而不議，萬物有成理而不說，聖人者原天地之美而達萬物之理，是故至人無爲，大聖不作，觀於天地之謂也。」做爲文本，加以闡發其中的本質意義，因此他說：

如果要歸根究底來探索，那又應該如何深入，才能體會它的內在本質？關於這一層，可以扼要來說，天地之大美卽在普遍生命（universal life）之流行變化，創造不息。我們若要原天地之美，則直透之道，也就是協和宇宙，參贊化育，深體天人合一之道，相與浹而俱化，以顯露同樣的創造，在於浩然生氣與酣然創意。換句話說，天地之美寄於生命，在於盎然生意與燦然活力，而生命之美形於創造，在於浩然生氣與酣然創意。（註三一）

「美的本質」爲何？就是「普遍生命之流行變化，創造不息」，就是生命本體的運動作用，但這中間主要的就是客觀世界（宇宙）的美是從何而來的問題，對於方東美而言，生命本體中雖然有客觀世界（物質世界）做爲實有的基礎，但生命本體就是要以生命爲一貫的價值系統來融解物質世界，而成爲指向呈現人生種種意義的後設基礎。所以，客觀世界的美（是天地之美，the beauty of the universe）必須以生命主體爲基礎才能有「美」的意義產生，亦卽客觀世界不能構成任何「美」，這點方東美在比較東西哲學時，卽言：

中國人的宇宙，窮其根底，多帶有道德性和藝術性，故為價值之領域。……近代西洋人，從科學立場上看，宇宙純是自然現象，運轉不已的歷程，無善惡美醜可言，……中國先哲把宇宙看作普遍生命的表現，其中物質條件與精神現象融會貫通，至於渾然一體而無隔絕。一切至善盡美的價值理想，儘可以隨生命之流行而得着實現，我們的宇宙是道德的園地，亦是藝術的意境。（註三二）

客觀世界轉化成價值意義是依靠生命本體，這個觀點在〈生命悲劇之二重奏〉中，方東美就用「

虛無主義」的概念來說明近代歐洲人毀壞生命後，人生一切的呈顯都是幻滅，而「美」更是幻滅，他引沙士比亞的詩說：「美景不長久，……美景無形跡」(Beauty is but a vain and doubtful good, ……So beauty, blemished once for ever's lost.)，正表明喪失生命本體的美終將成爲一種幻滅。所以，何謂「美的本質」，就是從「生命本體」中作用而生，並使天（宇宙）人（人生）二元合一的精神能貫串在事事物物之上，「美」由此而生，「生命本體」才是「美」的根源性基礎。

## 二、美的本質、生命創造與藝術

但美的本質並非一靜態的作用，就方東美而言，所謂「大化流行」有一更重要的意涵，就是「創造」的屬性是一種「美」的展現，他說：「生命之美形於創造」(the beauty of life is to take shape in the mode of concordant creation)，「生命之美」所指的是「生命本體」，生命本體是否具有「美」的屬性？由於「生命之美」是由創造所形具的，因此，「創造」(creation) 就是「生命本體」的一種本質，所以「創造」就是美的展現，方東美對於「創造」的說明，是貫通道家、儒家對於「道」的詮解。方東美對於道家老子的解釋，是以「創造」做爲生命本體存在的基礎，否則「道」不持續創造的話，生命本體就面臨破滅，那麼「美」就不可能產生(註三三)，而就儒家而言，「創造」和「美」就有直接的連繫，方東美認爲從《易》經的創造生命力來看時，創造力所表現出來的就是「積健爲雄」的創造精神（the spirit of creative），他從《禮記》中做總結說明時：

我們若仔細思索上述內容，便能知道為什麼孔子和儒家對音樂和詩如此愛好。因為其審美的主

要意向卻是要直透宇宙中創進的生命。（註三四）

「創造」是生命本體的本質，所以從「美」的本質而言，「創造」就是美，從生命本體中掌握到「創造」的活潑生機時，就是掌握到美的本質，而審美就是對生命本體與創造生機的掌握。因此，在方東美觀念中，經過藝術家的審美而以藝術表達出來時，其結果與西方是截然不同的，他說：

要之，中國藝術所關切的，主要是生命之美，及其氣韻生動的充沛活力。它所注重的，並不像希臘的靜態雕刻一樣，只是孤立的個人生命，而是注重全體生命之流所瀰漫的燦然仁心與暢然生機，相形之下，其他只注重描繪技巧的藝術，那能如此充滿陶然詩意與盎然機趣？（註三五）

又說：

藝術和宇宙生命一樣，都是要在生生不息之中展現創造機趣，不論一首詩、一幅繪畫，一座雕刻，或任何藝術品，它所表露的盎然生意與陶然趣機，乃是對大化流行勁氣充周的一種描繪，所以才能夠超脫沾滯而馳騁無礙。（註三六）

藝術所反映的是美的本質，所以藝術的關切點有二個面向，即「生命之美」及「氣韻生動的充沛活力」，一個就是生命本體，一個就是創造活力，因此，藝術作品所展現出來的就是美的本質，所以「藝術是對大化流行勁氣充周」的描繪，而藝術作品的呈現，就是顯示出美自身，因而方東美認為，宇宙的生命本體仍然需要藝術心靈的識認與發揮，才能使生命氣象充分的開展，藝術心靈所識認而創作的藝術作品，就是展現美的本質，因此，藝術就是美。

對於「美」是什麼，或美的本質爲何這樣的問題，就是美學的核心概念，方東美的早期思想並未直接說明，但其意圖却相當一致，早期地引尼采《人性，太人性》的觀念，卽可看到稱許生命本體與美的本質間的關係，他說：

盎然充實的生命就是力的擴張、美的表示，一切藝術創作均使我們達所欲生，暢所欲為，以實現無窮的可能。生命正是藝術，藝術富有生命。美的創造為人生根本意義之所在，雖却藝術，人生卽無以耀露它的自由。（註三七）

「生命正是藝術」、「藝術富有生命」就是指出生命本體才是美的構成，美的眞正指涉。以尼采的言說做結，就是要說明生命本體的展現，才是美。

## 三、生命美感與文化型態：

方東美在論美時，認爲其本質就是生命主體的顯發，但美究竟是主觀的判斷？抑是客觀的構成？在歷史文化中的構成影響爲何？方東美在《生命情調與美感》中認爲：

孰為生命，曷謂美感？……美之為美是各人之私見耶，抑尚有客觀性耶？此類純理問題，姑置不論。吾人逢場作戲也可，臨場觀感也可，旣來之，俱屬「當場人」，只合依韻紅牙檀板，作吾人之事業，抒吾人之情懷。一切景象可以興，可以觀，斯為美。（註三八）

美感究竟是主觀還是客觀，在方東美的觀念中，這並不是透過析理式的分析就可以獲得，而必須架構在整個文化的型態中加以考察，方可一窺「美感」的究竟，因此方東美擧出「逢場作戲」的隱喩來表明他的論述觀點，每個民族的生命情調就是其文化型態所衍生的戲場，而且不論每個個體的態度為何，每個人都是身在舞台的「當場人」，也就是每個個體都必須身在其文化型態之中，由此在文化型態中面對客觀世界的「觀」與在文化型態之中的「與」就是美。

## 三、靈感、生命情調與文化型態

所以方東美認為東西方的文化型態可區分為三種，即希臘、近代西洋與中國，美感與這三種文化型態有直接的關係，這三種文化型態的產生又與其生命本體相關，因此方東美言其間的關係為：

> 各民族之美感，常繫於生命情調，而生命情調又規撫其民族所託身之宇宙，斯三者如神之於影，影之於形，蓋交相感應，得其一即可推知其餘者也。（註三九）

美感是透過生命情調產生的，而生命情調又和各民族的宇宙本體相關，所以美感在各文化體系中並不相同，由此可知，美感並沒有一定的客觀標準，但又不排除客觀的可能性；但若就美感是源自於生命情調的主觀感受而言，美感應隸屬於主觀的作用，若從生命情調的依託是宇宙本體而言，宇宙本體的實有基礎又具有客觀的因素。因此，就美感意涵而言，關鍵就在「文化」是洞悉宇宙與生命的鎖鑰。方東美對於文化的觀念是：

> 每種民族各有其文化，每種文化又各有其形態。吾人苟欲密察一種民族文化之內容，往往因中外異地，古今異時，不能盡窺其間所蘊蓄之生命活動及其意向。無已，則惟有考核其文化符號之性質而徵知其意義焉。空間者文化之基本符號也，吾人苟於一民族之空間觀念徹底了悟，則

其文化之意義可思過半矣。（註四〇）

對於生命情調和文化的關係是：

> 生命情府，靈奧幽邃，其玄秘隱微之深處，殊非外人所能窺見其萬一。猶幸每種民族各具天才，妙能創制文化以宣揚其精神生活之內美，非然者，往古文化遺跡，因早已隨時間舊流汩然幻滅，淹沒無聞矣。（註四一）

文化型態是構成不同美感的根本因素，方東美認爲各民族的生命情調是一個隱密性系統，也就是以主觀感知爲基礎。但透過「天才」就使得各個民族的主觀精神創化成爲「文化」，也就是可供客觀解讀的符號系統。「文化」在方東美眼中是一套內蘊「生命活動」與其「意向」的符號系統，也就是生命本體就是內蘊在「文化」之中，所以他在「文化」的符號系統中揀取最核心的符碼，來做爲解釋整個文化符號的核心，這個基本的符號就是「空間」，透過「空間」的解析後，就可以確定一個民族的文化意義，因此他引史賓格勒的觀點說：

> 此種基本符號，貫注於各個人各社會，各時代而為之矩矱，一切生命表現之風格，悉於是取決焉。政治之體制，宗教之儀文，道德之理想，藝術（括圖畫音樂、詩歌而言）之格調，推而至各科學之規範，無一不附麗於此。（註四二）

方東美以文化型態做爲生命情調的前提，就是要從文化型態中抽拔出「生命主體」，並對三種文化型態的空間觀做徹底的解析，由此再重新確定各民族的「生命主體」爲何，再藉此表述出各民族的美感問題。並構成一個詮釋的循環，由美感文化、空間、生命主體再回到美感，因此，對於「空間」的解析就成爲方東美對「文化」、「生命」的決判點。

## ・哲學、時空觀與生命美感

方東美對於希臘、近代西洋人與中國人的時空觀（卽宇宙）看法如下（註四三）：

希臘人與歐洲人據科學之理趣，以思量宇宙，故其宇宙之構造，常呈形體著明之理路，或定律嚴肅之系統。中國人播藝術之神思以經綸宇宙，故其宇宙之景象頓顯芳菲蓊勃之意境。質言之，希臘人之宇宙，一有限之體質也。近代西洋人之宇宙，一無窮之體統也。中國人之宇宙，一有限之體質而兼無窮之「勢用」也。體質寓於形跡，體統寄於玄象，勢用融於神思，……準此以言，希臘與近代西洋人之宇宙，科學之理境也，中國人之宇宙，藝術之意境也。（註四四）

又言：

希臘人與歐洲人文化生活之極詣，舍科學則難言矣，哲學準於此，藝術依於此，典章制度莫能違乎此，是知「科學家」（義取敍述，非讚美）者！希臘人與歐洲人之類型也。……中國人之類型，……均非遵循於科學之一途，吾人對影自鑑，自覺其懿德，不寄於科學理趣，而寓諸藝術意境。……莊子曰：「聖人者原於天地之美而達萬物之理。」可謂篤論矣。（註四五）

方東美雖未明言其「本體」與宇宙的關係，但其所指却是深中本體意旨，也就是對「哲學」目的的深刻思考，這點在方東美晚年將中國思想的時空觀系統化之後，更見其早期思想的眞正意指。方東美在〈中國哲學之通性與特點〉的演講中指出，羅素（B. Russell）嘗說道：「了解時間的不重要，才可以入智慧之門」（to realize the unimportance of time is the gate of wisdom），方東美對此看法展開嚴厲的批判，他指出羅素的說法其精神是「在科學上面」，若將時間去除僅餘下空間的思維，則智慧（wisdom）就會被貶抑爲「知識的系統」，「成爲知識的抽象系統、知識的孤立系統」，如此就把哲學化掉，逐步形成各種科學知識，而不是建構起哲學的智慧。所以方東美更積極的指出，儒家哲學的時間觀之所以特別值得重視，是因爲了解「時間」才是進入智慧之門（to realize the importance of time is the gate of wisdom），因此，他把儒家的精神鎔鑄爲一「時際人」（time-man）。他說：

> time-man，他是了解時間的重要，然後才把宇宙人生的一切秘密展開來在時間的創造過程、時間的孕育過程裏面。然後，才可以把生命的精神，生命的意義、生命的價值展開來與天一般長，與地一般久互相脗合。……周易把宇宙人生的一切秘密展開在時間的創造過程裏面來推移它的意義與價值。（註四六）

又將道家的空間觀空靈意境（pictorial space），視爲「詩的空間」、「藝術的空間」與「浪漫抒情的空間」（poetical space, artistic space, the space of romantic poetry）（註四七），而這個空間的眞正本質，正是其言：「中國人向不迷執宇宙之實體，而視空間爲一沖虛綿渺之意境」，（註四八）而如此之空間，就是「意緒之化境也，心情之靈府也，故論中國人之空間，須於詩意詞心中求之」

（註四九）。所謂「意緒之化境」也就是此空間觀念爲中國人提供了美感的境界（意緒之流所以暢人生之美感也），而「心情之靈府」就是明言此空間的概念是宇宙生命的基礎（宇宙，心之鑑也，生命，情之府也）。

歸結而言，方東美對「空間」（宇宙）的解析是表述出中國文化的型態是「藝術神思之情蘊」，也就是說，中國人的本體觀是以生命本體爲流通貫串的基礎，這正是方東美所說：「中國哲學的中心是集中在生命任何思想體系都是生命精神的發洩」（註五〇）。若要澈底了解方東美這個觀點，則必須再回到「哲學」的觀點，由於「情」、「理」二元的分立，方東美認爲這並不是西方哲學的意涵，也就是若非建構一形上本體的哲學，那所謂的哲學都不過是哲學的死亡（philosophy is dead），所以對「哲學」再做意義上的闡釋，是方東美藉由後設基礎來建立其本體論，也就是重新賦與哲學眞正的意義，因此，我們可以說，方東美所做的工作是對哲學進行哲學意義的探究，也就是做一後設性（Meta-）的分析，因此，對希臘、歐洲、與中國三種文化型態的分析，就對「哲學」再次進行後設性的分析工作，對時空觀的分析，也顯示出方東美認爲中國文化是惟一可以建立哲學意義的一種文化型態，而其根本原因是生命本體的精神所致，生命本體所展現的精神就是「藝術神思」，所以就方東美思想而言，以生命本體爲主體的哲學就是一價值化的哲學，而美感正是這價值體系中的一個面向，所以其美感的眞正意涵就是以生命本體開出的美感，而這就是「生命美感」，也是一個以形上本體爲基礎而生的美感。對方東美而言，這樣的心境或許最接近德國浪漫主義對「詩」的見解，卡西勒（E.

Cassirer）在《論人》中言：

> 詩化的哲學和哲學化的詩——這就是一切浪漫派思想家的最高目的。真正的詩不是個別詩人的成果；它是宇宙本身，它是這樣一件藝術作品：它本身永遠是完美的。(註五一)

這也正如方東美對歌德的贊嘆說：「歌德針對着生命，個人的生命，人類的生命，事物的生命，和宇宙的生命都融貫在一起。……歌德滲透了自然造化的神通以創立自己的生命，然後持爲詩藝的對象。」(註五二)，因此，「生命美感」就是以「生命本體」爲精神貫注而生的美感，它既是以文化型態而產生的美感，同時，也是生命本體中直接產生的「美的本質」，在比較文化型態的過程中是客觀的認識，而在生命本體的顯發上是主觀的感受，因此，既可以「觀」，也可以「興」。

### ・生命美感與審美

生命美感是以反化型態與生命本體爲基礎的美學觀點，是以生命本體爲其美感的本質所在，而這正是方東美言：「中國人是有史以來各民族中，最能生活在盎然機趣之中的，……而與大化流衍融合，……「超以象外」、「得其環中」，自能冥同萬物，以愛悅之情玄覽一切。」(註五三)的本意所在，因爲生命本體是美的本質，所以中國人特有的生命美感表現在審美上是如何？就方東美而言，其表現的方式就是與生命本體合流，因此他說：

> 其審美的主要意向都是要直透宇宙中創進的生命，而與之合流同化，據以飲其太和，寄其同情。(註五四)

又說：

不論在創造活動或欣賞活動，若是要直透美的藝術精神，都必需先與生命的普遍流行浩然同流，據以展露相同的創造機趣。(註五五)

美的創造與欣賞正是審美的主要活動與議題，由於美的本質是生命本體，所以對於事物的表象並不認為是美的必要性標準，審美的最重要活動就是把握或進入到生命本體之中，只有掌握生命本體的美感，才是進入中國審美的活動之中，對於審美活動而言，方東美認爲「移情作用」與「科學唯物論」的審美觀與中國人的審美觀有極大的差距，他說：

中國藝術家擅於以精神染色相，浹化生命才情，而將萬物點化成盎然大生機。但我說的浹化宇宙生意，並不是將至觀的感受投射於外，如德國美學家有關「移情作用」的心理論便是如此，那只能稱為主觀主義，反會產生心理與物理的二元論，在身與心之間恒有鴻溝存在，在主體與客體之間也會有隔閡。另外如科學唯物論的講法也是如此，因為它只該重外在的客觀。但在中國思想却沒有這種鬱結，在中國文化薰陶下，我們乃是生在一個廣大和諧的宇宙中，與宇宙大生機渾然同體，浩然同流，而毫無間隔。(註五六)

主客合一就是融入廣大和諧的宇宙之中，「以精神染色相」就是進入生命本體而生的生命美感，這才是中國人的審美。

由生命美感而生的藝術，亦卽審美的對象及其創造物，在表現上會有什麼不同呢？在這點上，方東美是由藝術精神之所在來表達他的審美觀，他認爲要表達出生命美感的「美」，就是要「傳神」（他說：「關於這一點幾乎是難以言傳。若是勉強從反面來講，就是要化除滯礙，不以描繪精確爲能事，換句話說，也就是對物質性的超昇否定。）（註五七）所以藝術的意趣是象徵性的，是「言於此而意在彼」，就是「意」在傳述生命美感的「彼」，所以，中國人的美感與美是無可傳述的「無言之美」，表現出來的就是在表象之外的「神思」。這一切對照於西方的美感，就可形成一組對照的語彙，加以比較之後，就可了解方東美對於生命美感的意涵。

中國、傳神、神思、象徵性、無言之美、全體之生命至美。

西洋、描繪、表象、描繪性、解析之美、孤立之個人之美。

從這裏可以看出兩種文化型態在美感上所表現的差異，同時，也是對於藝術詮釋上的差異。由生命美感而展現的藝術及審美精神就是生命本體，而「生命本體」就是「言於此而意在彼」的「彼」。最後，在所謂「生命美感」的意義下，方東美是如何來詮釋實質的藝術品？我想就以方東美的本文做爲結束。（註五八）

中國人自古以來，即對生命有特別的尊重；像仰韶文化中，自陶上的血紅線條，夾於兩行線中，即所以象徵生命的暢然流行與盎然創意。又如殷墟安陽出土的骨器玉器，其上線條美也在表現同氣化運、頻率相等、周始無窮的生命流行。從殷商周代以降到漢代，舉凡青銅、陶器、雕刻、翠玉等雕紋，在在都可看出相同意義，如常見的雲雷紋中，常夾雜龍鳳蠶蛹蟬等物，英哲施寇克（Silcock）卽謂此代表宇宙的蕃殖力；先就龍說，唐宋以後畫龍乃是獨角及四足，但在上古時，龍係由其雲雷紋變化出來，因為雲雷之作常當春夏之交，為農事最活躍的時期，所以拿此來象徵自然界豐富的蕃殖力。龍最初是魚形，後漸變為迴紋，飛動矯健，充份表現生命的韻律與旋律，也就是獨陰不生獨陽不生的道理；而玉器上所繡的鳳紋，則與龍紋所表現的生命脈絡意義相同，後在銅器上將雲雷紋或龍紋鳳紋，一變而為饕餮，乃因一方面其脈絡如龍紋，另一方面其形如虎，都是象徵雄偉無盡的生命威力，所以饕餮之形也在表現生命的活動力與蕃殖力。

另如商周的鐘鼎上，常雕有象、蛹、蟬等物，蓋取其象鼻如龍，身體雄偉，生命力豐富，蛹則綿延不絕，象徵永生，蟬則取其蛻化，象徵再生之意。到周代的銅器，更加上獨角獸及龜靈等長壽之物及蛹圖等等，像戰國與漢代銅鏡的背面，都鐫龍形，其足爪富於生命活力，其體態尤為矯健活躍，都在表現循環往覆、運轉無窮的雄姿。（在南陽的漢畫上，常為龍叢之玩耍，二龍一團，更表現極偉大的生命精神）再如漢代的浮雕，北魏的壁畫，以及唐代的佛像雕刻與菩薩石像，在在都是如此，不論動物的形狀、人類的姿勢、以及神像的風貌，處處都在表達極樂的涅槃世界，此時一卽一切，乃能與宇宙生命浩然同流。（另就大同石像、龍門石刻而言，不論裝飾的花紋，衣冠的縐褶，都是回紋狀，而兩手的上下，兩足的位置，也都是迴紋交往的姿式，一如易經之爻，象徵陰陽和合之理；而整個身體，又為影線條紋所組成，處處也都在表現生命循環的脈絡。）

再自中國的音樂而言，有宮、商、角、徵、羽五音（希臘音樂則為 do re me fa si 五音），其所用樂器，雖皆為無生物，卻極能表現豐富的生命情調。（漢書律歷志云「商，章也，物成熟可章度也。角，觸也，物觸地而出，戴芒角也。宮，中也，居中央，唱四方，唱始施生為四聲綱也。徵，祉也，物盛大而繁祉也。羽，宇也，物聚藏宇覆之也。」凡此種種，都在表現生命的雄姿。）由此五音，顯出節奏，而成六律六呂。所謂六律，是黃鐘、太簇、姑洗、蕤賓、夷則、無射。所謂六呂，則是林鐘、南呂、應鐘、大呂、夾鐘、仲呂。律以配陰，呂以配陽，陰陽隔八相生，亦在表現生命之旋律，旋相為宮，永無止境。

## 叁　方東美與史作檉

方東美先是史作檉的指導教授，由前言及註中，吾人已得知史作檉受方東美的影響頗巨，事實上，由其碩士論文《孔子思想之哲學精神》中，唯一引用的二手資料就是方東美英文本的著作《Chinese view of life》的事實上看，史作檉在承繼方東美的師門上有淵源，但本論文並不預備在此一關係上做明確的交待。而預備從其理論的面向來建立其傳承的關係。

但在討論史作檉的美學理念之前，我想先做一些說明，首先是在哲學界中，史作檉始終是一爭議性的人物，但值得重視的是，他受過完整的哲學訓練，自臺大哲學系到研究所完成。其次是，在學院之中並不重視他的存在，但從他讀哲學系自今以來，近四十年中均以一「哲學人」自居，而其論著又近三十本的數量上看，實在沒有理由不重規。最後，若從其一般著作《九卷》、《三月的哲思》在坊間受到青年學子愛好的程度上看，其實質影響也頗爲巨大，而這是我想以一後輩晚生來論究前賢的動機所在。

另外我想再做說明的是，由於史作檉作品實爲浩繁，並其語言的使用及體系的龐大，都不是在這短時間及有限的文字所能詳述，因此對於史作檉的美學探討，剛自限於《形上美學導言》一書，而不想旁涉太多，並希望此一拋磚引玉的工作能得到各方家的指正。

## 一、哲學、美學與方法論

史作檉在其論文《孔子思想之哲學精神》中的第五章，是論孔子思想的美學精神，在其開章明義的篇首先引用方東美的文章言：

> 吾人欲立為思想家者，不先成其美學精神者不為功。(註五九)

因此，在史作檉的觀念中，美學實一重要的思考基礎，而自民國五十一年其論文完成之後，他曾數度要寫一本美學的著作，但始終未能如願完成，在五十四年，他設計一套現代中國哲學的計劃中，嘗想寫一本《存在的美學》，預備在《現代中國哲學——存在與世界》、《存在之倫理》之後完成，但並未完成，這段過程，正如其在《形上美學導言》中所言：

> 早自十五年前，我就很想寫一部美學的書了，可是前前後後我曾經嘗試了好幾次，結果都失敗

了，其實原因也很簡單，因為我從沒有把美學當作是一種狹義之藝術的原則看，一如我也從不曾把藝術當作是只與生命有關，却又與形式的知識相對立之狹窄、特殊或技術性的表達看，但是却沒有想到只不過是由於這麼一種想法罷了，竟使我對美學的尋求，像掉進了一種無底深淵一樣地，在那裏徬徨，摸索了十五年之久(註六十)。

其實，史作檉的兩個前提，正是方東美對美學的基本概念，第一，美學不是狹義的藝術原則，其透顯的問題是，這概念有可能是形上，或本體的問題，這由其《存在的絕對與真實——第二部：絕對》中卽可知道，他說：

所謂本體論，實際上，有兩個不同的方向。一個自藝術的表達中延伸而來，一個自科學的表達中延伸而來。然而從藝術而呈展的本體論，實際上就是一種探討生命存在之最高學術。(註六一)

美學不是一種原則，而是貫通本體的哲學，是「探討生命存在的最高學術」，這和方東美認為生命本體是美的本質性基礎是同樣的問題。

從第二個問題看，他不把美學視爲「只與生命有關」，而又與「知識」對立的系統，其實，這個問題仍然延續方東美對於哲學與科學間的本質探討有關。若把美學視爲生命哲學，則變成唯心論者，不能容納知識，就會導致超越上的問題，這如史作檉所言：

以美學為方法的探討，卽在於探討一切因人而有之事物的探討。但人類之一切知識或表達，莫不屬於因人而有之事物。是以，一種真正以美學為方法的探討，便不可能排斥任何以形式為法

的知識探討，否則那就不是眞正的超越性，並以直覺而呈現之人之整體存在的美學世界。（註六二）

簡言之，就是美學必須超越以形式表達爲方法論的知識，而這個觀念仍然是科學與哲學的問題，這如其所言：

我想不論古今中外，一種眞正具有哲學深度的哲學，……在表達方式有所不同，但在其深刻之內涵或本質上，實在沒有什麼不同，因為哲學之所求，無非是探討到底「人」是什麼？「宇宙」又是什麼？……只是近世以來，科學大興，……不論是邏輯、數學、物理或生物等，其於方法上，實在已經達到了一種人類有史以來之極限的成就，……雖然哲學之所求，往往在於整體超越性之理念或理想之尋求，但是到底像過去那種將一概念與一概念所指之實體內涵混為一談的時代已經過去了。所以說，只要我們承認不論任何哲學，都必須藉某一種知識之方式加以表達，那麼事實上，一種屬於方法性之哲學的精確表達，……都不是我們所可忽略的事了，或者；如果說，科學自十九世紀以來，為了完成其更富基礎性之精確的形式表達，而發展出一連串後設（meta-）之學的話，那麼哲學在今日，面對了這種時代性之精確的要求，又要如何尋求屬於自身之更深刻分析性之基礎，並不失其高遠之超越的理想，以完成其全屬今日之後設學（卽，Metaphysics，形上學）呢？以我而言，如科學於其基本表達方式上是形式性的，或其基礎的探討亦然，那麼面對了這種情形，哲學之所以異於科學者，于其基本上，卽一種全屬原創統合性之形上的美學表達方式；而且這種情形，若對於中國古典哲學來說尤然。（註六三）

這段話是史作檉對其「美學探討」工作在方法論上的全面說明，主要就是面對今日後設分析（Meta-analyies）的挑戰，哲學要探求出「人」與「宇宙」的整體超越性的理想，必須要尋求新的方法論，建立新的後設學（形上學），才是哲學的首要之務。事實上，就方東美而言，哲學化是探求宇宙人生的價值系統，並是「科學」與「哲學」的差別所在，是一層同分（homogeneous thought of nature）與雙層異分（heterogeneous thought abont the thonght of Nature）在方法論上的差異，史作檉就這兩點而言，正是承續方東美在時代差異上所反應的問題。

因此，我們回到史作檉的美學上時，可以發現在問題的意識與方法論的論證上，和方東美均有密不可分的關係。

## 二、生命、宇宙與形上學

方東美的哲學反思是由人生宇宙起始，導出生命本體為其形上本體，再以之反思到中國哲學，認為中國哲學就是藝術神思的哲學。人生宇宙、生命本體與藝術神思（生命美感）三者環環相扣，構成一個整體的哲學反思。對於史作檉而言，他說：

> 真美學，卽真通過而無所阻止，真通過，卽生命，而入於宇宙自然之真域。真自然，卽人性生活之全部之真實，既無所死滯，亦無所誇張。（註六四）

又言：

> 哲學的存在，果然是一種高邁而統合性的知識，並為一切其他個別知識之存在性觀念的基礎，

那麼，實際上，它就必然地具有一種美學的表達性了。形上學尤然。否則哲學的存在，必將流於形式以下，成為科學的附庸。(註六五)

又言：

中國古典哲學，於形式上，或有所失，或有所雜，但若以人類一切表達均必訢諸於形上第一設定之尋求者，中國常以其涵容之深且廣，而成為人類之最。(註六六)

對史作檉而言，形上學是哲學的眞正所指，是一切知識的基礎，因此若有哲學的反省，就必定會有美學的思維，也就是對於人生生命與宇宙自然的存在的眞實思維，這就是美學的思維，也就是形上第一義的思維，以全人類而言，中國人的思維，就是屬於美學的形上思維。史作檉在對生命、宇宙所做的反省，是延續方東美以宇宙人生爲首出的價值概念，而由哲學的思維中反省到人與科學（知識）的問題，而推導出形上學的終極價值，對方東美而言，中國哲學是藝術神思的哲學，能充分地發揮生命本體的精神。而對史作檉而言，中國哲學的第一義是形上美學，所有的價值意義由此基礎而出。對於標舉宇宙與生命是哲學反思的第一目的，對於形上學是哲學的首要之務。與中國哲學是相涉於藝術、美學的本體思維而言，方東美與史作檉的門生關係是建立在對「哲學」的思維與相同的「問題意識」上的。而就史作檉整合方東美的問題核心並將之舖陳展開而言，其承繼之意尤爲明顯。

## 肆、形上美學

由前面論述方東美與史作檉的關係看，可知他們在論述美學的觀點時，均以「中國的形上學」作爲美學的根源所在，但方東美並未具體提出形上美學的詞彙，但卻指出中國哲學的眞精神，史作檉在這個路向上繼續發展此一概念，終而提出「形上美學」一詞，以囊括美學這一概念的終極意義，對於史作檉而言；在後設分析的時代中，哲學的分析是一精確的工作，如何能夠達到此一不可言說，但却必須「言說」的描述性工作，正是史作檉用心之處，形上美學的架構就是依此精神而形成，以下就是希望能對此工作做一分析，以逼近形上美學的眞意。

## 一、哲學、方法論與超哲學

什麼是哲學？對史作檉而言，就等於詢問他說，什麼是生命、或生存？這是對於一個人存在的最本質的問題，他說：

一切真正哲學的尋求，不論它在過程中會遭遇或達成怎樣繁複而難駁之事，但於終極上，沒有不歸復於生命之真實之尋求的，因為只有生命的追求，才是一種純自我整體之非對象物。（八、美學與憂鬱）

又說

若哲學之極在於生命，而生命之實存，卽一種具體性之完成。但生活之存在，與其說是近知識之物，不如說是近藝術之物。因為只有藝術才是人真正面對自我，並向自我尋覓整體性生命可能之物。（八、美學與憂鬱）

哲學的本質性問題就是生命，是一個人實存價值與意義的基礎，是人對於人自身存在的要存，因此，這個問題才是哲學的核心問題；但對史作檉的哲學概念而言，却存在一個方法論的問題，他認爲二十世紀的哲學方法論，必須是「一種屬於方法性之哲學的精確表達」，但這個「方法論」的問題却面對著「科學方法論」的挑戰，亦卽，他認爲科學就是處理對象的一種方法學，是一種形式的方法，因此，如何能夠超越形式的知識（科學）形成一個新的形上學（metaphysics），就是史作檉面對的問題。因此，就方東美而言，哲學是回到本體思維的問題，對於科學的挑戰就是建立一套價值系統，使哲學回到生命的本體上，而就史作檉而言，哲學是重新建立新的方法論，使形上本體的基礎得以建立。所以史作檉說，「生命的追求，才是一種純自我整體之非對象物」，所謂「非對象物」就是指涉科學的方法是一處理對象的方法而言的，如何能夠建立一「非對象物」的方法，就是史作檉的意圖所在，也是「形上美學」的意義所在。

史作檉視「美學」爲一種方法論，一種超越「科學」的方法論，他說：

> 美學卽唯一超出於形式之方法，而將形式與存在之兩種表達予以統合之方法。（一、美學與表達）

又說：

> 真正的美學就是一種方法，就是一種將人之整體的存在納入於表達之間的一種方法，一般而言，我們叫做直覺，若就實際而言，它却必須是建立在形式之窮盡的基礎上才行。（一、美學

與表達)

所謂「形式」與「存在」的表達，是史作檉的對世界的兩種描述方式，他說：

大凡一切被人所知之物，有兩種根本的範域：一種就是形式之推演的知識，另一種就是美學之描述的知識。

也就是說，世界可以用兩種語言來表達這個世界的存在，故而這兩種語言的定義就是：

所謂形式之描述，卽一種未將人的存在計算在內的描述。反之，所謂存在之描述，卽一種將人的存在計算在內的描述，……卽一種整體性的描述，同時亦卽一超越於形式的描述。

「科學是一種形式表達，而藝術、哲學、道德或宗教乃一存在表達」，史作檉認爲「美學」就是要超越「科學」的方法，使存在表達成爲一種超越的表達。但對於「超越」的概念而言，仍存有一方法論的問題，他認爲「美學」就是把人的整體存在納入表達之內的方法，所以問題是，若就「人的整體」而言，「知識」也是人的整體的一個面向，他的說明如下：

以美學為方法的探討，卽在於探討一切因人而有之事物的探討。但人類之一切知識之表達，莫不原因於因人而有之事物。是以，一種真正以美學為方法的探討，便不可能排斥任何以形式為法的知識探討，否則那就不是真正的超越性，並以直覺而呈現之人之整體存在的美學世界。

超越的基礎點是形式知識，超越不是解消形式知識，而是成就「人的整體」的一個面向。但由超越的意義而言，這正是建構形上美學的關鍵，因爲他說，美學是把「形式」與「存在」兩種表達統合在一起的一種方法，又說，美學是將「人之整體的存在」納入「表達之間」的方法，且稱之爲「直覺」，是必須建立在「形式窮盡的基礎」上。就史作檉的觀念而言，美學是一切存在表達的基礎，也就是一切存在的基礎（如道德、宗教等），主要原因就是直覺的概念所致，因爲直覺是對宇宙萬事萬物的感知所生成一種「人之整體存在」的感受，對於道德和宗教而言，均不是一種直覺，而是再加上抉擇與判斷，因而對形式知識產生最素樸的存在反應就是直覺。所以美學是縫合「形式」與「存在」兩種表達的方法。所以他說：

由此可知以直覺為中心之美學方法，和超越形式，並從事於人之存在的整體探討同屬一事。

所以美學是存在與形式之間的一個中界，包含世界一切的表達，存在的表達使有形式知識而不空妄，形式知識因存在的表達而進入含有「人」的表達之中，因此道德、宗教因美學而其「超越物」得有基礎，一切人存在的意義由此而豎立。所以對史作檉而言，美學就是以「人的整體」成爲存在表達的基礎。

對於「美學」是貫通形式與存在的必然性基礎時，史作檉用兩種存在表達的獨斷來說明「美學」的不可取代性。他認爲存在表達的獨斷，會因缺少美學的環節，而導致此種存在的表達轉成形式知識，結果變成形式的知識。另外則是絕對的獨斷，亦卽由「形式」轉向「存在」時，若不按照美學以的直覺做爲中界，則會生出一個獨斷，與由形式轉向存在時，認爲存在之所得就是一絕對物（如道德，或精神）是一實有之物，如此，「人就趨向於道德或存在的絕對主義，其實這就是一種存在的獨斷主義」，也就是說，美學可能藉由形式知識而由直覺生出的種種可能性均會斷絕，致成爲封閉系統，成爲獨斷。因此，要避免存在的獨斷或轉化成形式知識的形式化，只有依賴直覺與無限的形式知識間所衍生的無限性來保證存在與形式間的貫通。

由這個基礎來言美學時，史作檉更進一步地澄淸「美學」概念，他說：

如果說人之整體性的存在，必以美學的方法而得以呈展，其實也就等於說，人之整體存在之自體性的絕對實體，在人來說，永遠都只是一種美學性隱含的自體存在，因為人通過美學的方法，……仍只不過是形式與存在的兩種表達罷了。因之，當我們說，人以人之整體性的美學方法來看待一切時，即在於以一（形式→存在）之普遍方式，旣不固執於形式，亦不固執於存在，同時更將形式與存在的兩種表達，向其可能之極限，不休止地擴大並加深下去，一直到其更逼近於我們所設想之絕對實體之可能為止。但在另一方面，我們也知道得很清楚，絕對實體，在人來說，根本為一不可實得之物，於是以美學而呈展之（存在→形式）的表達，亦必不休止地，以各種人、時、地之不同，而有著千變萬易之不同的表達，甚至我們也無法分辨其中之實質上之優劣，反之，而只能以其是否具有一統合性之美學精神，不論於形式，亦不偏於存在，並以不休止的方式，以逼近於實體之可能，來斷其完整與否。

簡言之，絕對實體是不可直接求得的，人無法得知絕對實體，就如康德之物自身不可知一樣，但按照美學的方式，却可對此絕對實體不斷地逼近，如同數學中逼近於一點的過程一樣，因此，只有美學是不固執於形式與存在，而是在這兩者之中衍生的無限來逼近這絕對實體。並且，吾人對此逼近亦無法產生任何判斷（我們無法分辨其中之實質上之優劣），但却可從方法論（統合之美學精神）上來判斷逼近絕對實體的過程是否完滿，因此，吾人可以判斷的是美學（逼近絕對實體的方法一統貫形式與存在的方法）自身，因此如何保證判斷的有效力？則此必須依賴形上美學的說明。

對於形式與存在之間所衍生出一無盡的問題如何能夠保證呢？他認為科學是一推演的系統，如此存在則必須是一個「無推演」才可能不轉變為形式的推演系統。這樣的「無推演」就是存在的推理方法，因此他他說：

以形式言形式，其形式之發生性的基礎或原因，在於形式之後設系統的話，那麼如以哲學或哲學之方式，以求所有形式之後設可能者，卽形上學（meta-physics）。因為只有形上之後設，才是真正超出推理系統之純設定或發生之可能。不過這樣一來，仍有一個很嚴重的問題存在着，那就是說，形上若果為探究形上究竟物之學，如絕對、存在等，但就此並非告知人，果有一如形式物一樣之絕對或存在物存在着。果真如此，那就是形上落於形下。……反之，形上若真是形上，其於本質上，卽有一種相對於形式而有之存在性的觀念，或一種具有整體性之心態。……因之，若為真正之形上後設，那麼事實上它便不可能再是任何形式之個別物〔對象〕了。同時，假如我們以形式物，於其本質上，就是一個推演物的話，那麼真正的後設，就是一種純設定，而無推演，卽一個別推演性之設定的真正存在性的來源。……由此可知，所謂純設定，永遠無法在推演的形式中得之，反之，而只有在整體性之人的存在中得之。

史作檉要指出的就是一種整體性的推演方法，就是一種「純設定」，也就是以存在來對形上學做一設定的工作，而所謂的形上，他說在「本質上，卽有一種相對於形式而有之存在性觀念」，意卽指出形上的形上設定，不是對象的設定，而是由「純設定」在存在中的一種觀念。這個觀念是史作檉所謂形上美學的眞正所指，這在其後他論〈美學與中國哲學㈠〉的部分中，有具體的說明，所以形上的形上設定是一個哲學方法論和哲學終極關懷的結合點，既要求哲學在方法上必需有一個後設的基礎，在終極關懷上又要是對存在的表達，既調和形式知識與存在的間隙，又不讓存有落入一絕對的獨斷，因此美學就是在存在與形式之間不新地形成「創造」（直覺和形式知識的結合），而這「創造」的本源就是「純設定」而得。

從以上所論，吾人可以對史作檉的「形上美學」有一概略的理論，卽；美學是一個探求存在的整體的方法論，而形上美學則是對這樣的美學概念做一後設性的基礎，而這也就是一種形上學的方法論，因此他說：

眞正的形上美學，就是一種哲學的哲學。卽一種超哲學，或一種眞正的後設哲學。而我們對中國哲學之本義，亦應作如是觀。（美學與中國哲學㈠）

史作檉對於美學的思維，就是對哲學與科學區分的思維，也是對中國哲學的思維，但是對於哲學而言，他和科學的區分點就在方法論的不同，因此，史作檉的形上美學是以哲學方法論起始，又回復到哲學方法論（形上學）構成一個系統式的說明與詮釋的循環，是對哲學反思的再思考，從哲學的終極關懷是存在的整體中，又回復到哲學若是形上學，則必須要回到存在自身。形上美學既是方法論，又是哲學的終極關懷，兩者合歸於一，成爲哲學（存在的整體）的基礎。事實上，這和方東美的研究趨向頗爲相近，但在方法論的擴展上，史作檉似乎又多走了一步。

## 二、形上美學、喚醒與本體論

由前面形式與存在的分析可知，當超越物被視爲一絕對之時，事實上，又變成了科學的對象，又形式化，又形成一種獨斷，喪失了形成一切的可能性，因此，就此而言，何謂本體？他說：

人的存在之路，或其究極性的表達之路，實際上就是一種本質性的還原的道路。這樣人從人性或生命存在的個別境域，到人性或生命之整體性的探討。而此一屬於「人性」或「生命自體」的探討，實際上，就是一種本體論的範圍了。因為所謂本體，就是一種無所憑依之自體存在的探討。這是一種人性本質的探討，同時也是一種屬於生命之自體世界的探討。……它是超越人性或人之生命的，同時它又是使人的一切成為可能者，是謂本體。（註六八）

本體論的討論是將人的本質做還原的工作，就是對生命存在和整體做探討，而這正是「美學」（從事於人之存在的整體探討）的探討範圍，他又說本體論就是既探討生命自體，又要超越那人性與生命的本質，而使「人的一切成為可能者」，這就是形上美學，（不偏於形式，不偏於存在，並以不休止的方式，以逼近於實體的可能）。形上美學或本體論，對於史作檉而言，最深刻者莫如他自己的描述，他說：

> 我之對於中國哲學之瞭解，就在於一種人類不休止之形上追求的喚醒。我們也可以把它稱之為一種靈感的喚醒。不過實際上這就是一種形上美學的喚醒。（美學與中國哲學㈠）

這個描述就是美學的表達，對於人類自體而言，什麼是本體，就是對「形上追求的喚醒」（靈感喚醒，形上美學的喚醒），實際而言，既不能成爲一對象化的超越物、又不是形式的對象知識，所以這種靈感、喚醒，就是一種觀念，是向形上、自體探求的原創力量，永無休止地在存在與形式中產生，因此他又說：

> 中國古典哲學所予我者，乃一形上美學之靈感，廿年來，不論中間經過多少波折，它一直是如此，……它不是一種單純之哲學，而是一種觀念，一種純粹之觀念、自由、或一種向人性之一切可能，做象德性追索之原創的力量。……同時亦即一種真正成熟之哲學的靈感與智慧，或一種純粹形上美學方法之形成者。（美學與中國哲學㈠）

本體不是那固定不變的絕對物，不是那不變的不動之動者，而是成就純粹形上美學方法的推動者，是喚醒一切可能性的力量，是喚醒人生命、存在自體的探索的呼喚者，是促使一切向終極實體逼近卻又不是實體物的逼近現象的構成者，就是史作檉所謂的本體。既是本體，也是形上美學，更是一種喚醒的力量。

最後我們仍以一段史作檉論究道德、美學、西方、東方哲學價值的話作結，也爲其「形上學美」

的實質所指做一說明：他說：

我之對於中國古典哲學之瞭解，就在於一種人類不休止之形上追求的喚醒。我們也可以把它稱之為一種靈感的喚醒，不過實際上這就是一種形上美學的喚醒。也許這是一種大家所不習慣的說法，因為我們總是以道德為中國哲學之中心。這當然是沒有錯的，但這樣說仍只是一種形式，或只及於中國古典哲學精神之一半。因為事實上我們一定要弄清楚，人永遠不是因道德而愛道德，一如不會因教條而愛道德，或因教條而愛教條。反之，與其說愛道德，不如說愛生命。與其說愛生命，不如說愛真實之追求，與其說愛真實的追求，不如說愛創造。而創造本身，就是一種大想像的世界，卽美學，或形上美學的世界。西方人叫做愛智慧，中國人叫做愛生命，但不論是愛智慧也好，還是愛生命也好，如果哲學或哲學的瞭解，根本就不能對於人類的創造與追求，形成一強力之形上性之喚醒的話，那麼真正的道德又何從而生？同樣地，假如哲學的存在，根本不能向上揭示一種形上美學之可能，並導致於智慧、生命與道德之追求的可能，那麼哲學之真實價值又何在？(美學與中國哲學(一))

## 三、藝術、審美與形上美學

對於藝術的思考是史作檉對美學思維的起點，把美學、藝術視爲廣義與狹義的差別正是史作檉所面臨的問題，所以美學與藝術就是兩者其一的思維。對他而言，美學與藝術相互間的詮解應以如下的方式呈現：

⑴假如說美學真正是一種直覺性創造的根源，那麼其創造物絕不是只範圍在狹小之屬於藝術的一種表達之中，反之，它卻必須是一切創造物之直覺性的根源才行。

⑵同樣地，假如說，藝術是真正最能以直接的方式，呈現美學之根本意義的話，那麼它就必須要具有兩種必要的條件才行：

a. 藝術的內容必須要具有一形式知識的超越能力才行。

b. 藝術的企劃必須要有一不休止趨向或幾於生命整體呈現可能之道德的終極才行。（一、美學與表達）

他所說的問題核心是，美學應該是一切創造的源頭（亦即基礎），而藝術若是呈現美學的話，他就應具備一切創造源頭的屬性（或作用），我們從形上美學的立場來考察時，即可發現他說美學就是形上美學，是一分可能性創造的基礎，而藝術的作用則是一形上的超越能力，又是呈現整體存在的那個存有，因此，藝術對史作檉而言，正如他說：

真正高度的美學或藝術，一如哲學或形上學的存在然，與其說是一種目的，不如說是一種方法。與其說是一種方法，更不如說是一種喚醒，一種對存在或生命之原始與求的喚醒。亦即使人永遠不會中途而墮去，而流於知識的獨斷或乖謬之美學的自由。（三、美學與道德）

所以美學、藝術、哲學、形上學都是對生命的喚醒，對人生命本質的還原，以避免陷於形式知識所構成非生命的科學中，也避免無形式知識而妄以超越物爲實體的虛幻中，而他說：

「眞正的哲學，就是一種形上學，或本體論」，因此，藝術就是美學的呈現，而他說：

藝術之存在，乃美學之直接而正面之呈現物。（二、美學與形式）

當哲學、美學、形上學、本體論的本體是一種喚醒，是一種靈感，是一種觀念，是一種精神時，他說：

藝術於本質上，只是一種精神，其表現，亦此精神之象徵。吾人欣賞藝術品，亦當作如是觀。（三、美學與道德）

所以對史作檉而言，藝術的本質正是透顯出整體存在的眞實性，是對存在的不斷喚醒，呈現出來的作品也是生命存在的象徵，而審美的意義爲何？就是透過象徵而得以解讀生命整體存在對自體存在的喚醒。由此，吾人可得一明晰的觀念，形上美學、藝術、與審美三者是一貫地對人生命存在，對人本質地喚醒，也就是對本體的掌握，形上美學是對喚醒的方法考察，而藝術則是對形上美學的展現，而審美是形上本體對自體存在的喚醒，三者是一合一的結構。這這使吾人連想到方東美對生命本體、生命美感與美的本質的說明。其主要的脈動均來自生命與存在價值的反省。因此史作檉說：「若相對於科學卽形式的觀念來說，那麼藝術的本質卽在於生命」，正是點明藝術、審美與形上美學的本質所在。

按照這種以本體來論述美學、藝術的觀點來看，史作檉反對創作者以外在世界爲其創作的目的，也反對爲創作之作品爲其目的而創作（爲藝術而藝術），他的論點是：

> 真正的藝術，不但對他人來說，是一種生命之原始要求的喚醒，對藝術家本身來說，尤其如此。而且藝術家之不休止的創作本身，也正是藉一種將自身不休止打開的努力，而沒法獲致生命存在之如大海一般的奧秘。因之，對於一個真正的藝術家來說，創作作品本身的意義，遠不如藉此方法得以象徵之人類存在中，不欲淪為美學以外世界，並以將自身不休止地打開，才得以不休止復生之生命的真實追求來得重要。創作品本身並不是一種目的，反之，它只是一種方法，一種方便，或一種永不放棄喚醒生命存在的工具，或象徵。假如人要把創作品本身當做是一種目的，那麼人往往就此失去自身與生命，同時也就失去了藝術之真正的精神，或其中所必含有之精神作用。這樣人就會失去藝術之原創精神，而淪為藝術之目的性形式的獨斷（如為藝術而藝術），或更次而為科學工業的附庸，再而次為商業化的藝術了。（三、美學與道德）

眞正的藝術是以自體存在爲出發點，才可能貫通到形上美學，眞正存有價値的意義之中，因此，若以目的爲目的，最終喪失的藝術的原創精神（亦卽是形上學變成了一種絕對物），而導致失去藝術的本質。吾人由這個觀點來做比較時，可以更淸晰地看出史作檉的美學理念、或美的本質，就是一種生命存在的喚醒，就是眞正的形上學。

## 肆、哲學、本體詮釋與美的思維

從方東美到史作檉，是一個連續性的哲學發展，也是一個試圖建構中國哲學精神的思想論述。他們具有一貫的精神，嘗試著從方法論的角度來反省中國哲學，並試圖將中國哲學的整體精神定位在美學的、本體的詮釋。而在論述的方法上，他們都試圖從哲學反思建構出本體的論述，並認爲生命、或存在本體才是中國哲學的核心所在。更重要的一點是，相對應於西方潮流的衝擊，在時代精神上，他們也對列出西方哲學的比較方法，試圖從當代（指他們的同時代，而非指向今日之當代）的思潮中建構出整個屬於中國的整體哲學——形上學（meta-）的思想模式，並將此本體歸屬到美的範疇之中。

事實上，方東美與史作檉，就臺灣的美學發展來看時，他們具有重大的意義，尤其相對於中國大陸的美學發展而言，其意義更爲明顯，中國大陸美學的主要發展，可區分爲淪陷前與淪陷後兩個時代，當今的四大派別，朱光潛、蔡儀、李澤厚與高爾泰的美學理論，主要是在五十年代美學大論戰時形成的，而五十年代之前與之後，最主要的差別就是唯物歷史觀的滲入。因此，審美經驗與唯物歷史間的論證，展現爲當今中國當代美學的風貌，尤其李澤厚先生的「積澱」說最具特色，但「積澱說」與馬克思（尤其一八四四哲學辨濟學手稿）的早期思想仍有密切的關聯，因此，中國傳統的唯心思潮與本體的論證方式，似乎在唯物思潮之下隱而不彰，這從朱光潛的前後二期思想的轉變中，即可見其端倪、而中國大陸另一美學家宗白華的美學理論，承繼著傳統中國的美學精神，但仍不列在四大派之內，即可看出大陸地區美學發展之路向，因而，方東美與史作檉從哲學反思所建立的美學本體的美學觀，正可突顯出唯心與本體立場的美學發展。而且，更可進一步地看成，是早期朱光潛、宗白華等以唯心爲思維立場的美學路向的進一步發展。因而，從方東美爲始點的美學發展，實是吾人應該重視的一個發展面向。

而當吾人在反省方東美與史作檉的思想之時，應該會有相當的熟悉之處。也就是說，方東美以哲學的本義開始進行本體的思維，以及史作檉運用存在的表達方式來形成方法論的論述時，相對於當今詮釋學（Hermeneutics）的美學思潮而言，尤應不致陌生。當海德格（Heidegger）以Logos（道）來展開對存有的解釋時，正是對「存有」的重新把捉，正如他說：「λονος 的邏輯植根於此在的生存論分析工作，我們認識到 λονος 的存在論闡釋是不充分的」（註六九）。就是要從存在的基源著手，重新詮釋定位本體的位置。而伽達瑪（Gadama）以詮釋學的方法來區分「科學方法」與「本體詮釋方法」的描述方式時，就是重構出人文論述的方法論，因此，若就本體詮釋、方法論與美學的思維來看時，均可使吾人對方東美、史作檉所發展的本體詮釋的美學注以更多的重視。

## 【附　註】

註　一　本段調笑令是譯自莎士比亞的劇作〈馬克白〉，主要是說明西方虛無主義的現象，方東美描述的是西方熱情的天才藝術家窮年皓首浸潤在美的理想後，世代並未給予絲毫的慰藉，由此產生熱情空虛與藝術誣妄的頹情，因此，方東美認為近代歐洲思潮主要是表現出馳情入幻的趨勢，這和近代歐洲的源頭——希臘時期所顯示的無限美感正好駁反。而本段〈調美令〉正是西方「由有入幻」的時期，其原文如下：
Life's but a walking a walking shadow; a poor player, That struts and frets his

hour upon the stage, and Then is heard no more: it is a tale Told by an idiot, full of sound and fury, Signifying nothing.

(Shakespeare: Macbeth, Act V, Sc. V.)

參見方東美：《生生之德》〈生命悲劇之二重奏〉，（臺北，黎明文化事業公司，民六八年）頁七七、七八、七九。

註　二　同上註，頁七七、七八、七九、八〇。

亦參見方東美：《堅白精舍濤集》〈調美令，幻美〉，（臺北，黎明文化事業公司，民七一年再版）頁二四。

註　三　諸參見史作檉碩士論文的〈序〉中，其言：自是從遊吾師東美先生，幸蒙誨教，點示學機，數度訓懇，致吾痛悔淚涕者，歷數月而猶未盡。復深省一年，方可稍入于為學成己之正途矣。可以看出史作檉深受方東美先生的影響。

註　四　方東美著，孫智燊譯：《中國哲學之精神及其發展》〈第一章，中國哲學之通性與特點〉（臺北，成均出版社，民七三年）頁二七。

註　五：同上註，頁四九。

註　六：方東美對於二元論的駁斥，可謂為其一生一貫的志業，由早期《科學、哲學與人生》》中卽言：「近代歐洲人雄踞一己生命之危樓，……實情與眞理兩相刺謬，宇宙與生命彼此乖違，……情理異趣，物我參差」，在〈哲學三慧〉中則言：「歐洲個人心性之構造形成雙重人格，」，在《中國哲學之精神及其發展》中則言：「區衷所志，厥欲馮藉我廣大悉備，圓融合諧之中華智慧，向彼處處不脫二元對立，……之西方思想模式，展開挑戰」，可見方東美整個哲學系統是對應於二元系統而展開。

註七　方東美：《科學哲學與人生》〈第一章，緒論——哲學思想緣何而起〉（臺北，黎明文化事業公司，民七六年三版）頁二六。

註八　同上註，頁二七。

註九　方東美嘗利用圖形將哲學思想表達出來，茲引原圖如下：

哲學思想——意境之寫眞 {
境的認識——時空上事理之了解。
情的蘊發——事理上價值之詁定。

註一〇　方東美：《生生之德》〈哲學三慧，甲、釋名言〉（臺北，黎明文化事業，民六九年三版）頁一三八。

註一一　同註一，頁三二。

方東美言培道對哲學的看法，可謂是：「鞭辟入裏」，可知方東美對此見解的認同，而在〈生命悲劇之二重奏〉的觀點，方東美是有意識地與《科學哲學與人生》的前五章並列，因此，就方東美思想而言，這應該是其早期思想的總結。

註一二　同註七，頁一六。

註一三　同註七，〈人性的分析〉頁一七八。

註一四　方東美：《生生之德》〈黑格爾哲學之當前難題與歷史背景〉。

註一五　同上註，頁二一五、二一六。

註一六　同註一四，頁二二九。

註一七 同註一四，頁二三九。

註一八 方東美所謂：「從康德到黑格爾」的通路，主要是修正康德的哲學體系，將康德的平面結構轉成空間的立體結構，形成如希臘哲學的「層疊差別」，使各級的疊層不斷向上發展，最後與絕對精神冥合，又使絕對精神流貫於各層級的境界中，而形成宇宙大全的統一系統。對於康德體系的修正，主要有四個觀點，均十分複雜，但限於篇章與主題，只能有待另文處理。

註一九 同註一四，頁二一七。

註二〇：同註一四，頁二一九。

註二一：同註四，頁二八。

註二二：關於這個意見，直接引方東美先生的話應是較爲妥當的辦法，方東美在《中國哲學之精神及其發展》一書的序中言：

歸國後（一九六六），拜受充分學術自由之賜，余乃一反故常，將素年來治學講授之興趣重心自古典西洋哲學方面一舉而傾注於《中國哲學之精神及其發展》。（浪子回家，大有如歸之感，幸自如之！」）。

可知方先生在一九六六年之後，始將主要的精神貫注在中國哲學的研究上。但吾人不能依此而說，方先生在這之前並不研究中國哲學，只是重心的不同罷了。

註二三：同註一，頁三二。

方東美對於培道的說法，以「鞭辟入裏」來描述他的觀點，可見方東美對此說法頗爲折服。

註二四　同註一，〈中國形上學中之宇宙與個人〉，頁二八四，另可參照英文出處，

Thomé H. Gang Greativity in Man and Nature, "The World and The Individual in Chinese Metaphysics," (Tapai, dinking pubishing Co., Ltd., 1980)

註二五：對於 Organicism 的譯法，在 "The Chinese View of life"文中，其語氣的表達與 "The World and The Individual in Chinese Metaphysics" 中略有不同，茲引原文如下：

The Universe; in our regard, is not merely a Mechanical field of physical actions and veactions, but also a Magnificent realm of the concrescence of Universal Life. Such a theory may be called Organicism a applied to the world at large "The Chinese view of life" 1956.

另又：

Thus it is that Chinese philosophical ideas are centered around the integrative wholes explicable in terms of organicism, which, as a form of thought,

"The World and The Individual in Chinese Mataphysics" 1964.

在《中國形上學中的個人與世界》中 Organicism 是以定義中國思想的方式來論述，並給予定義的說明，因此 Organicism（有機主義）的體系建立，主要應自一九六四年的「東西方哲學會議」(East-West Philosopher's Conference) 開始。而在 "Chinese Philosophy: Its Spirit and Its Development"（中國哲學之精神及其發展》第一章〈中國哲學之通性與特點〉中則給予更明晰的定義與

說明，茲引原文如下：

Thus it is that Chinese philosophical expressions are Centred round the integrative wholes exphcable in terms of organicism Which, as a type of hle-to physical theory,

在此則將 organicism 的概念由前的 'as a form of thought' 轉成 'as a type of Metaphysical theory'。這在哲學意義的認定上，自有其意義上的差異，因此，從 organicism 來看方先生一生思想的變化，實是重要關鍵，但這並非本文主要目的，僅能留待他日再加詳論。

註二六 方東美：《中國人生哲學》〈第二章，中國先哲的宇宙觀〉（臺北，黎明出版事業公司，民七十一年四版）頁一六、一七。

註二七 方東美：《中國人生哲學》〈第一章，中國人的智慧〉（臺北，黎明出版事業公司，民七十一年四版）頁九三、九四。

註二八 同註十四，頁一五九。

註二九 同上註，頁一六〇。

註三〇 請參照方東美晚年對中國形上學諸體系的論點，茲引原文如下：

討論「世界」或「宇宙」不可執着於其自然層面而立論，……而應當不斷地加以超化：對儒家言，超化之，成爲道德宇宙；對道家言：超化之，成爲藝術天地；對佛家言，超化之，成爲宗教境界。超化之世界卽是深具價值意蘊之目的論系統。

同註四，頁四九。

註三一　請參照馮滬祥翻譯之譯本《中國人的人生觀》，收錄於《中國人生哲學》書中，可見於〈第六章藝術理想〉頁二一二。但由於本文是直接論及「美的本質」此一主題，故再抄錄原文如下：

What, after all, is the great beauty of the universal? If we were to probe it to the bottom, how Should we go in for the charm of it in order to get at its inner essence? As regard this, We may say that the great beauty of the universal consists in the Confluence of Universal life in its continuous process of creation. And the way in which we go home to its depth is to enter into the sympathetic unity in spirit which everything such that man and universe will be indivisibly on so as to exhibit the same vital rhythms of perpetual creativity. In other words, *the beauty of the universe is to be comprised within life and its exuberant vitality; the beauty of life is to take shape in the mode of concordant creation.*

註三二　同註二六，頁二一一。

註三三　請參照《中國人的人生觀》一書〈第六章：藝術理想〉頁二一三—二一四。

註三四　同上註，頁二一七。

註三五　同註三三，頁二〇二。

註三六　同註三三，頁二二二。

註三七　同註七，〈科學的宇宙觀與人生問題——(二)生物科學〉，頁一六七。

註三八　方東美：《生生之德》〈生命情調與美感〉（臺北，黎明文化事業公司，民國六十九年三版），頁一一二。

註三九　同上註，頁一一七。

註四〇　同註三八，頁一一八。

註四一　同註三八，頁一一六。

註四二　同註三八，頁一一八。

註四三　由於其論證過程十分翔實，且篇幅頗大，可分析的也多，因此本論文並不仔細的詳述，只摘引其結論。至於方東美先生所欲建構的時間觀與空間觀，實爲一重要的議題，或有待來日的解決。

註四四　同註三八，頁一二七。

註四五　同註三八，頁一二七。

註四六　方東美：《方東美演講集》〈中國哲學之通性與特點〉（臺北，黎明文化事業公司，民國七十八年五版），頁九二、九三。

註四七　同註四六，頁九六。

註四八　同註三八，頁一三〇。

註四九　同註三八，頁一三一。

註五〇　同註四六，頁七九。

註五一　蔣孔陽編：《二十世紀西方美學名著選（下）》〈十、符號論美學〉（上海，復旦大學出版社，一九八八），頁一六。

註五二　同註一四，頁一七一。

註五三　同註二七，頁二三九。

註五四　同註二七，頁二一七。

註五五　同註二七，頁二一八。

註五六　同註二七，頁二二六。

註五七　同註二七，頁二二八。

註五八　同註二七，頁二二三、二二四。

註五九　史作檉：《孔子思想之哲學精神》〈第五章，孔子思想之美學精神〉（臺灣大學文學院圖書館館藏），頁一二七。

註六〇　史作檉：《形上美學導言——一種對於中國古典哲學之基礎性的反省》〈一、美學與表達〉（臺北，仰哲出版社，民七七年再版）頁一。

註六一　史作檉：《存在的絕對與眞實——形上學方法導論，第二部：絕對》〈第九章，形上道德的可能性〉（臺北，楓城出版社，民六六年）頁三三九。

註六二　同註六〇，頁一一。

註六三　同註六〇，頁一，頁二。

註六四　同註六〇，＜美學與中國哲學㈣＞頁一〇六。

註六五　同註六〇，＜一、美學與表達＞頁四。

註六六　同註六四，頁一〇四。

註六七　同註六〇，頁六四。

本文作者孫中曾講師任教於永達工專講師。

# 新詩形式設計的美學——對偶篇

陳啓佑

在論對偶（亦稱對仗）之前，先談與此有關的對稱（Symmetry）。所謂對稱，西方科學家赫爾曼・外爾（HERMANN WEYL）表示：

> 對稱這個字眼，在我們日常生活的用語中，有兩種意義。在其中的一種意義中，「對稱的」表示東西是有良好比例的，很平衡的。「對稱」則表示由幾個部分組成一整體的和諧性。對稱帶來了美。（註一）

這種說法與韋楚維（Vitruvius）爲對稱所下的定義異曲同工：

> 對稱從比例相稱而得……。組成整體的各部分有通約的度量就是比例相稱。（註二）

至於赫爾曼・外爾所說的第二個意義如下述：

> 平衡給人的印象，自然使人想到，對稱這個字眼在近代所具有的第二個意義：雙側性對稱，亦即左右對稱。它在高等動物，尤其是人類的身體結構上是顯而易見的。（註三）

這種對稱現象在自然、植物、動物界隨處可見，例如雪花晶體、樹葉、鳶尾花、向日葵、人體、蝴蝶、蜻蜓、蜂房等等。此一現象給先民留下深刻的印象，給先民許多啓示。逐漸地，對稱觀念被引用到繪畫、雕塑、建築、音樂、文學、哲學等方面；甚至引用到物理、數學、化學自然科學上，且有驚人的創獲。十九世紀初，西方數學家提出了「羣」的數學概念，用來描述對稱現象，後繼者紛紛戮力研究，終於形成了別開生面的「對稱學」。

有些修辭學家常借用對稱來解釋對偶。臺灣修辭學學者黃慶萱大著《修辭學》一書說：

自然界各種事物的奇偶對稱，為修辭上「對偶」法之淵源。（註四）

大陸修辭學學者馬瑞超在〈對偶〉一文中亦指出：

這樣看來，對稱或均衡都是形體上所具有的一種形式，語言中的對偶，像「無邊落木蕭蕭下，不盡長江滾滾來」、「路遙知馬力，日久見人心」等等，雖然從構成材料看主要不是視覺所感知的形體，而是聽覺所感知的語音，但它跟繪畫、建築一樣，都表現為一種數量關係（卽大小、長短、多少）。另外，從它的構成和在人的心理上所產生的效果看，也都跟對稱或均衡極其相似，是可以作為對稱或均衡來看待的。（註五）

固然自然界的對稱現象給寫作者靈感，而產生了語文的對偶。許多學者卻誤以爲對偶就是對稱，實則對偶絕對不等於對稱，這是必須強調且言明在先的。蜻蜓、蝴蝶、樹葉等都是在一直線上成左右（或上下）對稱，亦卽左右（或上下）形象相同，但方向相異。而語文中的對偶，如杜甫〈登高〉中的頷聯：

無邊落木蕭蕭下

不盡長江滾滾來

出句在右，對句在左，相對於無邊、落木、蕭蕭下，對句的不盡、長江、滾滾來並非與之「形象相同」，也沒有「方向相異」的現象，顯然不具有對稱形態。因而說對偶具有對稱特色，其實是錯誤的。修辭學學者只是「借用」對稱來說明對偶的某些優點，所持的理由在前引馬瑞超的話中可以找到。關於語文的對偶並非對稱形態，中研院院士邱應楠曾在一場演講中解說王安石「一水護田將綠遶，兩山排闥送青來」詩句的對仗時，有一段一針見血的話：

> 古典中國詩詞講究對仗整齊，「一」對「兩」、「山」對「水」……。不過，從科學上的對稱性來看，這種詩詞的對仗，只能算是「對」——而不能稱為「對稱」，像古詩所謂「無名天地之始，有名萬物之母」之類都屬「對而不稱」。(註六)

眞正具有對稱形態的修辭格不是對偶，而是回文。如朱熹〈菩薩蠻——次圭甫韻〉：

暮江寒碧縈長路，路長縈碧寒江暮。
花塢夕陽斜，斜陽夕塢花。
客愁無勝集，集勝無愁客。
醒似醉多情，情多醉似醒。

整闋詞使用回文技巧，每兩句相回環，上句倒過來唸即是下句。它在一直線上成上下對稱，上下形象相同而方向相異。舊詩的回文體，例子更多，這裏僅舉一例——蘇東坡〈題金山寺〉：

潮隨暗浪雪山傾，遠浦漁舟釣月明。
橋對寺門松徑小，巷當泉眼石波清。
迢迢遠樹江天曉，藹藹紅霞晚日晴。
遙望四山雲接水，碧峯千點數鷗輕。

這首七律亦可依序倒讀，從第八句底部往上讀，再以同樣方式讀第七句，依此類推，即爲另一首七律。無疑的，雖然外形上看來並未對稱，但透過上述特定方式的閱讀，此詩具有對稱形態。楊振寧〈對稱和物理學〉一文便曾舉此詩來說明文學家運用對稱概念的情形。（註七）

如果以對稱作爲對偶的美學基礎之一，或者說特色之一，固然牽強，對偶充其量只是沾了一點對稱的邊，然而我們之所以能接受這種詮釋，除了由於上述馬瑞超的意見外，另外，乃由於對偶予人之印象有點類似對稱所帶給人的平穩、滿足的感覺。以下「借用」對稱來詮釋對偶，即基於這些原因。對偶的產生因素，除了上述源於自然界的對稱外，尚有許多原因，黃慶萱《修辭學》一書所言甚是：

……在主觀上，源於心理學上的「聯想作用」，和美學上「對比」「平衡」「勻稱」的原理。而漢語的孤立與平仄之特性，又恰好能滿足這種客觀現象與主觀作用之表達。（註八）

## 一、對偶的定義

在中國漢語史上，對偶從不勞經營到刻意求工，由對偶詞句的不避同字到避同字，要求漸趨嚴格。然後再由不苛求平仄相對，進而講究平仄相對，也就是講求意義的對偶在講求聲音的對偶之前。迨至民初，文學革命，不講對仗及打破平仄的主張被普遍接受，對偶已不流行，且要求也不像古代那麼嚴格。

由此可見對偶的要求因時而異，它的定義應隨時代而調整。筆者藏書中，修辭學著作數十種，這些書爲「對偶」下的定義並不一致。大體而言，適用於古代者居多，拿這些定義來衡量現代文學中的對偶，當然格格不入，甚至可以說是錯誤的。即使以這些定義來衡量古代文學中的對偶，亦往往有不當之處。以下試著檢討對偶的定義。

陳望道於修辭學領域的成就頗高，其《修辭學發凡》一書爲修辭學研究立下一個里程碑，給後學相當大的啓示。首先介紹他爲對偶所下的定義：

> 說話中凡是用字數相等，句法相似的兩句，成雙作對排列成功的，都叫做對偶辭。（註九）

「說話」應改爲「語文」才合理。從陳望道於「對偶」一節所舉《水滸》、《詩經》、《莊子》、陸游詩等對偶的例子，可見並不只是「說話」中才有對偶現象。接下來談「字數相等」這個要件。所謂「字數相等」即相對的兩項（或語言單位）字數必須相同，例如：

> 君子坦蕩蕩，小人常戚戚。（《論語・述而》）

五個字對五個字。又如：

> 月兒裝上面幕，

桐葉帶了愁容，（李金髮：〈律〉）

六個字對六個字。而下面的詩例固然相對，但字數不等：

倚以以西風 立之以秋 （吳望堯：〈立秋賦〉）

一一相對乃是對偶的基本性格，上述詩例上下兩句字數不同，如何一一相對？當然不能視為「對偶」。民國二十七年四川省政府主席劉湘逝世，某人作輓聯諷嘲之：

劉主席千古

中華民國萬歲

有人批評道：「上聯與下聯字數不等，不能成對。」，某人答曰：「劉湘桀驁不馴，剛愎自用，如何對得起中華民國？」這趣聞也涉及字數不等的問題。這問題之所以引起筆者注意，因為有些修辭學專著界定對偶時，並未言及字數相等此一基本要件，大陸學者張志公《修辭概要》說：

所謂對子就是用結構類似的甚至完全相同的一對句子或是一對詞組，來表達一個意思的兩面，或一個意思的兩個層次，或兩個相對的意思：修辭學上叫作「對偶」。（註一〇）

而臺灣學者蔡謀芳《表達的藝術》一書則說：

為表現一種對立性的材料，而傾向一種對稱的語文形式的選擇，就是「對偶修辭」。（註一一）

限於篇幅，以上僅舉兩例。對偶與排比容易混淆，尤其在排比項為兩項時，區分的方式很多，其一是對偶相對的兩項字數必須一樣，而排比則各排比項字數可以同，亦可以不同。

接著檢討「句法相似的兩句」，這句話犯了兩個錯誤，先討論「句法相似」的問題。許多修辭學書義界對偶時也都如是說，黃慶萱《修辭學》即是(註一二)。對偶的兩聯雖然不必硬性苛求詞類一一相對（即詞性相同，如名詞對名詞，動詞對動詞，形容詞對形容詞等），但古人作對子倒頗注意詞類相對，如「明月松間照，清泉石上流」（王維：〈山居秋暝〉），兩個五言句的句法結構雷同：

形容詞＋名詞＋名詞＋名詞＋動詞

對偶固然不乏「句法相似」者，但「句法相同」者亦屢見不鮮。因此，如將「句法相似」改成「句法相同或相似」則更周延。大陸有些修辭學書對這點便有正確的敍述，如《修辭通鑑》、《辭格滙編》、《語法修辭六講》等。(註一三)至於某些修辭學書僅提到「語法相同」或「結構相同」(註一四)，亦屬一偏之見。

其次，討論「兩句」的問題。譚正璧《修辭新例》、黃慶萱《修辭學》、金振邦《文章技巧辭典》等書(註一五)，可能是受到陳望道的影響，在爲對偶定義時也都主張相對的只是兩個句子。這種說法有待修正。我們不妨先來看下列幾種不同狀況的對偶：

①紫電青霜（王勃：〈滕王閣序〉）

②騰蛟起鳳，孟學士之詞宗；紫電青霜，王將軍之武庫。（王勃：〈滕王閣序〉）

③文章做到極處，無有他奇，只是恰好；人品做到極處，無有他異，只是本然。（洪自誠：《菜根譚》）

④雄踞重湖，勢凌三楚，目窺雲夢，望極瀟湘，數千年客咏人題，幾多筆健才宏，豈競詩文輔杜范；
烟繁近閣，夕照漁村，雁落平沙，帆歸遠浦，八百里波浮影動，無限春光秋色，僅言風月貶江山。（岳陽樓長聯）

①例乃「句中對」，「紫電」對「青霜」，屬於「短語」的對仗，而非「句子」的對仗。其餘三個例子，均非「兩個句子」所構成的。只有「單句對」是「兩句」所組合的。有些修辭學書發現這問題，所以在定義對偶時比較周延些，如《文學和語文裏的修辭學》述及對偶項的語言單位說：

兩個句子或詞組（註一六）

《新編修辭學》一書則曰：

兩個……短語、句子或篇章（註一七）

馬瑞超〈對偶〉一文則表示：

一對語句或章節（註一八）

綜合上述三種說法，可知對偶項所包含者可能小至短語，也許大至篇章，絕非上下兩個對偶項各只有一句而已。

陳望道的對偶定義中最後一個要件爲「成雙作對排列成功的」，「成功」的「功」宜刪除，因爲無論失敗的或不太成功的對偶，只要符合上述幾個要件，當然是對偶。「成雙作對」透露出對偶項爲兩項這個訊息。的確，對偶項倘若只有一項，如何成對？再者，超過兩項，亦無法成雙作對也。

此外，有些修辭學者認爲定義應加上「平仄相對」，《修辭方式例解詞典》、黃慶萱《修辭學》等卽主此說（註一九）。這倒值得商榷。衆所周知，律詩中間兩聯須對仗，規矩極嚴，「平仄相對」便是其中一項要求，不過，這只是大原則，古人寫詩難免違規。不規則的拗體詩或吳體詩，中間兩聯往往平仄不相對，文法、意義等方面卻兩兩相對，故仍視爲對仗，豈能因其平仄不相對，就不當對仗看待？進一步而言，在近體詩興起之前，駢文、古體詩中的對仗尚未講究聲音相對，卽平仄相對；倘若定義多了「平仄相對」，那麼這些對仗顯然不合格，它們就不是對仗嗎？再者，現代文學已打破平仄，對仗根本不必「平仄相對」。

緣於此，陳望道、黃永武、馬瑞超等人（註二〇），並未在定義中特別規定「平仄相對」。

我們繼續思考下一個問題：定義應否規定兩個對偶項之詞性須一一相對？

董季棠《修辭析論》第二十二章曰：

> 對偶是上下句成雙成偶地對立。不但字數相等，而且詞性相同，如名詞對名詞，動詞對動詞，形容詞對形容詞等。（註二一）

對偶的分類方式有多種，其一爲嚴式對偶與寬式對偶。嚴式對偶「除了上下語句字數相等，還要求結構相同，詞性相同，平仄相對，字面不重復」（註二二），而寬式對偶則「只要求上下語句字數相等，結構相似，字面可以重複，平仄可以不對」（註二三）。可見「詞性相同」並不適用於寬式對偶，換言之，「詞性相同」並非對偶的充分必要條件，此於處處要求較嚴的古典文學已然，於各方面要求較不苛的現代文學更是如此。大陸修辭學著作多持這種看法，高葆泰《語法修辭六講》表示嚴式對偶多見於格律詩，寬式對偶多見於現代詩文(註二四)，王德春主編的《修辭學詞典》更進一步舉證：

這種對偶屬於「寬式」，如：「那是滿池的新荷，圓圓的綠葉，或亭亭立於水上，或宛轉靠在水面……」(宗璞《西湖漫筆》)「滿池的新荷」對「圓圓的綠葉」；「或亭亭立於水上」對「或宛轉靠在水面」。(註二五)

經過一番冗長的檢討，我們可以了解下定義宜嚴謹、周全，稍有漏洞、疵病，卽站不住腳。以下試圖下一適用於古今的定義：

語文中凡是用字數相等，文法相同或相似的兩個短語、句子、句羣或章節，成雙作對排列成的，稱爲對偶。

## 二、對偶的種類

上節述及對偶可分嚴式、寬式兩種，乃是就要求之嚴寬來分類的。此外，尙可就意義及形式，加以分類。本文以新詩爲探討的對象，以下將以新詩爲佐證。

就意義來分類，對偶可分正對、反對、串對三種。

正對指兩個對偶項意義相同、相似、相近，如下面的詩例：

看歌仔戲演桃園三結義

布袋戲説大俠一江山（〈楊子澗：孩子，我帶你來〉）

反對指兩個對偶項意義相反、對比，下面詩例卽是：

欲舉足走出秋風不及的小晶

窗……草原，原是生長處

戰場，原是棄骨處（鄭愁予：〈讀舊作竟不能自已〉）

相反、對比是對偶項之間的現象之一，並非所有對偶皆具有這種現象。再者，相反、對比的現象也存在於其他修辭格中。《文心雕龍》云：「反對爲優，正對爲劣」（〈麗辭〉篇），此乃古人的見解，並依據此原則評判對偶水準之高下。筆者不以爲然。如果正對的兩項（語言單位）內容相似、相同，也有彼此互補、相輔的作用，此外，因爲兩項文法相同或相似，會產生節奏，具有美學效果，何劣之有？

串對是兩個對偶項在內容上呈現承接、因果，或條件、假設關係，上下兩項往往不能各自獨立，而是緊密相連，互爲依存的。例如：

卽從巴峽穿巫峽，便下襄陽向洛陽。（杜甫：〈聞官軍收河南河北〉）

串對在舊詩中屢見，尤其在結尾部分。因爲上下兩項像流水潺潺而下，故又叫流水對。不過，這種對仗方式在現代文學中少之又少。截至目前爲止，筆者尚未找到詩例，故從缺。

上述三種對仗皆由聯想得來，聯想可分類似聯想、接近聯想、對比聯想等。正對是透過類似、接近聯想而得，反對則是透過對比聯想而得。(註二六)

就形式來分類，對偶大致可分爲句中對、單句對、隔句對、長對。

句中對又叫當句對，以下這個詩例即是：

管他什麼千年寂寞萬古悲歡(羊令野：〈觀韓國羽扇舞〉)

定義中的「兩個短語」即指這一類。單句對則如左：

風有風的威勢

花有花的能耐(周夢蝶：〈集句六帖〉)

前面論及定義中「兩句」的問題時，亦曾提到句中對、單句對，可參考。所謂隔句對，乃兩句兩句相對，兩個對偶項的首句彼此相對，第二句亦彼此相對。請看下面的例子：

遠遠的街燈明了，

好像閃著無數的明星；

天上的明星現了，

好像點著無數的街燈。(郭沫若：〈天上的市街〉)

這種對仗又稱雙句對，亦稱扇對。至於長對則指對偶項最少三句，多則數十句，甚至是章、節。

這裏必須補充說明的是，本章所說的「句」，指獨立爲一個語言單位者，比方說，上下皆爲標點符號所斷開的，便算是「句」。請看羅青〈戀愛報告書、第二份、芒果樹〉中的對偶：

越過那廢牆，在牆頭，讓我倆枝葉連理
穿過那廢牆，在牆根，讓我倆根莖糾纏

這是對偶項爲「三句」的長對。上述定義提到「句羣」，係指超過兩句者，當然章、節亦包括在內。不過，「句羣」不一定等於章、節，譬如有的對偶項爲四、五句，但不構成章、節。這是定義中於「句羣」外，另外加上「章節」的原因。下面便是節與節對仗的詩例：

乾杯。二十年後
想必都已老去，一如葉落
遍地。園中此時小徑暗幽
且讓我們聯袂
夜遊，掌起燈火

隨意。二十年前
猶是十分年輕，一如花開
繁枝。樹下明晨落紅勾雨
請聽我們西窗

吟哦，慢唱秋色（向陽：〈水歌〉）

諸如此類的對偶，不妨稱之爲「大型對偶」。

## 三、對偶與排比

有些排比頗像對偶，難怪有修辭學學者將對偶與排比合稱爲「排偶」，一起討論，如蔡謀芳《表達的藝術》、駱寒超《新詩創作論》。（註二七）張志公甚至誤以爲：

把對偶擴大一點，不單是用結構類似的句子或詞組作成一對，而是作成一連串，就成了「排比」。（註二八）

依照此說，似乎對偶與排比之相異處，僅在於前者成對，即對偶項目爲二，而後者項目超過二，如此而已。這眞是曲解。關於排比的定義，筆者曾提出這樣的觀點：

接連用兩個或兩個以上相同或相似的句法，表達相同或不同範圍的內容的修辭技巧。（註二九）

這內容與上述對偶的定義有同有異。相同者有兩點，其一是語言單位，對偶語言單位也許是短語、句子，也許是句羣、章節，而排比的語言單位，不外乎短語、詞組、句子、句羣（超過兩句）、段落（卽章節）。（註三〇）其次，這兩個修辭格在句子結構上都是「相同或相似的文法」。至於相異處亦有兩點，其一是對偶的兩項字數必須相等，此乃充分必要條件，而各排比項的字數可以同，也可以不同，並沒有限制。此前已言及。其次，對偶項爲兩項，此乃充分必要條件。此從字源學看亦可知曉，偶之本字應是「耦」，即兩個人在一起耕田之意，因而「偶」也有雙的意思。而排比項不一定非兩項不可，也可以兩項，它可以多項，當然不能只有一項。一項，如何排比？

以上相異的兩點，陳望道早已指出，筆者不敢掠美，他說：

> 排比與對偶，頗有類似處，但也有分別：㈠對偶必須字數相等排比。不拘；㈡對偶必須兩兩相對，排比也不拘。……（註三一）

這兩點，是判別對偶與排比最主要的方式。接著介紹幾個次要的、輔助的方式。

對仗即使要求不嚴，無論如何，總要有「對」的意味，像下列詩例，何對之有？

> 我住在萬年的深山裏
> 我住在萬年的岩石裏（艾青：〈煤的對話〉）

此乃排比，不像對偶。進一步而言，誠如黃慶萱所言：

> 在美學上，對偶和排比都基於平衡與勻稱的原理，……二者除了平衡勻稱的共同基礎之外，對偶傾向於「對比」(Contrast)，而排比傾向於「和諧」(Harmony)。（註三二）

甚有創見，不過，這是就大體而言，且是比較之下的現象。並非凡對偶、排比皆如此。

陳望道曾指出對偶與排比的三點相異處，其中兩點前面已引用。另外一點爲：

> 對偶力避字同意同，排比卻以字同意同為經常狀況。（註三三）

這段話說對了一半，第二句的確如此，而首句則與事實不符。寬式對偶字面可以重複，前已言及。比起古典文學來，現代文學中的對偶，字面重複者屢見不鮮。職是之故，以上述陳望道的觀點來區別對偶與排比，極不安全，容易誤判。

排比有時的確與對偶分不清，尤其在排比項爲兩項，兩項之字數相等、文法相似，字面又有重複的情況，極易與寬式對偶混淆。如下列詩例，看似對偶，其實應是排比：

走過
無花的
山谷，
走過——
無笑的
平原，（田間：〈中國底春天在號召著全人類〉）

難怪有些修辭學專家，面對這兩個辭格時，往往眼花撩亂，判斷錯誤。《現代漢語》一書就曾犯錯：

「年年有人出海，年年有人失踪」也算得是對偶，儘管上下句有重覆的字詞（「年年有人」），不是嚴式對偶。（註三四）

這不但不是嚴式對偶，也非寬式對偶。倘若這也算是對偶，則所有排比項爲兩項者均可視爲對偶了。

話說回來，如果一對偶同時符合排比辭格的條件，依筆者淺見，倒不必區別它隸屬何種辭格；讓它是兩屬辭格，應該比較合理。

## 四、對偶的美學基礎及效用

對偶擁有許多特色，其中有些與美學息息相關，玆僅舉重要者分析、詮釋。

### (一)對稱

對稱與對偶之間的關係、基於何種理由以對稱解釋對偶，以及對稱的含意，這些課題已於本文開頭交待清楚。文學上的對偶源於自然界的對稱，除此之外，它跟對稱不太有關，蓋兩者情況不同也。但基於這點關係，許多人便將兩者並論。此外，常將兩者相提，尚有其他原因。馬瑞超說出了這些原因。我們先溫習他的話，他說從對偶表現爲一種數量關係，從它的構成及予人心理的感受上來看，它與對稱極相似。馬氏的卓見有必要在此進一層闡釋。例如數量關係，依馬氏所說，指大小、長短、多少，下面試著以新詩中的對偶說明：

船，蕩開閃耀的金星；

槳，撥動五彩的雲影。（崔合美：〈采珠〉）

此乃隔句對，對仗的兩項字數一樣，皆是八個字，顯示這對偶在大小、長短、多少上，在數量上雷同，可作爲對稱看待。另方面，如果這對偶的兩項詞類相對、文法相同，則更可視同對稱。其詞類及文法結構如下：

名詞 動詞＋形容詞＋名詞

名詞「船」與「槳」均擔任主詞，此亦相同。而在聽覺上，也對稱，其「音組」（卽「頓」）結構如左：

船／蕩開／閃耀的／金星；

槳／撥動／五彩的／雲影。

每項四個「音組」，排列次序皆是一字頓——二字頓——三字頓——二字頓，有秩序有規律。不過，誠如馬瑞超所言，對偶從材料上看主要是聽覺所感知的語音，不是視覺所感知的形體，換言之，不是一望卽知的。所以從字面看，上述對偶並不對稱。此乃它跟前面所引回文詩迥殊之處。

爲何對稱本身具有高度價值且能獲好感？

以下姑且以對偶來說明。就製造者，卽作者而言，以聯想方式來產生對偶。人類普遍具有「作對」的傾向，尤其是中國古代文人。就觀賞者而言，當讀者閱讀文學中的對偶，往往基於「配對」的心理、習慣，而產生好感。朱光潛《詩論》則站在生理作用的角度加以發揮：

美學家以為這種排偶對仗的要求像節奏一樣，起於生理作用。人體各器官以及筋肉的構造都是左右對稱。外物如果左右對稱，則與身體左右兩方面所費的力量也恰相平衡，所以易起快感。文字的排偶與這種生理的自然傾向也有關係。（註三五）

總言之，作者與讀者大多喜愛對偶，對偶在古代文學作品中，俯拾皆是，良有以也。

桑塔耶那從美學角度解說對稱的價值：

當眼睛掠過一座建築之正面（facade），並發現那些吸引它的客體是按均等間隔排列時，心意中就會生起一種期待（expectation），就像對一個必然音調或必需字眼之預期一樣。這種預期如果沒有得到滿足，就會引起一種錯愕（shock）。這種錯愕，如果是一個有趣客體之顯然呈現所造成，就會給我們一個圖象感（picturesque）的生動效果；但如果沒有任何補整效果（compesnation）隨之以俱來，這種客體就會給我們醜陋不完全之感覺——而這正是對稱所避免的缺陷。（註三六）

這理論相當精闢，正可以藉以說明人們閱讀對偶，尤其是隔句對、長對第二項時的心情。這裏舉饒慶年〈春醒〉一詩中的隔句對來實驗、證明：

一聲縹緲的村鷄，
抹了哀訴的晨光；
幾絲潮濕的夜風，
添了夢裏的花香。

當我們讀到第三句「潮濕的」時，已察覺此句與首句相對，讀到「夜風」，果然如我們所料，令人感到滿足、愉悅。那是由於第一、三句表現出整齊的規律。這種整齊的規律會在心理上形成一種「模式」(pattern)，讀者會準備好，照這模式去適應，去調節注意力，這便是所謂「預期」。預期得到證實就會產生快感，得不到證實就會有不順、不快之感。所以當讀者讀完第三句，會預料第四句一定與第二句對仗，迨讀完第四句，預期並未落空，立刻感到快慰。

## (二)節奏

前面介紹過〈采珠〉詩中對偶之詞類及文法結構，這結構也是一種「模式」，在對偶的第二項中又出現，由於重複，故產生節奏。駱寒超曾論及排比、對偶之所以能製造節奏的因素：

> ……它們（筆者按：指排比、對偶）體現了語言結構的反復與重迭，使嵌入這種結構中的詩行羣、詩節或詩篇的節奏，經多次反復而加强回環感……。（註三七）

馬瑞超亦表示：

> 字數相等、結構相同，既有整齊的美，也有回環的美。字數相等、結構相同的語句，節拍也往往一致。節拍的重復，也會給人以回環的美感。……語言的形式美在對偶中表現得最為突出，它看上去均齊悦目，讀起來琅琅上口，像音樂一樣和諧、優美。（註三八）

上述饒慶年〈春醒〉、郭沫若〈天上的市街〉、向陽〈水歌〉等詩中的對偶均足以印證駱、馬兩人的理論。對仗的兩項能達到字數相等、結構相同，很難在英文中找到例子。這正是中文的特色。朱光潛曾舉丁尼生詩中的句子，說明英詩中的對仗即使意象對稱，而詞句卻不易對稱：

> The long light shakes across the lakes,
> And the wild cataract leaps in glory。（註三九）

兩句的內容固然相對，中譯爲：長長的光束在湖面上抖動，瘋狂的瀑布在光輝中跳躍。但是詞句參差不齊：兩句各爲七個單字，第二句與第一句實際相對的是「And」後面的六個單字，換言之，實際上是六字對七字。再者，在中文裏，「光」與「瀑」音、義均相對，可是在英文裏，「light」與「cataract」兩字意對而音多寡、長短不一，不能成對。因此，同屬對仗，中文整齊的對仗節拍較悅耳，節奏較強烈。

如果對偶的兩項字數、結構、詞性均雷同，會產生與「類疊」辭格的「疊」類似的節奏，下面再舉一例供參考：

請妳降臨吧，降臨在我清涼的身影之內

請妳息止吧，息止在我濃綠的愛意之中（羅青、〈戀愛報告書、第一份、無果樹〉）

兩項同屬一個「模式」，因重復而產生節奏。關於「疊」的節奏產生因素與解析，請參拙文「新詩形式設計的美學基礎——類疊篇」。由於在某些方面，對偶與類疊（或稱反復）近似，有人將兩者混爲一談，陳望道曾提及此事：

對偶這一格，從它的形式方面看來，原來也可說是一種句調上的反復；故也有人將它入為反復格。（註四〇）

其實對偶與反復極易區分。反復就是重復使用同一語言單位（詞、句、段等）。如果兩個語言單位相對的字面都一樣，這絕非對偶，而是反復。不知爲何有人分不清？

前面只提到對偶項之結構、詞性雷同的例子，其實，結構、詞性相似，照樣能產生節奏：

> 風起六朝，
> 沙揚大唐，
> 宋秩一卷雲和月，
> 明清兩京清明雨……（鄭愁予：〈一碟兒詩話〉）

「秩」應是「帙」。一、二兩句對仗嚴整，三、四兩句則不然。「宋帙」乃宋版書，如何對「明」？「宋」對「明」，而「帙」與「清」不能成對也。「雲和月」與「清明雨」亦不對稱。三、四兩句顯係寬對，節奏感當然比一、二兩句弱一些。

古代對聯及近體詩的對仗，力求平仄相對，因而更具抑揚頓挫、音樂悅耳的效果。關於此，凡熟悉中國古典文學者大多了解，玆不深入分析。而現代文學不要求平仄，故此一課題不擬討論。

舊詩講究押韻，現代詩則不反對押韻，但沒有韻也無妨，此乃詩體解放。民初新詩人之詩作多半押韻，近四十多年臺灣詩人對押韻有興趣者亦不少，如余光中、羅青、席慕蓉等人。對偶若押韻，節奏感更濃郁，前引〈采珠〉、〈春醒〉中的對仗卽是很好的證明。以下再舉一例：

> 回首三十塵土
> 羞見八千里路（陳義芝：〈思舊賦〉）

這單句對不失爲工對，它除了對仗嚴謹外，還用典，而且押韻，頗具韻律。

### (三)對比

姚一葦《藝術的奧秘》一書論對比時說：

對比（contrast）一詞係指把兩種不同事物安排在一起，以强調顯露它們彼此之間的差異，故有比較之意。（註四一）

對比應用的範圍很廣，如美術、音樂、戲劇、建築等方面。語言上也有運用對比者，此稱爲語言上的對比，它的定義如姚一葦所言：

所謂語言上的對比係把兩種不相同，而特別是相反的事實，對列起來，使兩相比較，互為映襯，從而語氣增强，使意義鮮明。（註四二）

對比乃是對仗的一大特色，尤其在「反對」辭格中更形突出。依照姚氏的定義，對比無非是修辭學的「映襯」辭格。有人將對偶與映襯（或對比）併成一種，這又是誤解。從外形看，對偶不同於映襯。從內容看，對偶不一定具有對比。換個說法，映襯中有時會有對偶現象，而對偶中常見映襯。（註四三）

關於對比的美學原理，《美學範疇概論》一書有一段扼要的解析：

對比均衡是指把差異的部分用對立的手法表現出來，讓它們在相互反襯之下更為鮮明突出。這是較高級的形式規律，以差異面的同時並存，互相依存為前提，體現出差異面對立的統一，在統一中互相襯托，收到相反相成的效果。（註四四）

諸如對列明與暗、白與黑、大與小、硬與軟、遠與近、寒與暖等，其差異性藉對比手法表現出來，使人印象鮮明。這種對比，會產生張力、嘲弄、刺激、變化等效果，前面所引鄭愁予〈讀舊作竟不能自已〉、向陽〈水歌〉以及下列馮至〈北遊〉、康白情〈草兒〉裏的對偶均呈現這些效果：

路上的濘泥會有人掃除，
心上的濘泥却無法處理。（馮至：〈北遊〉）

草兒在前，
鞭兒在後。
那喘吁吁的耕牛
正擔着犂鳶，（康白情：〈草兒〉）

第一例的首句平淡無奇，卻大有用途，當它和第二句並看時，卽產生強烈的對比。具體而看似不易處理的濘泥，容易掃除；抽象而看似容易處理的惡劣情緒，反而難以處理，簡直是極大的嘲弄，勞苦的耕牛面對前頭的草，可喜！然而可悲的是，無情的鞭在後面隨時揮打下來，嘲弄意味十足！以上這些對比給讀者相當大的刺激，它們不但具有張力，也具有變化、差異，讀者不致感到單調、枯燥。

**㈣統一、變化、和諧**

對偶如果兩項字數相等、文法相同、詞性亦同，則達到美學上的「統一」。再者，如果兩項意義相關，甚至雷同（「合掌對」兩項卽意同），亦臻及「統一」。如果字數、文法、詞性、意義均相同，則更具統一性，若再加上兩項字面有重復者，那麼統一性便達到最高狀況。

文學作品，光是統一而沒有變化，難免顯得單調呆板、索然乏味。因此，「同中有異」是作者追求的另一個目標。對偶的兩項意義相異、字面不同，則造成「變化」。詞性不同、文法不相同而相似，也都是一種「變化」。對偶中有變化，其優點，黃永武曾簡要地剖析：

> 「對仗」是近體詩中最重要最特殊的部分，初學作詩的人，為了要求對仗工整，不知要花費多少鍛鍊的工夫，……稍有進境，便有所謂「對偶不切則失之麤，對偶太切則失之俗」的說法，不必泥於對偶。因為要求「工整」是一種境界，工整以後再求「不整為整」又是一種境界。「工整」容易流為板滯，「不整為整」才有流動的神態，許多名家的傑作，都運用「意外寬對」的技巧，以不整為整，教人驚歎，教人折服。(註四五)

前引鄭愁予〈一碟兒詩話〉詩例中三、四兩句，便是以「不整爲整」，寓變化於整齊，即「多樣統一」也。陳望道《美學概論》曾從另一個角度剖析變化之妙處：

> ……人類心理却都愛好富於刺激的變化，大抵喚起意識須變化，保持意識底覺醒狀態也是須要變化的。若刺激過於齊一無變化，意識便將有了滯鈍、停息的傾向。(註四六)

爲了不使讀者感到滯鈍，爲了讓讀者覺得生動、有味，爲了讓讀者驚歎，新詩人在處理對偶時多少會考慮「變化」，以下再舉一例證明：

> 那時覺得既然醒了，

就不該
關着陰暗的門窗；
那時覺得既然醒了，
就應該
放進窗外的光明。（馮至：〈那時……〉）

此對偶的兩項有同有異，有統一也有變化。相對的第三句與第六句在文法上有點相異，詞類亦不同，此即所謂變化。

總的說，同中有異，異中有同，等於美學上所謂統一中的變化，變化中的統一。和諧即在此種情況下產生，美亦因而形成，而給讀者以舒適、流暢、賞心悅目的感受。

更進一步而言，「而互相對立、互相排斥的因素結合在一起形成和諧，比非對立因素的統一更具有美的魅力。」（註四七）

## 五、對偶的原則

黃慶萱《修辭學》述及對偶之原則有三：工整、自然、意遠（註四八），乃是針對古典文學而言。本文則是站在現代文學，更確切地說，新詩的立場而言，因而此節所談的原則與黃慶萱大著有別。據筆者考察，有五項原則值得注意。

(一)

黃慶萱所說的「意遠」，是相對於「合掌」而言。「合掌」指對仗的兩項意義重復，這在近體詩中確爲大忌，但在現代文學中並非大忌。由於現代文學的對偶限制不嚴，故意涉合掌亦無妨。從另一個角度看，一個意思再度表達，其實也是一種「強調」，讀者印象當會更深刻。

(二)

古代文學作品中屢見「寬對」，前引黃永武的卓見亦提及「意外的寬對」的價值。從而可知，「工整」似可不必列爲對偶之原則。何況現代文學對仗的要求不多，比較自由，基於此，更不須以「工整」爲原則。從另一角度思考，嚴式對偶易流於死板。對稱固然有其優點，亦難免有缺點，誠如夫雷在〈對稱在藝術中的問題〉所說：

一方(按：指對稱)是形式固定與拘泥，另一方(按：指非對稱)是生命、遊戲與自由。(註四九)

前引鄭愁予〈一碟兒詩話〉詩例的三、四行，以及馮至〈那時……〉詩例的三、六句，便巧妙地避免「固定與拘泥」的疵病。

(三)

一首詩中運用數組對偶尤其在連用時，各組字數最好不一，讓人有新鮮、活潑之感，如下列詩作所呈現的：

鼻孔仰在背上，眼皮垂在地上

曇或風，鹹或澀

去年的鞭痕，明日的呻吟（周夢蝶：〈折了第三隻脚的人〉）

此例共用了三組「單句對」，其字數依序爲六字、三字、五字。不但字數不等，各組文法亦截然不同。大荒〈泰山石不敢當〉中亦有一個佳例：

風亂天低猿嘯哀，

渚渾沙黑鳥暈栽。

你的手僵直，

你的脚發抖。

上述兩個詩例在接連使用對偶之際，能避免各組字數相同，以免予人呆板、生硬之感。

（四）

同一首詩中不斷地出現對偶辭格，如下列詩作所顯示的：

掌心豈有雷　掌心豈無雷

（飛龍在天　且隨吾御風而行）

若是以巽為風　流之以動

若是以震為雷　動之以聲

則以風雷之恆　恆之以東方的大勇

靜觀萬物　化之以心的方圓
若小若大　可小可大
若縱若橫　可縱可橫
能夢蝶而非蝶　實為魚而非魚
將大千納之于虛懷
把宇宙揉之于雙掌
始於天地之誠　止於萬物之諒
——乃至火雷嗑嗑

故曰：孤掌可鳴　鳴之則轟然（吳望堯：〈掌心雷〉）
（掌中且可撒出一天星斗
區區一雷　反掌而已）

讀之令人厭煩，而萌生排斥的心理，主要原因是過多的對仗。無論是類疊、排比，或是倒裝、對偶等，同一種辭格不該在一篇作品中過量使用，必須適量，必須節制。

（五）

在毫無必要的情況下，將語文中原本是一句者硬拆成相對的兩句，三句者硬拆成對的四句，或者將本來是三句才能表達清楚者濃縮爲一個對子，皆難免造作、牽強之譏。這兩種硬湊成對的怪現象，在古代相當流行。劉知幾曾述及第一種現象：

作者蕪音累句，雲蒸泉湧。其為文也，大抵編字不隻，捶句皆雙，修短取均，奇偶相配。故應以一言蔽之者，輒足為二言；應以三句成文者，必分為四句。彌漫重沓，不知所裁。(註五〇)

此皆捨本逐末，一味追求形式而忽略思想、內容，這種畸形現象，應極力避免，否則，易流於徒具對仗形式，內容卻空洞。吳望堯〈掌心雷〉便有這種毛病。向陽《十行集》詩集中，語言單位是章節的對偶(包括段的對偶)不少，有的表現自然、適切，有的則顯得太刻意，有爲形式而形式之嫌。(註五一)

對偶是舊文學的特色之一，是駢文、近體詩作者的看家本領。以對偶來逞能，古代文人的一大樂事也。現代文學作家實不必如此。如果必須使用對仗，千萬記得「形式要爲內容服務」，勿本末顛倒，此外，還請參考王力的話：

在詩句裏，不工的對仗也並不是沒有。有時候，工整的對仗和高雅的詩意不能兩全的時候，詩人寧願犧牲對仗來保存詩意。(註五二)

他的意思是有時爲了顧全詩意，放棄工對，改用寬對。筆者倒要進一步表示，如果詩意並無出之以對仗的必要，那麼甚至大可放棄對仗，連寬對都不必。

## 結語

有關對偶的起因、定義、種類、與排比之區別、美學基礎、效用、使用原則等，皆已一一解析、申論。大體而言，在新詩中，對偶比起排比、類疊、倒裝、頂眞等形式設計方面的辭格還少出現。與古典詩相形之下，新詩的對偶更是少得可憐。約略比較，二、三十年代的新詩，尤其是新格律詩，比來臺後的新詩還喜愛使用對偶，新詩已發展了八十年左右，據筆者調查，新詩的對偶卻遠不及舊詩成熟，究其因，也許新詩人很少想到對偶的存在，即使運用，又由於未受過對偶的訓練，成績總是差古代詩人一大截。新詩對仗水準不高的另一因素，可能是詩人並不想求好，蓋志不在此，目的亦不在此也。

## 【附　註】

註一　Hermann Weyl 著，曹亮吉譯述，《對稱》(正中，七十七年十一月)，雙側性對稱，頁一。

註二　同註一引書，頁二。

註三　同註二。對稱的種類很多，如雙側性、平移性、旋轉性、裝飾性、晶體性對稱等等。

註四　黃慶萱，《修辭學》(三民，六十四年一月)，第二十三章對偶，頁四四七。

註五　見武占坤編，《常用辭格通論》(河北教育，一九九〇年十月)，頁一七三、一七四。該書收錄包括馬瑞超所撰〈對偶〉、〈排比〉等十一篇修辭論述，均十分深入。

註六　邱應楠主講，李景駿記錄，《由分子結構看生活對稱現象》(中國時報，七十九年七月三十日第十六版)。

註　七　楊振寧，〈對稱和物理學〉，載「二十一世紀」第六期（一九九一年八月），頁七〇。

註　八　同註四引書，頁四四七。對於心理學、美學及漢語孤立與平仄之特性，如何與對偶產生關聯，該書有進一步的分析、闡釋。

註　九　陳望道，《修辭學》（樂天，六十三年三月五日再版），第八篇積極修辭四，頁二五〇。該書原名《修辭學發凡》，於民國二十一年出版。嗣後在臺重印，易名爲《修辭學》，且未標明作者姓名。

註一〇　張志公，《修辭概要》（上海教育，一九八八年三月第二次印刷），頁六二。

註一一　蔡謀芳，《表達的藝術》（三民，七十九年十二月），頁四六。

註一二　見同註四引書，頁四四七。該書云：「語文中上下兩句，字數相等，句法相似，平仄相對的，就叫『對偶』。」

註一三　請參下列各書：

1. 成偉鈞、唐仲揚、向宏業主編，《修辭通鑑》（中國青年，一九九一年六月），頁五九八。該書說：「對偶卽用字數相等、句法相同或相似的語句表現相反或相關的意思。」

2. 黃民裕，《辭格滙編》（湖南，一九九一年六月第二版第二次印刷），頁五八。該書云：「用一對結構相同或相似、字數相等或基本相等的語句來表達一個內容相對稱的意思，這樣的修辭手法，叫做對偶。」

3. 高葆泰，《語法修辭六講》（寧夏人民，一九八一年四月第一版第一次印刷），頁二三七。該書云：「把字數相等、結構相同或相似的，意義上有密切聯系的兩個語言格式排列在一起，叫作『對偶』。」

註一四　請參下列二書：

1. 譚正璧，《修辭新例》（棠棣，一九五三年五月三版），頁一六九。該書表示：「我們說話時，碰到兩個相似、相對或相連的意思，用字數相等，語法相同的句子，成雙作對地排在一起來說，這叫做對偶法。」
2. 陸稼祥，《辭格的運用》（遼寧人民，一九八九年六月），頁一六三。該書表示：「對偶是用字數相等、結構相同的一對語句，並列地連在一起，表達兩個相連、相似或相反的意思的一種辭格。」

註一五　請見下列各書：

1. 同註一四引譚正璧語。
2. 同註一二引黃慶萱書，頁四四七。
3. 金振邦編著，《文章技法辭典》（東北師範大學，一九九一年六月第一次印刷），頁七七。該書認爲對偶乃是「把結構相似、字數相等、語氣一致、內容關聯的兩個句子聯成一對的修辭手法。」

註一六　楊子嬰、孫芳銘、王宜早合著，《文學和語文裏的修辭》（麥克米倫出版（中國）有限公司，一九八七年），頁八一。

註一七　鄭頤壽、林承璋主編，《新編修辭學》（鷺江，一九八七年十月第一次印刷），頁一九一。

註一八　同註五引書，頁一五九。

註一九　分別見下列二書：

1. 《修辭方式例解詞典》（浙江教育，一九九〇年九月），頁六二一。該書指出：「從形式上看，組成對偶的兩個語言單位字數必須相等，語法結構相同或相似，詞性，平仄要相對。」

2. 同註一二引黃慶萱語。

註二〇　參看下列各書：

1. 同註九引書，頁二五〇。又見第一節援引陳望道爲對偶所下的定義。

2. 黃永武，《字句鍛鍊法》(洪範，七十九年十二月七版)，頁六三。該書所謂「儷辭」即一般所說的「對偶」，其「儷辭」之定義如下：「把二個相似、相反、或相對的意思，用字數相等，語法相似的形式，來構成華美的對句。」

3. 同註五引書，頁一五九。該書所收馬瑞超〈對偶〉一文云：「修辭上管這種字數相等、結構相同或相似，內容相關的一對語句或章節，叫做對偶。」

註二一　董季棠，《修辭析論》(文史哲，八十一年六月增訂初版)，頁三二七。

註二二　見同註一三引高葆泰書，頁二三九。

註二三　同註二二。

註二四　見同註二二。又《修辭學詞典》也有類似的看法：「在現代作品裏，只要字數大致相等，結構大致相當就可以了，不必講究詞性和平仄，字面也可以重復，這種對偶屬於『寬式』。」，見王德春主編，「修辭學詞典」(浙江教育，一九八七年五月第一次印刷)，頁四一、四二。

註二五　同註二四引王德春主編書，頁四二。

註二六　參同註四引黃慶萱書，頁四四六－四四九。黃氏引用張仁青的理論，於這三種聯想有一番詳細的解說。

註二七　見下列二書：

1.同註一一引書，第六講，頁四三、四四。

2.駱寒超，《新詩創作論》（上海文藝，一九九〇年十月第一次印刷），頁四二四。

註二八　同註一〇引書，頁六四。

註二九　見陳啓佑，〈新詩形式設計的美學——排比篇〉（彰化師範大學學報第三期，八十一年六月）。

註三〇　參同註二九引文。拙文將排比區分爲單式、雙式、多式，語言單位自短語以至段落皆有之。

註三一　見同註九引書，第八篇積極修辭四，頁二五二。

註三二　同註四引書，第二十四章排比，頁四七〇。

註三三　同註三一。

註三四　程祥徽、田小琳，《現代漢語》（書林，八十一年二月），第五章修辭和風格，頁三九一。

註三五　朱光潛，《詩論》（正中，六十五年臺七版），第十一章，頁一九一。《新格律詩研究》一書論及對仗的理論依據時，亦曾引用朱氏此段文字，見許霆、魯德俊，《新格律詩研究》（寧夏人民，一九九一年六月），第一章，頁十三。

註三六　桑塔耶那著，杜若洲譯，《美感》（晨鐘，六十五年五月三十日四版），對稱，頁一三六。

註三七　同註二七引駱寒超書，下篇，第二節，頁四二四。

註三八　同註五引書，頁一七三。

註三九　同註三五引書，頁一九二。

註四〇　同註九引書，頁二五〇。

註四一　姚一葦，《藝術的奧秘》（開明，六十五年三月六版），第七章論對比，頁一八九。

註四二　同註四一，頁一八九、一九〇。

註四三　陳望道曾比較過映襯與對偶之相異處，參同註九引書，第五篇積極修辭一，頁一二三。陳氏云：「對襯與對偶，頗有交錯的地方。……但這兩者的要點，實不相同：對襯如前所說，在乎將相反的兩件事物互相對照，句法是否對偶在所不問；對偶在乎將相類的兩個句子互相對照，事物的相類相反在所不問。因此，對偶可說比較偏於形式一面，對襯比較著眼在內容一面。」筆者按：映襯辭格約可分兩類：反映與對襯。

註四四　楊成寅主編，《美學範疇概論》（浙江美術學院，一九九一年三月），第十一章形式美，頁一四七。

註四五　黃永武，《中國詩學—設計篇》（巨流，六十五年十月二版），談詩的強度，頁一三九、一四〇。

註四六　此段話轉引自同註五引書，頁一七六。

註四七　見《美學基本原理》（谷風，一九八六年九月），第一篇，第二章，頁八四。

註四八　請參看同註四引書，頁四六三—四六七。

註四九　見同註一引書，雙側性對稱，頁一三、一四。

註五〇　見劉知幾撰，浦起龍釋，《史通通釋》（九思，六十七年十月十日臺一版），卷六敍事，頁一七四。

註五一　請參考向陽，《十行集》（九歌，七十三年七月十日）。

註五二　王力，《中國詩律研究》（文津，六十一年十月），第二章，第十五節，頁一七六。此書在臺出版，著作者易名王了武。又，此書原名《漢語詩律學》，亦遭易名。

※本文作者**陳啓佑**任教於彰化師範大學國文系。

# 孫毓芹的古琴世界

潘柏世

## 引言

我接受李正治教授的鼓勵，負責這個論題的「寫作任務」，首先要聲明的，就是李教授已經答應我，可以不用嚴格的論文形式來發表，因爲那樣的形式將限制了太多的題材的發揮。

我寫作這篇文字，希望達到兩個主要的目的，其一在於與諸同好一起思省「琴音」之旨趣，其二則在於依循此一線索，對我們臺灣古琴民族藝師孫毓芹先生作出一些積極性的論評。

聽琴二十餘年，內子莊秀珍彈琴的時日，亦逾二十年，而我們的共同的老師正是孫毓芹先生，因此在文章裏面，我全以孫老師爲稱呼，這是對應於我們之間的感情的。

由於我本身並不彈古琴，因此，文內「教育功能」的這一部份，我寫得並不是非常放得開的。

## 壹、觀念

### ——「琴音」之再思省

中國長久以來所習稱者，有瑟有箏，却沒有叫作「箏音」的，有琵琶管笛胡琴，却也沒有叫做「

琶」音的；唯獨古琴不然，自來即有「琴音」的稱謂，這絕不偶然。

並且，仔細探究「琴音」這個語句的使用規範，還可以發現它同時包含著兩層的內涵，其一顯示著主觀方面的向往，把它從中國樂器羣中抽出，認爲它本質地自有所屬，——其實脫不了琴人底主觀地深有所好。

另一則是琴音與琴聲相比並，然後，在長時期自覺或半自覺的反省與抉擇中，逐漸地形成了一個普遍的堅持，於同一琴聲之間，分辨鑑識，孰者爲眞「琴音」，孰者未是，孰者則根本不是。

這兩個層面所含蓄著的內涵，互相灌注，而於具有客觀價值的精審的鑑識愈有收獲之後，主觀式執持的喜好自必愈形堅固，精心致意以求之，「琴音」之深微高妙遂代有開拓，由是而次第形成之琴論，亦屢出佳構，至明季而達於鼎盛。

甚麼是眞正的「琴音」，什麼未是，什麼則根本的不是。

從聽覺底形式上來指出何者爲琴音，較爲容易，此卽「鳴而振」是也。唐詩「泠泠七絃上。靜聽松風吟」，又「爲我一揮手。如聽萬壑松」，又「鳴琴候月彈」，又「幽澗泉。鳴深林」。七絃迭用，按旣入木，琴腹充滿，聲於池沼，一組音未停，他組音繼現，響應動蕩之際，產生了「鳴」之奧妙，而其中又每有孤峭鶻落之獨音，振作淸俊，使「鳴」者更顯其澹蕩，而「振」者尤能發其淸遠。

中國向來所習稱之「鳴琴」，可謂剋就琴音之形式特性而言者，尤其高手奏來之際，甚至單一的空絃散音，亦使聽者得著鳴振之韻趣。

而所習稱之「秋琴」、「素琴」者，則是轉從另一個角度，即是專就其氣質而言，然而，專就其氣質以言琴音，則遠爲吃力了。

嚴天老精思覃慮，獨造在一「微」字，徐青山淹博浩瀚，補出一「古」字，就這樣，今天，我們毋分於前賢與後生，試用「清遠古澹而微」，指出眞正之「琴音」之內質，吃力又不討好，早已自知難免了。

「清」是琴音之體格，「遠」是琴音之神貌，「古」是它的直感，「澹」是它特有的品味，「微」是它半隱藏著的深旨。

「清」指出了一個基本，即所謂「音音皆實」。這好比立體雕塑，邊線的明確，即是眞實的立體，琴音必先清實，曲意之建立，才沒有顢頇。這是個基本。琴學所言：「心閑則手敏，張急則韻清」，琴絃促實飽滿，才能避免慵沓遲怠的皮殼感，才能具備「清」的機會。

進一步而言，所謂「清」，是指清骨，清音，清境。這是從琴音底「清」之特質發揮而達致的美學底追求，可屬之某一琴家之獨造風格。個人曾從孫毓琴芹先生的老師，章志蓀先生遺下的錄音帶中，有幸聽到一兩個小曲子，其中，尤爲神往者，乃在於章老先生右手扣絃，散音傳來，清骨開張，其迥亢之高致，頗能對應於徐青山所云：心骨俱冷，體氣欲仙。

琴家各有所造，未必皆置其風格於「清」境之列，然而，若絃不實急，手不實至，因此出現了慵沓之風，皮殼之感，這就有虧於琴音之特質了。

「遠」指出了一種風貌，就直接的感覺來說，「遠」所否定的，是侷促緊張痞滯悶塞等，「遠」的感覺，是舒緩開朗伸張與虛靈，是一種於靜止中而仍有動轉的微妙美學，——當然，這已是進一步地講了。遠況云：「而中獨有悠悠不已之志」。

因此，快與慢，事實上對於琴音之「遠」，都沒有影響，並且，音色再濃厚，感情再豐盛，也都沒有影響，如遠況云：「倏緩倏速，莫不有遠之微致」；北宋崔遵度則云：「和潤而遠。」

「古」有兩個層次，前一個層次好懂，後一個層次則難言。

「古」代表著一個特定的文化世界，這是好懂的，在這個世界裏面，其精神，其內心，都有相當高的溫度，這也是容易明白的。這個世界，就是我們常常叫做「周文」的世界，在其中，廣泛的農村生活提醒了思想家們活潑的眞理觀，充實了思想家們眞切的生命感。

「德者惠也」，直接來自這個世界。

因此，就這一個層次而言，「古」代表德，代表德音，如禮記樂記之所言「德音之謂樂」。這是直線地從周文禮樂貫徹而來的，它是「郁郁乎文哉」底優美之縮影，它透發出琴音經常帶有的一種溫度，它又帶同著通過「文」之途徑而遠致的自我提昇，——琴音因此始終要求著「澹」，不然就是看來反方向的「厲」。

「澹」與「厲」，進與退，文與質之氣性雖然有別，但是它們所向的却是一個無異致的方向——

精神世界。用我們今日的語言來說，「古」，從心（mind）起始，向於精神（spirit）。

青山古況：「俗響不入，淵乎大雅，則其聲不爭，而音自古矣。」又：「寬裕溫龐，不事小巧，而古雅自見」，首先把這一個層次的「古」，落實地指點出來。

另一個難懂的層次，則似乎越過了周文，而另有一種無所繫屬底超越的向往。

「太音希聲，古道難復」。「所謂希者，至靜之極，通乎杳渺，出有入無，而遊神於羲皇之上者也」。這裏以希聲以言「古」，又云羲皇之上，就隱約地超出了周文。

再有者：「古人以琴能涵養情性，爲其有太和之氣也，故名其聲曰希聲」。

「未按弦時，當先肅其氣，澄其心，緩其度，遠其神，從萬籟俱寂中，泠然音生，疏如寥廓，窅若太古，……此希聲之始作也」。

「調古聲澹，漸入淵源，而心志悠然不已者，此希聲之引伸也」。

「松風遠沸，石澗流寒，而日不知晡，夕不覺曙者，此希聲之境寓也」。

大費周章，極言「希聲」這個難以講明的層次。

這樣，透過徐青山的努力，使我們明白了，琴音所云之「古」，實同時包涵了其一之大雅，古雅，這個偉大的周文世界，以及，越過周文的，一種形而上的深入傾向，太和，太古，希聲。

周孔儒家之「德」，老聃莊周之「忘」。

「澹」與「厲」，同時表達著對於人性底精神性之嚮往，而「澹」之氣質較和緩，「厲」則入於剛發。

「厲」必與「清」相偕，失於「清」，則無以爲「厲」了。因爲，正由於所自覺所嚮往之骨朴之質，清雅之境，疏越之音，自然就會生出對於纖媚的情緒的排斥力，並且，就在排斥之同時，清骨開張，自我之精神性，因之得到了無窮的激發。

川蜀以北的琴境，每多如此，而在歷史上，北宋琴家崔遵度之名言：「清厲而靜，和潤而遠。」却又使我們更深一層地體會到，能於「清厲」——「和潤」之分合中作生計者，是眞能有得於琴學所言「中和」之無限天機者也。

「澹」的路子走的不一樣。

「厲」如山之峻厲峭起，「澹」則如海之淵然以深。

基本上來說，「厲」是一種激勵，而「澹」則完全是一種洗鍊。

澹況云：「琴之爲音，孤高岑寂，不雜絲竹之內，清泉白石，皓月疏風，脩脩自得，使聽之者，游思縹緲，娛樂之心，不知何去，斯之謂澹。」

聽琴本在得樂，今反而是「娛樂之心，不知何去」，這就是琴音之能移人之處。這是洗鍊。

再者，進一步言，「每山居深靜，林木扶蘇，清風入絃，絕去炎囂，虛徐其韻，所出皆至音，所得皆眞趣。」這絕不只是洗鍊而已。這裏所表達的，主要在於其中確有不易得到的一種轉進，通過以「澹」爲指引的這種轉進，琴之「至音」遂出現，琴之「眞趣」遂獲得了。

「微」，固然落實於「聲」、「音」、「意」、「琴」之上，然而，認眞地說來，它却只存在於「精」與「到」之中。

這話怎講呢？這是說，我們很容易直接就某一個或某幾個彈奏出來的單音，指出它是「清厲」是「和潤」或「古澹」，可是，却難以如此地指出，這是「微」。

「微」與聲響之遲速大小，絕無關係。

「微」亦存在亦不存在於「清厲」或「和潤」或「古澹」或其他任何品況之中，「微」之唯一生發處，只是「精」、「到」。

澹靜恬逸，有澹靜恬逸之「微」，清厲剛發，有清厲剛發之「微」，而古雅和潤，亦自有古雅和潤之「微」。

然而有不失其爲澹靜清厲古雅，而却無關乎「微」者，總在其能否底於「精」、「到」而已。如澹況云：「所出皆至音，所得皆眞趣」，設若不造於「精」，何來「至音」，不底於「到」，何有「眞趣」？

由「聲」而「音」而「意」，由是而之「琴」，以至乎人，整個歷程中，若能底於「精」、「到」，自必生出「微」之深趣。

「聲」是「音」的氣質品格，如古況云：「音出於聲，聲先敗，則不可復求於音。」「音」還可以有明確的律呂可以就正，而「聲」却只能就正於心神。

「意」則是「音」與「曲」的連結之處，因曲以致意，或者聽曲以度意，總之屬於聽覺與心神之間之一種會悟。

「琴」是一切之發揮落實完成之整體，在它身上，可以說，連人都算進去了。「聲」的氣質品格不成熟不深厚，談不上「微」，「音」不達於至和之精準，談不上「微」，琴與琴室亦然，種種之粗製與不理想，「微」則難生。

至於人，如明代嚴天老：「幾回拈出陽春調。月滿西樓下指遲。」琴曲既已上佳，琴室亦庶乎無憾，為什麼要這樣「下指遲」呢？

就嚴老而言，應該是「待於玄微」。

這是琴人精神自身底「精」、「到」處，是一切琴音之「微」之來源，有了這個來源，「微」才能隱顯以貫澈，以求成就一個「希聲」之天地。

現在，試以兩個例子，講明於「微」。

當代管平湖先生彈奏「秋鴻」，是我領略琴音之「微」，最早的一課。

起初聽來，只覺清澹移人，精爽四射，別有一種與其他曲子如「幽蘭」、「流水」等不同之處，然又難以言稱。

聽之日久，愈覺其清境之奪人，腦海之中，平日多所積存之各種美音，比照之下，泰半都成了粗跡，於此猛然省得，「清」之「微」，一至於此！

盡曲之始終，「清」境無乎不在，澈照之下，其鷸起振拔而雄者，啓我以「厲」，其昵昵洒落紛紛之響，則教我以「澹」，然而，開合賁張之再三，則何者厲何者澹，早已忘却，但有「清」意盈於心胸，盈於斗室，盈於天地。

吳景略先生彈奏「漁樵問答」，一起疏澹以出境，下手之初，十來個散聲，盡得「遲」字之神，用今日術語來說，「藝術的時間，已取代了太陽的時間」，全曲開合，深入於「遲」、「速」之「微」，而澹宕與鬱勃兩種情韻，於遲速運作之際，回互相成，尤其曲子後段，因前之緩，而愈形其急，情韻一轉，鬱勃而噴逼，不可稍制，論旋律則與前半似無以異，論境遇，則小溪大流，識者自有深會。

如「漁樵」一曲，情韻之「疏宕澹蕩」與「鬱然勃然」之「微」，琴境則「遲」、「速」之「微」，此與「秋鴻」之渾然一片「清」境，二者之「微」，是同是不同？

究琴曲而省察，「微」約可別爲三，其一「精微」，其二「深微」，其三「玄微」。

琴準，調準，絃音準，手準，曲音精，心神到，如前所言，「微」只出生於「精」、「到」。

「精微」是「微」的基本。

吳景略先生「漁樵」一曲，是「精微」而達於「深微」者，以其跡至明，然而，琴上之音聲，中人感人移人於其平素所未嘗自知自顯之處，必待聽琴而後得之，此謂「深微」。

管平湖先生「秋鴻」一曲，其「精微」者至顯，而所感人之處，則近乎無跡，惟覺「清」之又「

清」，「澹」之又「澹」，情韻確然不泯，而心境則惟欲無言，是「深微」而近乎「玄微」者；純乎「玄微」，關乎天韻，應該是「旦暮遇之」吧！然不以此而定軒輊。

由於「精微」是「微」境之基本，因此，以下專就此一基本，略加發抒，作爲本文討論琴音之「微」暫結。

就視覺而言，「準」之極，是「平」。小時候躺下海灘仰看浪捲，兩三個小孩，聚精會神，目不稍瞬，一個浪高高撲打下來，或左邊高些，或右邊不完整，「好看」的，實在不多，然後，身子發冷的時候，機會終於來了，一個高浪捲上半空去，嘩「平」得很！然後，它開始下來了，幾個小孩子全心等待極美的時刻，果然，它一邊出現稍一傾斜，就是這個刹那，這個「傾斜」，好看透了，——正因爲這個浪「平」。

這不是別的，這就是「微」。從極「平」到稍稍「一傾斜」，這一輕「微」的變化，在眼神中激起滿心的興奮與感激。

在清之至清，澹之至澹的「聲響——心境」上，擺放著疊疊而來的「旋律——情意」，這時候，這個情意接觸於極平極靜的心境，正是琴音嚮往的「微」。

不至精準，能「平」嗎？不至清澹，能「靜」嗎？

在視覺而言，「準」之極謂之「平」，在聽覺而言，「準」之極謂之「和」。必先要達到這個「和」，那麼，這一輕「微」的變化，才可能生出。

琴樂之取聲，散聲，泛聲，實聲，其中包含了「五純律」與「非五純律」，「五純律」自身要達到「眞和」還比較容易，只要指不妄下，「其韻眞全」就可以了。

「其韻眞全」，琴學屢言之，此暫不論。

「五純律」易和，而「非五純律」之音要能「眞和」，可就難能多多了，更進一步，「散」、「泛」、「按」三種取聲之迭用，「非五純律」與「五純律」兩套樂音之合構，其終於能抵於「眞和」才是所云的「精」、「到」。

此中，音與聲之轉換，最關微妙。空絃散聲，「五純律」中，音聲易得一體，泛按二聲，「非五純律」中，音聲仍得一體者，是爲眞得音聲之「微」。

音聲入「微」，意卽在其中，意保不失，琴曲眞全，這就是所云的「精微」了。

「精微」是「微」境之基本，而音與聲俱入「微」，則是基本之基本。

剴切而言，「微」之失，失於聲者，較之失於音者，不知多凡幾倍。

音有定，觸之則如如，而聲之氣性品格，以及臨不同之曲之應化無方，則非心神靈澈，精意入微者，難保不失，或大小或多寡而已。

那麼「聲」是什麼呢？「聲」是使「音」成爲「琴音」的一種實質性之事物。

這裏有一個聽來相反的道理，不講則難明，講了似乎會更難明，然而不可不講。

「五純律」，「非五純律」，「微分音」，從音階歷然到音階眊然，這是什麼？我們很難接受「

無限音階」？

在琴上，極微分的微分音，與其認作是音階，不如認作是音韻，以至於，與其認作是音韻，不如認作是一種氣韻——一種具有肯定的特質的感情。

在琴上，初學者但求音，學久然後略略知聲。形式之粗判，律呂燦然者，謂之音，形式之細密，乃至杳渺，耳聽之差愈「微」，唯心唯察者，在樂則或者爲聲，在曲則信乎爲音，而在琴家臨曲動蕩之際，則是的然的「琴音」了。

因此，在琴上，熟手調琴，生手彈撥，其聲亦和，和於耳感之振幅，熟手自彈，而其聲亦和，和於氣稟之正，氣稟既正，則古雅淸澹，不覺之際，已躍然往來於七絃之間了。

「氣稟之正」，所云之「氣稟」，在中國，確信是一種實質性之事物。

遠況云：「而音出於聲，聲先敗，則不可復求於音。」

這裏所云的「音」，就是「琴音」，古今琴家不知凡幾，我相信，於此切要的分際上，是沒有謬解的餘地的。

綜前所論，「微」之與「淸遠古澹」，好像同時都是琴音之主要內質，但又好像不是。

正因爲，「微」這一個琴音思想，本身卽是一個壓力思想，並且包含了一些否定性質，而「淸遠古澹」則並非如此。

「微」，作爲一個琴音的壓力思想，因爲它逼迫着許多價値豐富的琴音，幾乎就要不承認它們了。

「微」，並且也具有一定的否定力，它排遣着大量的，感人心弦的旋律。

那麼，我們就不要拖負它就是了，我們以「清遠古澹」爲建立琴音之不可或缺的主要內質，亦沒有太大的虛歉。

然而，這是不能說服自己的，因爲，一旦我們既已知道了琴音之「微」，我們正在慶幸可以把握着眞乎其眞的琴學，這個時候，要放也放不下了。

的確如此，琴學不至乎「微」，它是不夠「眞」的。

以「微」之心，臨於琴音，我們可以聽到，當代琴家巨擘，査阜西先生，其所彈奏之著名曲子「瀟湘水雲」，於其蕭然憮然，蒼古孤邁以澹蕩的琴境中，就出現了「意浮於音」的未盡善處，吳景略先生「瀟湘」一曲，情致獨深，於極低迴中，轉出開豁，入於忘言，其細膩自得之處，洵爲傳心之聖手，然而，琴上之聲響，其氣格其音型其力度感，與原曲蓋未盡符合，旅港琴家蔡德允女士，其「瀟湘」一曲，清厲挺出，其氣稟之正，可使貪夫廉而懦立，然頗恨其句型與韻致之間，略略俱失於「魯」。

又如管平湖先生撫奏各名操雅曲，若「流水」、「幽蘭」等，則信如羲之揮墨，其盡善之筆，致美之形，其張引適滿，鍛鍊無疵，這樣，若求其虛徐之餘韻，不意之微音，又不能無憾然了，但是，個人則以爲，認作可惜則還可以，若認作未善，則是難有一物可稱爲善者了。

凡此反復進退出入無礙於琴音天地者，若無「微」，則不成。

簡言數句：「微」，這一思想，可以是「微」境，可以是「微」旨，也可以是「微」趣。

若以之爲「微」境，則是和光於「清遠古澹」之中，而爲琴音天然內質之五主項之一：所謂「清遠古澹而微」。

若以之爲「微」旨，則其內含之壓迫力與否定性，就顯現了。

而若以之爲「微」趣者，則無可無不可，一如我輩之常言：「鐘鼎山林」，信乎各有天趣，本來就不必執執於某一，若刻意以求，則反爲跡於筌蹄了。

論「微」之意，略止於此，論琴音之意，亦略止於此。

## 貳、論　評

### ㈠藝術建立

中國藝術是一門專學，但是，要學得眞好，首先就要深知，它不只是一門專學，它同時得是一門通學，藝術部類之內，任何一個重要的專項，其與別的專項之互通，皆甚緊密。

韓愈之文，有蒼然之色，淵然之光，能夠換算到古玉器，以及商周鼎彝身上嗎？杜甫之詩，深閎而瑰偉，磅礴而浩瀚，能卽時感應於張旭之狂筆，吳鎭之多墨，與夫瀟湘之深，漁歌之遠，廣陵散之奇嗎？

即使我們把視點收窄一些，田黃膩而靈，芙蓉潤而淨，昌化血石之深烈，這些恆常性的藝術記憶，都必然地會立即重新活躍於面對另一種或多種不知所以然地旁通而及之的藝術對象，比如說，我們聽着京戲，崑曲，或者蘇州彈詞的時候，最直接的就是嗓子的質感，我們都會不自覺地進行種種的換算，認爲這個膩，這個靈，這個有如玉音之和潤，這個又如柳下新鶯的清脆。

不要很地膚淺說一句「印象主義」，就把這裏面極其深刻的「質感的會悟」的藝術評論膚淺化了。

琴家守毓芹先生，在「中國藝術必資旁通」的這個特質上，是佔着地位的。孫老師對古玉的直覺非常好，十多年前，我買了一只黃玉鐲子，孫老師看了，愛不釋手，就主動把陳蕾士先生送他的一把清末朱坭小壺，拿給我作交換了。

孫老師勤儉的習性，捨不得爲自己花錢，他自己選購的小件古王，每次都買低價位的黑白，但是有一顆精神奕奕，我和孫老師每次見面，都要他從衣帶解下來，好好看它一番，現在這塊玉不知到那裏去了。

書法寫得很好，詩做得極有情韻，作畫亦能，古玉的根柢深，使得孫老師在臺北跟南懷瑾老師學儒道佛哲學，都有所獲，我記得，民國六十一、二年間，孫老師仍有坐禪的習慣，在他琴房一個小側，放着一句話頭，經常坐在小蒲團上面，就這樣方便參上一陣，他寫的這句話頭，我記得很清楚：

「放下吧，哥仔！」

我忍不住，一天就問他，放下什麼「哥仔」？他苦笑哈哈，拍一下大腿，彈琴去了。孫老師在台北大約民國五十好幾年，有一個很專情的愛情故事，這不是秘密，早期跟他練琴的學生都知道，六十一、二、三臺，我們和孫老師住在一起的時候，每天早午或晚飯，我和孫老師大約都會喝酒，半碗上下的金門高粱，有好多次，他提到這段感情，都說了不少話，唏噓不置。

孫老師的琴音，大致說來，是低沉的，這和他內心深處的諸種感受，絕對有關。

使我和內子永不忘記的，是有一回，一個冷天的早晨，我們三個人都起來，都覺得奇怪，咦，那隻「馬利奧蘭沙」怎麼不唱了，那是一隻石燕，嗓子美，中氣足，客廳裏面的聲音，牠都要壓過，我們就給牠這個綽號。

孫老師一臉寒肅，掀開籠子的布圍，牠已經死了。孫老師眼珠子動也不動，乾哼了一聲，伸手往籠子裏撈着，抓在手裏，走向字紙桶，噗的拋丟進去，洗個手，做點雜事，彈琴了。

我和內子整個冷在一種非常荒凉的氣氛裏面，就是這個動作，這個聲音，噗的一聲，一撮黃色的羽毛，走入牠的墳塋。

中午吃飯喝高粱的時候，孫老師才說出話來：我這一生，要做的事做不成，學琴是一半一半，總不滿意，在軍中，現在在這裏，半個伴也沒有，你爲她活，她爲你活，我爲誰活呀？連隻鳥也養不活。

這個事情之後，我更加明白了，孫老師自民國五十幾年以後，全程在奮鬥，不屈的奮鬥，作爲他眞正發力的支點，只有一個地方——愛藝術，愛他所愛的美。凡是有關乎美的，就我記憶，他事事挑剔，並且有很深的主見，在一定的範圍裏面，略略還可以溝通。情到深時情轉薄，又記起那噗的一聲，那一撮張開的翅毛，却凝聚了老老師一生的抑塞，只因爲這隻「馬利奧蘭沙」嗓子美，尤其花腔多，牠死了，却毀去了他心靈深愛的美。

細小到紅燒烏魚，蹄膀，到任何一只茶杯一泡清茶，全都貫串着他的執着，並且很明白，不隱瞞，對學生，還會開罵呢？

作爲他所愛的美的特質，慢慢地從他的琴音傳達出來，慢慢地有了個明確的方向，及主要的內涵了，用一個最蓋括的字眼來說出他的這個世界，那應該就是「古」。最明顯的聽覺直感，是溫厚，圓，恬美。那是融進了他自身的個性，理想，以及他所接受的傳統古文化，整個地成爲一體的。

古朴，溫厚，圓實，恬美，可以概括孫老師琴音之特色，而低沉與迴蕩抑鬱，似乎是他主要的內心世界。

孫老師彈奏的曲子，約算來總有三十來闋左右，其中，尤其自從民國七十二、三年之後，許多爲了教材上的豐富而彈練的曲子，坦白說，都是認眞不得的，我們探討孫老師的藝術成果，首先就應該把這一類的曲子排遣在外。

此外，作爲孫老師早期的學生，都會經常聽孫老師的抱怨，說章太老師並不肯認眞的教他，雖然後來還是傳了他作爲師門傳授象徵的明琴「龍門松風」，但是在認眞的手法上，還是主要從自己辛苦摸索得來的。

我們今日同時聆聽章太老師與孫老師兩代琴家的錄音帶，可以發現，首先，他們的藝術氣性不屬一類，章老先生全重右手的叩勁之清澈，左手出音，於共成「淸」境則無所欠缺，然而，若論「溜」「健」之活，則有所不足了。

孫老師則不然，一下手，溫度就不一樣，馬上升高多了，再說，音色亦不一樣，濃厚多了，並且帶着點鬱鬱。

古雅之處，當然仍可看出師承，尤其吟猱動蕩的規矩，以及音音皆實的厚重風格，所造成一曲無論那一個部份，發音的密度感都沒有鬆弛，並且朴簡之句法處理，「毋增客聲」之取音之原則，可謂完全一致。

再者一點，孫老師左手之「溜」、「健」，亦甚不足，是師門傳授用勁法式使然，或是個人因素，在我，是無從論評的了。

左手「溜」、「健」之不足，加上琴樂句子法式的未夠宏深，因此，孫老師在琴曲的進取開發上，早早就存在了上限，尤以民國四十七年之後，體力遽然下降，孫老師始終未能在大曲子上，發揮他「古厚圓實」的琴音世界，實在是古琴界一項莫大的損失。

師門的傳譜，加上孫老師自身的風格，小小一個「湘江怨」曲子，却能夠獲致了很大的發揮，從此而上，歷經「陽關三疊」，古厚的句式與手法，明顯地確立了，尤其，在「陽關」一曲中，屢屢使用「急吟」，把一個簡單的樂句，平添了深厚的情致。

第三個饒具風格的曲子，是「鳳求凰」，如果我沒記錯，孫老師自已說的，是他打出的譜子，這就不容易了。這個曲子，古沉而不失浪漫，厚實而無礙於開朗，結構精緊而雄强有力，一開即合，並且，一如青山采泥之所云：「指下之有神氣，如古玩之有寶色，商彝周鼎，自有暗然之光，不可掩抑，豈易致哉！」

第四個代表孫老師藝術家風的曲子，可以推出「平沙落雁」，這曲子，傳譜甚有不同，我在錄音帶上聽到的，有楊葆元，胡瑩堂，沈草農，種種不同的傳譜。這裏面，我想，並不存在軒輊，而只代表所嚮往的境界的不同。

孫老師對於這個曲子的傳譜，極爲注意，因此，當內子學了他的傳譜，又再從張清治先生受教胡瑩老的傳譜時，孫老師是生氣的，後來內子又自已摸索了一陣子楊葆元的傳譜，他就明白地指責了，他說，這個譜子，只有楊葆元可以彈出情況來，你別瞎彈了！

實則，我是最明白孫老師爲什麼這般執着他的「平沙」的。

民國六十年初，孫老師還住在泰順街五十幾巷的一個分租的房子裏，到了同年九月以後，才和我們同住在泰順街四十幾巷的一層四樓，兩年多快三年，才遷出。在這兩年多快三年裏面，孫老師早上九點不到即開始彈琴，彈得最多的曲子，大致上，即是「平沙」、「慢醉漁」、「漁樵」。

並且，不只是彈得多而已，尤關緊要的，是孫老師在「平沙」一曲的深入意境上，有所開拓。

他的「慢醉漁」，指下功夫固然驚人，酣醉的神緒，跌宕的動態，朴野的意趣，都在吟猱動蕩中成形顯現了，但是，這終究是指下功夫而已。當然，指下功夫，亦可建立不凡，然而就曲子論曲子，却沒有開拓創造出自身底詮釋的領域。

而孫老師「平沙」一曲則不然。首先，我還未曾聽過他彈奏別的琴曲，指下的音色有像彈「平沙」的時候，那麼樣淸澹而有精氣的。亦未聽過指下用力，深淺輕重遲速之分明，其匀稱之準度，有如此曲的。而孫老師所堅持的，這曲「平沙」的傳譜，我還未眞切淸楚它的源流，但是，多年以來的聆聽，這個譜子比之其他任一傳譜，都有一個截然不相類似的特色，——這就是「平」。

孫老師達到了這個譜子本來所要求的「平」。

首先，聲音淸澹，在音色上顯得平靜，其次，指下動作用勁之匀稱無差，在力度感上面顯得平正，再者，這是傳譜的精要了，整曲的每一個句子，以句及子與句子之間，其所建立的整個「音階的造型」，充分給予了我們一個從地面連着天空的，具體的「平遠」的感覺。

這樣，在「平」的幾種張力漸漸延伸而出，漸漸張引而滿的時候，「雁子」就要落下來了，「平遠」的感覺愈精準，「雁子」的斜形疏落和拍翅等等，就愈能帶動整個立體動感的「平沙落雁」的造型。

別的傳譜顯然不是如此。

在這個曲子，孫老師達到了「平」的「微」。

前面辛苦講着「微」，就是爲了要在這個地方替孫老師這一個曲子的論評而鋪路的。

但是，我在今天是難以取信於別人的了。因爲，這個「平」之精微與深微的水準，我不知道有沒有好的錄音，而在時間與器物都不對的情況之下，我又希望根本沒有錄音——起碼少所誤解。

最後一個曲子，是大家都推崇的，孫老師擅長的「漁樵問答」。對於這個琴曲，孫老師多次說到它，歸納起來，有兩個要領。其一是關乎曲意的，他告訴我說，漁樵問答不是講漁夫與樵夫的問答，不要在那幾句狀肖談話的地方加以强調，那就是誤解了，漁樵問答講的是一個隱士的內心，當這個隱士遠遠的在一個山水的地方，看到漁夫與樵夫站在那兒相對而談的時候，這位隱士被引起的，在內心深處的一番「對話」。

我相信，在琴曲曲意上，孫老師是了解透徹了。

其二是關乎造型的，孫老師的用語是古老的用語：「靜如處子，動如脫兎」。其實說的正是這個曲子如何發揮了「遲」、「速」之神髓。

印證於當代吳景略先生，孫老師的見解十分正確。

可是，正因如此，這一曲漁樵，吳景略先生之後，還留着多少開拓創造的空間給孫老師呢？只有在個人指音風格底下來發揮，或在幾個句子的連與斷，及輕與重，繁與朴的地方，作更細致的體會與建立了。

這就是說，其中只存在着差異，而難以有所別創。

但是，無論如何，在這個著名的琴曲上面，孫老師認眞地是「自得之，故取之左右逢其源」的。我曾在好幾個深靜的夜裏，看到孫老師整個人就在這個琴曲的聲音之中那一種跡近「蛻化」的——全然藝術的神態，這應該是另一種的「吾喪我」。一個眞正的古琴藝術家。

## ㈡教育功能

由於我總算是短時間讀過天主教音樂學院的，在民國六十好幾年，孫老師住在他景美的自用宅內的時候，我曾就古琴教育這方面請問過他，爲什麼不編列一些教材，特別計畫練習一些困難的指法？我還告訴孫老師，這樣是很重要的。

當時他聽了，一面笑着，頭部就斜斜的動了起來——剛好是點頭與搖頭的平均度，一邊說道，你們什麼都學點西洋的，當然西洋也有他的道理，看學生啦，如果他認爲那樣子有用，他自個兒不會編著些嗎？自個知道那裏難，編起來不是更管用嗎？別人還不見得適合哩！

我聽了覺得好氣又好笑，那麼鋼琴的拜爾不就白搭了嗎？

忽然他冒出了幾個句子，很認眞：指法，那當然重要啦，可是你知道，每個曲子，凡是我這裏親自教出去的，都有指法在裏面，你要是認眞的體會，還怕學不明白？就怕不夠認眞，呼魯呼魯的彈去，那當然沒辦法啦！

孫老師講些什麼呢？「凡是我教的曲子，都有指法」，講了不等於白講？

可是怎麼樣的，我就有了這次「對話」的印象，總覺得裏面有些什麼道理，是孫老師這一輩的老人家愈講愈不明白的。

孟子：「不得於言，勿求於心，不可。」

閒來沒事，總會想一想：凡是我教的曲子，都有指法。就是這樣，有一次，把孫老師所教的二十來個曲子一個一個名字寫下來，咦，奇怪，這裏面果然有「指法」！

我記得很清楚，當時就是自己對自己一陣啞然失笑。

揀去枝節，我清晰地發現到，這些曲子確實可以作爲一個有次序漸進的訓練系統，並且，果然是「傳統得很」。

依其漸進的次序，應該分作三個層級。

**第一層級**

㈠湘江怨，㈡關山月，㈢歸去來兮，㈣玉樓春曉，㈤陽關三疊。

**第二層級**

㈠長門怨，㈡空山憶故人，㈢梅花三弄，㈣普庵咒。

**第三層級**

㈠鳳求凰，㈡平沙落雁，㈢慢醉漁，㈣梧葉舞秋風，㈤漁樵問答。

首先得要明白指出，這確是一個古琴彈奏的系統訓練，並且還包含了一定的風格與主要的取向。

第一個小曲子一組一組的泛音，幅平靜得很，不走長短相間，輕快的路子。少少的吟猱，然而指下已經確然要求着情韻了。認眞彈過「湘江怨」的學生，都會發現有一個慢吟幾下的地方，琴味很足，對那些學生來說，已經是一個對於琴音底傳心功能的小小啓發了。

國立藝專的古琴學生「湘江怨」開頭第二組泛音改作輕快的節奏，這是錯誤的，這在曲意上，可以說是完全的莫名其妙，爲什麼這個地方會「輕快」起來？有些時候，對錯難以遽論，有些時候，不對就是不對，因爲這道理太淺了。

撇開本來的曲意不談，這二十幾個泛音，起碼可以練習左右手同時達到的，極其初步的「靜」。幾個小小的吟猱，開始在自己的指下出現琴音之滋味。

「關山月」是梅庵的譜子，孫老師用來教學生進入手指使用「眞力」，這是青山琴況裏面，宏況的起始。彈琴要彈出眞力來，才是藝術，至於典雅溫厚等等，是修鍊日久而達致的，若一開始卽「不敢彈」，不使用正常的明確自然的指勁，這就連第一步都踏不出了。

「關山月」之旋律，明顯地與山東民歌之間，有很深的關係，這個道理，我是從臺北葛瀚聰古琴老師知道的，在這裏得謝謝他。

而「關山月」的曲意，頗能接悟得李白詩歌：「明月出天山。蒼茫雲海間。長風幾萬里。吹度玉門關。」

情感慷慨而開闊，尤其右手扣絃，最好在這個曲子上練習如何使用「眞力」，別怕暴了一些，知道之後，日後自能有所進階。

能夠配合右手的扣勁，左手的指力也同時受了訓練了，因此可以說，這是彈琴的力度感的訓練。彈「開」它。

如果說「關山月」練習「宏」，那麼，同樣是初學，「歸去來兮」就練習「細」了。這個曲子，時間不太短，一句一句的出現，而泛音安排特多，這不是練「細」，練什麼呢？

「玉樓春曉」亦是梅庵琴譜所傳，這一曲子練「美」，因此，它已經藏著進一步的要求了，「湘江怨」傳達情意，要琴音起碼有「感覺」，「玉樓」則進一步，要你自己聽出從指下散發出來的「美」。

一開始，幾個泛音下來，聽聽老師的，聽聽自己的，美與不美之間，應該可以體會出來了。並且，「玉樓」一開始這幾個泛音，還在訓練學生一個應該細心的地方，那就是每一個泛音，它的「重量」不一定是一成不變的。

以前一位大陸國際級乒乓教練，對學生說，你看到對方來的一球，是下旋球，這沒有用，這是不夠的，你必須同時能正確判斷，這個球的「重量」，它是七錢半，還是九錢正，這才能保證接得下，並且爭取主動。

古琴的泛音，差不多亦是如此，一組泛音裏面，輕重不一，要先能聽呢！當然，這裏更不容許造作。

「玉樓」一開始四個泛音，第四個的「重量」，顯然不同，不是嗎？

並且，時間的間距亦不同，不要忘記，不論是西樂或者中樂，音樂就是音樂，它是我們心靈在時間之中的渴望！

並且，時間不同以後，「指觸」亦不同。

右手指法：指勁，指速，指勢，指觸。

「玉樓」的幾個泛音，單純而直接，讓學生明白「指觸」，這個較爲難言的地方。繪畫有「筆觸」，樂器當然有「指觸」，感情心境之微妙難傳，就在於兩手如何配合著靈敏的，對絃的觸感。

「陽關」應該是第一個層級的暫結，而爲進入第二個層級作準備了。

從一下手，「陽關」所要求的聲音，就要有著足夠的「成熟」。

就聽覺而言，琴音要有起碼的「圓實」，不能再是初學那麼樣扁扁乾澀的情況了。

琴學上所云之「音音皆實」，實，然後才可以談得上「清」。

練拳進階，有所謂「明勁」、「暗勁」、「化勁」。彈琴指力亦然，學琴到「陽關」，不是「關山」一曲的時候那麼好應付了，它已經在要求你的「暗勁」了。

古，朴，簡，鍊實，圓透，不但琴音，而且連帶著對於句子的肌理，也在要求著學生了。

孫老師不是說嗎？凡我教出的曲子，都包含著指法。

只可惜，我在臺北各種現場所聽到的，就算是第一個層級的「陽關」一曲，孫老師手下的「急吟」之紮實，還是只有孫宇涵一位彈得出來，只可惜她的句子理得不順，否則她應該有機會彈好這一個好曲子。

進入第二個層級之後，起碼的一個地方，曲子對指法的要求，漸漸細膩起來了。

用力之方，眞力好用，曲忍之力則較難，「長門」一曲，正是訓練手下的曲忍之力，必要做到這樣，曲子裏面帶著的嗚咽之情，才可以傳達。

孫老師曾不止一次地著力表達，很多次他所聽到的「長門怨」，「怨勁」都不夠。

怎麼樣透過指音，透過句型，觸發「怨勁」呢？這又是一個考驗。

「空山」一曲，與「長門」相對比，它是整個地抽拔上來了，「長門」是意緒這一邊的曲子，「空山」却不是。

它是「造境」以傳情的。明顯的，與前面六個曲子比較，它是首度要求確定的「氣質」的曲子。

山林的氣質，逸居的氣質。

「陽關」的琴音，可以舒放，「空山」的琴音，却必須內斂。

孫老師對於吳景略先生，欽敬有加，然而，只有在「空山」及「漁樵」兩個曲子上面，孫老師堅持了他的看法，他曾一再告訴學生，好好體會他在「空山」裏面的泛音。

「梅花」及「普庵」兩個曲子安排在第二個層級的暫結處，作用至爲明顯，它們在訓練進入時間長久的曲子，這用意如同太極拳：「長拳者，滔滔不斷」。以能彈長曲的氣力，精鍊凝聚於簡短的曲子，才更自如，更寬裕從容。「梅花」尤能訓練左手之急速，「普庵」則訓練結構之把握之終能穩住，不會因著曲子進行的關係，而聲音的時間値愈來愈快。

第三個層級，應該是眞正的「進階級」了。

「鳳求凰」一曲上，眞古，眞簡鍊，結構緊小而雄足，開合顧盼，俱有不凡之姿。從這個曲子進入「古」之深妙，應該是條捷徑。

這個曲子以前的九個曲子，似乎都未提供獨特的，「古」的純然品味。

臺北張清治先生傳授內子胡瑩老一曲「慨古吟」，可與這個曲子並列爲古簡閎深的兩個曲子，而內涵與氣格則不同。

「平沙」係張引之精準，「慢醉漁」則練跌宕的不規則，至於「梧葉」一曲，那就好像西方音樂到了德布西，甚麼結構不結構等等，是另一回事，抖鬆了以前音樂人的內心所謂的「結構」，充分沉酣在那更爲迷人的散板聲響之中，在古琴，「梧葉」一曲，可以爲例。

而不得不講明的一點，是孫老師的「梧葉」，乃是基於吳景略先生的譜子的，在此建議，若能參考劉少椿先生的傳譜，則對於孫老師所選擇的琴境，比較之下，當更有體會。

「凡是我這裏教出去的曲子，都有指法在裏面」，孫老師的意思是，我已經辛苦地揀別了將近廿餘個曲子，在其中，有等級次第，也有各方面的訓練的進行了。

的確，我們應該把握著這個琴譜系統的主體，認眞地落實它們原來可以發揮的教育功能，使學生在沉醉琴音的同時，別完全忽略了更應該通過的，「訓練的一課」。

「漁樵」一曲，是小曲子之終，大曲名操之將發，可惜的是，孫老師由於體力所限，這個曲子以後的道路，他是來不及走上了。

以孫老師的地位，我很難承認他的「流水」與「瀟湘」。雖然在民國六十一、二年間，我便已經常常聽到他彈「流水」，但他屢屢自言，還無法通過。「瀟湘」在不久之後，也聽他彈著，顯然吃更力了。

一個眞正的藝術家，既已於「平沙」、「漁樵」建立了所到的水平，就不能只是爲擴充領域而降低境界。

我決定不再分析在這兩個曲子裏面，其所應達到及不能不包含的形式與內涵。

可是，我再一次重新檢視孫老師所揀別的將近廿個曲子，我認知到，孫老師堅持，指法，困難的指法，更好的是融在整體的曲子裏面去「完成」，如果抽離分解出來，很容易會只見樹木，不見山林，——只得節拍，而其與節拍完整地共爲一體的音樂生命，却被遺留在指間之外了。

除了書法之外，我只是一個理論工作者，我完全不會彈琴，但是，我還是深深地認可孫老師辛苦揀別出來的這將近廿個琴曲，它爲雅正的琴音，開闢了一個依稀可循的蹊徑。

## 附錄：（琴語隨鈔）

1. 夫彈琴以和暢爲事　清雅爲本
2. 下指或古淡　或清美　或悲切　或慷慨　變態無常　不可執一
3. 或疾打　則聲如擘竹　緩挑　則韻似風生　或聲正厲　而以指按　響已絕　而意猶未盡
4. 是以彈調引者　貴乎詳緩　句讀取予　中有意思　如孤雲之在太虛　因風舒捲　久而不散　此調引之妙操也
5. 然彈不在多　以精爲妙　使指與絃相契　得之於手　應之於心　不知其所以然者　則善矣
6. 南中李氏　善作悲風曲　時人號曰李悲風　以此得名　可謂精矣
7. 凡琴曲　和樂而作　名之曰曲　憂愁而作　命之曰操　平和之人　聽箏笛琵琶　則形躁而志越　聞琴瑟之音　則體靜而心閑
8. 器和故響遠　張急故聲清　間遼故音埤　絃長故徽鳴
9. 性潔靜以端理　含至德之和平　誠可以感盪心志　而發泄幽情矣
10. 吟猱抑按　欲存味而無跡　句打挑剔　欲有力而不滯
11. 琴　樂之重器也　備太古之純音　涵無窮之妙趣　其音正　其聲清
12. 不親明師　遂便操絃理徽　無復文句　聲之曲折　手之取勢　緩急失儀　起伏無節　小大乖訛

急慢無度　遂失古人清迥之風　而多鄙吝瑣碎之韻　13.琴音皆清實　其間有聲重者　有聲輕者
材中自有五音　故古人名琴　或謂之清商　或謂之清徵　又不獨五音也

14.今人不知此理　不能辨天地至和之音　世之人　二絃上音調尚不能知　何暇及此

15.蔡氏五弄　並是側聲　每至殺拍　皆以清殺　何者　寄清調中以彈側聲

16.清聲雅質　若高山松風　側聲婉美　若深澗蘭菊　知音者詳察焉

17.至如東武太山　聲和清側　幽蘭易水　聲帶吳楚　楚明光白雪　寄聲調中彈楚清聲　易水鳳歸
林　寄清調中彈楚側聲

18.如此　其類實繁　自非天然　難以力□也

19.五音繁而不雜　如水中之月　同而不和　如風中之松　而有散　其聲貴靜　無增客聲　此聲之
玄微也

20.琴錄云　音貴靜　而無增以客聲　指尙閑　誡之以妄動　卽庶幾於琴矣

21.麴澹云　凡彈琴　散聲虛歇　如風水之澹蕩　左手勾按於絃　泛聲委美　輕清若仙歌之九詠

22.用左手按絃　似起似著　如蜂蝶採花　木聲實按　如雷隱隱　或如鐘鼓　巍巍如山崖磊落也

23.上取泛聲　則輕清而屬天　下取按聲　則重濁而爲地　不加抑按　則絲木之聲均和而屬人　刳
其中　則太虛之理具　絃其外　則妙用之應彰

24.琴鳴因絃　絃鳴因木　則耳於絲木之上　不足以聽其聲　由池沼之間而聽焉　則無餘矣

25. 是以知妙用所施 不離太虛 本末相因 固如是也

26. 琴 太古樂也 正聲之所自出 故學者聽者皆欲風韻不凡 而有以稱也

27. 琴有九德 奇古透潤 靜勻圓清芳

28. 下指沉靜而不暴躁 惟貴輕重得中 太重則失淸韻之聲 太輕則無眞全之韻 惟隨琴之强弱施指 則取與吟臑 皆有味也

29. 曲調雅正 合眞情於恬淡之中 豈求美於俗耳而已

30. 凡爲俗奏者 以其不合古人之意 豈能傾耳以分恬淡之味哉 古人不遇知音不彈 寧對猿鶴風月而奏者 蓋緣於此

31. 聲無映對 奪諸俯仰栖閣 周回皮壁 左右軒楹 切近喧嘩 風狂雨驟

32. 凡按太長 皮指怯薄 甲指長暴 此皆奪正聲之賊

33. 按長 則池沼閼塞 聲不發越 凡面薄 則引起皮聲 而聲亦□□然

34. 爪長 則聲枯 指暴 則絃迫 而聲不眞全

35. 惟堂室靜密 天朗氣淸 周回實壁 俯臨實几 擊打以指面 而附聲於甲 則聲斯眞全矣

36. 聽欲靜慮者 欲分古淡之味也 貴乎耳目專一 而不爲一物所奪也

※本文作者潘柏世先生是民間講學學者

# 論文明之謬與中國之美

## ——中國美學原理芻議——

杜若洲

### 一、楔子：蜘蛛與蝴蝶的美學觀

有那麼一種人，古人形容之爲「銅筋鐵骨」，他們的五官有個特徵，就是「目如懸鈴」：目光銳利而外射。用此炯炯之睛，察看這世上的一切，直如利矢穿皮，而其人之心，又務在必得，因此凡所觸及，莫不石銷金鎔，勢必由原子而核子而中子質子……而釋放出終極毀滅能而不止！

用同樣的精明觀察力寫文章，就成了一種頗能投「窺私」所好的「科學散文」（scientific essays）的現代文學形式（其濫觴是拉丁韻文長篇），一如「科幻小說」（scienfictions）那樣，令人著迷。這類「文獻」常見於英書，尤其是美國文學。

美國文學興起於「現代」，但在十八九世紀時，歐洲傳統猶領風騷，美國詩人不免有「文化自卑感」，紛紛成了「去國騷人」（expatriates），終生沈緬「大陸」。於是，散文得在「本土」一枝獨秀，而以「康考特諸子」（The Concord friends or the Concordians）爲代表；他們寫的東西，有不少可以歸入「科散」,(其如梭羅的《湖濱散記》(The Walden Pond)。在這類文章中,我讀到一篇十分「引人入勝」的。作者是誰,已不記得(有那篇文章的集子,也早跟別的英書一起送給了收壞鐵的),只記得題目是〈飛蜘蛛〉(The Flying Spiders)。

作者的英文寫作水平,在當時美國爲一流,而後也就成了「英國文學」的一流;他以極其細膩而流利的筆觸——想必事先拿著鉛筆跟拍紙本做了不少「田野筆錄」——寫活了蜘蛛之……「美」!在他筆下,這種醜怪昆蟲,其形體其生態乃至其殘害異類及同類的生性,都帶上了美學之美,而它編織出來的那張網子,尤其是個重點……

蜘蛛結網,是用後肢撥弄黏性的分泌液體(狀若蠶絲),牽而織之;先爲放射的經,次平行狀的緯,由中心點往外擴大,而成廻旋形(呈八角或多角)。網經仔細辛勤的工作而完成,那原不足觀的小蟲,就伸展開長了毛的肢體,盤踞其上,儼然爲一個陰暗角落裏的「霸者」。無論那是岩穴、還是樹梢或草上,它的「作品」的存在是肯定的。那雖由肉眼僅見的細絲搭起來的「虛空構架」,卻有相當的韌性、張力與彈性,及「形之美」。

微風吹來了,網子隨之輕輕搖曳,起伏如波,而無虞顚覆;小雨飄了下來,也不打緊,反而因爲沾上了雨滴而呈現爲串珠奇觀。經陽光一照,那帶著亮晶晶珠子的東西,閃爍著不可思議的光彩,平添其「美之形」的誘惑力;卽不如此,那網絲本爲透明,同樣會映著日光而令人注意,甚至發生催眠作用,使他不自覺地走過去逼近一睹……看著這精緻的「八角宮堡」而發出驚嘆,說:「好美啊!」

人豈是唯一會被「美」所俘虜的生物！事實上，生命一體，命運亦同，各種生命形式之所感所受又何至於必異？「飛蛾撲火」的向光或向美的現象，並不是偶然的例子。不錯，蛛蜘結出的網子，除了數學的精確，機械的完整與質地的堅實以外，也具備了不可分的「美」，而，不幸言之，被這美迷惑而終於撲過去的一些「弱者」，就掉入致命的陷阱，而在無法抗拒其優勢或力量的情形下放棄掙扎，成了那小小獵者的 preys!

這一整個事實，未始不可以稱之爲「蜘蛛美學及其效應」吧。

就美學言美學，我們當不至於拘「輸入成見」，而可依「水平展開」的思辨去發現或重認別樣的美，其如蝴蝶之美，如何？而那是形態全然有異的一種美。誰不知道這一點，否則其人必將盲於花之美了。蝴蝶不同於蜘蛛；它是「蛻變」昆蟲：始爲蠕蟲，繼而成蛹，最後脫繭而出，變作天上飛的彩衣舞者。它展開兩張薄薄的粉翅，在早春的透明空氣中撲飛，散播絢麗的瑩光色彩，讓那凡有眼睛的生物，都來分享它的「生命之美」與歡樂！

蝴蝶是不獵食的，成蟲以後，只以花蜜與露水爲食，故而無須「處心積慮」藉數學機械的習性來設陷阱。它的生命，無所缺乏於光與色，愛與美，卻獨獨沒有殘害與攫奪。這庶幾可以說是生命之善的具現。由於善之天性，美乃與焉；這美本出於自然的元貞，就顯爲平易尋常，而無陰暗、詭奇或神秘的內容，而於本質上呈現爲永恒的素樸之美！

蝶之美飛躍在空中，讓看到的人眼睛一亮，隨之心中一動，瞬那間充溢著「無可言喻」的欣喜。

等你追著去看時，它又已經不知飛到那兒去了。無知的小孩，與不懂美的標本學者，會拿著網子去追逐，但那種愚行與它不相干，它的存在之美與價值，並不因而有所損害。它仍以它的美求偶，繁殖下一代，保證這世界上永遠有這份卓絕美。

那麼，把「蝴蝶美學及其價值」列爲現代美學的一章吧！以個人之見，這跟前述那種，不但大異其趣，而且比觀之下，還可以觸發一種於文化上爲健康的「批判」。

## 二、辯文明之謬

### (一)文明現象及其個性之批判

我們今天所用的「文明」一語，是西語 civilization 之中譯，而詞名翻譯大抵帶有偏差傳達的消極性，因此，這類「外來語」(中名)本身並不適合作「訓詁」的討論，復次，如果率然透過這些名言來從事全稱性命題——其如文化、藝術、美學等等——思辨，每會以所用關鍵語詞意義之含糊籠統，弄到形式主義的「不知所云」或「高談濶論」。原文的 civilization，有其一定的了解背景或文化參考，是「那麼回事」，而與我們附會而認同之的「這麼回事」，未盡相合。不察乎此，在某一大題目討論中，把「這」當作「那」來看，則所失不止毫厘，而謬將以萬千！遺憾的是，打從「文明」這個概念出現在中國文化裏，它所給予任何人的(包括一流的學者作家在內)，除了誤解恐怕就沒有別的。現代中國人嘴裏的「文明」，既不是那，也不是這，卻是「莫名其妙」。那與這儘管並非一事，二者儘管萬萬混淆不得，卻硬是在咱們的腦殼裏珠目不分了！反映在語意上的文化概念之不清不白，是一種嚴重的「認識上糾葛」（epistemological complex），其中必隱匿著「主體價值觀」遭受凌替甚至趨於消失的危機。

把兩回事作一回事，是出於想當然耳，但是，以彼代此或捨此就彼，乃一廂情願所致。所謂「想當然」，是無所有於判斷的了解之闇昧及隨之而有的一切錯覺；「一廂情願」則是就一知未解而爲樂觀自許的想法，即「痴人作夢」是也。吾人以意識上的曖昧，內心充斥著種種錯覺，加上不切實際的幻想，就會將錯就錯地生出文化的identification(認同)來，且在無感覺的痲木中遺棄原有的 identity（自體）。

這裡用上的兩個英語名詞，因爲語根（root）相同，正好適合在此際作一分析以利下文——「彼此觀」——的闡述。按詞尾變化（inflections）來說，後者以（-ty）而具「性質」與「狀態」之義，前者則以(-fy)而爲「做作」或「擬近」之狀，而二者均屬同一存在概念（ident 意爲同一）之截然有異的兩種性相：後者不依前者而自立，而前者則無論怎樣說不上包含後者，否則就毋須多此一條尾巴。civilization 亦復如此，它也有一條尾巴（-ize），具「化成」之意，示某一人羣將其生活方式推而廣之，復藉流行而取優勢；質言之，這實際上是一種表面張力的擴張現象，因此僅具「一定的」的時空價值，而無永久普遍性可言，自亦不具備安定的現實品質。與之類似而實相反的，也即成其爲存在實體的，則爲 culture（文化），其性質視其詞尾（-ure 體也）可以推之。綜論之，identity 平行於 culture，而 civilization 庶幾爲 identification；前二者乃本體自在而然，後二者則顯指附麗或附會而成。

依據現實所涉及於這些名詞及其概念的狀況來申論，出於一時一地的時空迫切感（其如戰爭敗績或經濟崩潰），而發生某一程度的熱心追求「文明」（如「維新」），並不足爲慮，非唯不宜抑止而反應于鼓勵；這是一回事。不過，另方面言，慮及長久的自存與尊嚴，所謂的「文明化運動」（卽演進云爾）卽必須置於嚴格的批判以下，而於實踐所呈現的，可以想像及之以及可爲逆料的一切的一切，進行不寬假的辯證，斷不可無所顧忌而聽其所至；這又是一回事。進而言之，「文明」旣係現象而然，故必呈現爲「泡沫之湧騰」，囂囂於一時而已；假如因此而導致「價値之丕變」，卽直接關乎本體的存無與安否，其動一牽萬，或將如雪崩之不可救矣。

回顧世界的杳遠過去，一波波相繼以來的「文明」，其勢每如洪水，浪湧波逐，殆無寧時，而淫淹所及，卽連蠻林荒島都難倖免。文明之爲現象，眞正是五光十色之令人目不暇接而爲所迷惑，從而變爲「盲目」，而捨己以從，是以英語以 Phenomenon 名之，言其「閃耀」（Pheno-）。分析以言，現象云稱，實係耳目身意之所直接觸及或向之全然暴露而起一切「現行」（responses）的對象，本質上爲純粹物性的展陳，逗惹起非理性的量化及複雜化之意識作用；一方面激動感官及相應以起的下意識（sub-conscious）或慾念，同時又受到後者的「回饋」（feedback），產生莫可名狀的「人性漩渦」。

雖然不可名狀，但是由於其中有生命貫透，所以文明恒爲有機，而且，更爲重要的，必具有「意義」(significance)，亦即：文明既爲官能行爲的交作對象，其本身即可資「詮釋」(interpretation，相當於「臆度」)；不惟可能，而且是容許無止境「發現」與「推論」的材料。文明加上人這個「主體」的介入——詮釋以後再將意義投入——即從基本的物質現象「翻上一番」，而獲致另一層面的「張力」。文明的膨脹體積及多變內涵，即由此而來，進而又「形成」其結構、秩序、因果、類屬、關係、原理、邏輯，以至於一切比量（演繹）形式。另一方面，對文明起種種意識作用或「了解」的主體，會起鏡子作用，而反映其所了解或「接受」的一切，且藉「意念化作用」（ideation）而自己締造出一個「內在世界」，並賦以觀念或精神的品質或形式，使別於物世界。

此一「鏡相」（mirror image）由於是無限地反覆多重，故具有不安定的勢力，有如深洋中的湧浪，無時無刻不在質疑人的存在意識，而醞釀著一種非本能而然的「憂」與「懼」(anxiety & fear），由外而內復由中心至邊際搖撼情識。其爲悚慄或悸動，一如心臟的搏跳，也同具「能」(energy）的作用，然而由於它攪擾人心中的「想像」（imagination），生出超乎自然律的特殊內容，乃不如生命能之單純，也不克那樣自足；無兩極的平衡，而唯趨極的緊張。由形而下的迷惑到形而上的焦慮，文明「無端」延長了人之存在的固有規迹，另外劃出一條「不回歸線」，如流星般往不可知的黑暗殞落！

一條「形上尾巴」接在原本渾然的宇宙本體上，試圖以其非理性的力量改變既有的美好一切！「窺私」的罅隙爲無知的「改變」撞開了，從此「知識」之囂囂凌駕於智慧的如如；人心一方面執著於物質的現象，一方面妄起形上臆想，將存在現實作二分或二元的詮釋，並以「奧秘」之帘帷蒙住一切眞理。主體既忘其所以，就向對象起「客觀」(objectivism)，甚至取代直觀自反的清朗理性。這就是文明所特具的「詮釋」特性，而其旨趣所在，與其說是追求「眞理」、獲致「知識」以臻及「創造」，毋寧說是出於貪婪，恣其野心以達到「征服」(overcome，美言之，爲「超越」)。詮釋的原型(archtypes)卽「擬人的神性」(anthropomorphized deity)、「擬神的人道」(theomorphic humanity)及「神諭的道德」(theological morality)，而均屬「辯證吊詭」(dialectical paradox)，因爲均藉語言的雄辯來模擬自然（卽「強爲之說」），從而異化其意義，再塑造「超自然的」(super-natural)偶像，說服(evince原意接近 overcome)人去「尋求」它的「生命」與「能力」。

由是觀之，所謂「文明意識」與人性的覺悟並非一事，蓋後者是素樸的體認與直接的實踐，既無二立，故亦無疑懼，而心識行爲恒相一致而不矛盾，於和諧中自證生命的普遍永恒與眞實。

**㈡詮釋與知識之批判**

秉素樸的覺悟以觀生命的千彙萬狀，姑勿論其爲自然的抑人文的，大而無外的或小而無內的，一一具有妥當周沿的「眞性」，原無先天的「缺陷」，亦無絕對的「黑暗」，故無必要去假立「全能者」及其負面角色，而也不欲自置於「使者」立場以事鬼神之臆說（子不語「怪力亂神」，而說「祭如在」及「敬而遠之」，皆是此意）。本乎謹愼的態度，果需有所表白於言辭，也必先警惕乎語言的偏差特性而自設嚴格的限制（孔子：「多聞闕疑，愼言其餘」），於良知上約束之，使不在現象之上起

「想像」或「假想」，及滋衍無已的「鏡相」(卽現象之現象)。這種「自誠明」與「知其所止」的透悟智慧，從未見諸「知識」(knowledge) 及愛知的「哲學」(philosophy)。另一方面，文明意識所恃以爲「力」或「權」( power ) 的工具性的「知識」，在智慧看來大抵「匪夷所思」而爲「謬妄」(absurdity)！

智慧與「性」(nature)、「命」(life) 及「道」(truth) 相偕並行而不悖，故可以「參天地之化育」，又得「爲天地立心」，以至於「周行六合而無碍，放諸四海而皆準」！知識則不然，由於拘於對象，又受制於語言及邏輯，乃有「先天上的偏狹性」，而不適合於眞理之探討。侈用知識，結果不但「離道日遠」，更會出現量的壟斷，而將人心壅塞障蔽，況且知識大抵虛構非實，任其橫溢，何其危殆！(「人心唯微，道心唯危」所指卽是這一狀況。)知識並不恒等於眞實，是自明之理，而它之於後者，所得而爲之的，一爲敍述(narration)，次卽詮釋。敍述是直陳實錄，其「合法的」的作法，一以言之有物(其義)，一次言之有序(其法)，將必要的線索供給了解以事判斷，卽無餘事；此卽所謂「春秋筆法」。過此而爲，更有所「作」，輒管窺蠡測乃所不免，闡明修飾莫非爲病，至於穿鑿附會曲成其說，卽已另闢蹊徑於「見聞」以外而盡落於「言詮」了。現象乍生而滅，如香象渡河或羚羊掛角，痕雖常有，跡不可尋，必欲強索之，或持筌求兎，或刻舟求劍，都是在象外揣摸，而其尤甚，竟想入非非，憑空臆造。「文明內容」的種種，其如神話，又如宗教，玄而奧之；而攀緣以生的人文範疇，如文學、詩歌、藝術、哲學乃至科學，美之曰「想像之締造」或「思維之創見」，其實都是詮釋活躍的結果，而作之者大抵縱其所至，既不予以界定，復諱言其究極。而其所據所恃爲「自信」者，除邏輯而外，「參考構架」(framework of reference) 與「價值體系」(system of values) 而已，而又皆係虛設。

知識的歷史觀，或文明的歷史觀，追溯遠古，至於希臘，必首肯神人之血源相親，徵及近代，仍包容宗教，也必爲神性之絕對留地步。在綿延數千年的所謂高度文明裏，宇宙恆有奧秘而人竟無本體，他的存在，糢糊而曖昧，苟且而短暫，如影猶幻，除了「寄居」或「流浪」，將欲何爲？泛宗教意識籠罩了人生觀，卽卓越如希臘哲學，也不能爲人作主，而唯「聊盡人事」，爲其尊嚴找些遙遠的理由以充「理性」的張本。然其所論，必於人文以上求超越理念，故所「立言」，不異乎「祭司」(priest) 之所素爲：一方面就「象兆」(signs)卜而筮之，一方面則本「神諭」(oracls) 傳其信息。其皮裏陽秋，一言蔽之，「詮釋」也已。

詮釋或知識，面對著壓倒的、不可抗的、全面性的外在勢力，相形之下，那爲之詮釋者，必顯爲渺小而不足道，也從而輕蔑、忽視乃至「遺忘」他自己內在的良知。觀點因此捨內從外，所見就必趨於一極，乃不克保留「誠實反省」(其自明之「誠」)的心知內涵，終而形爲「倒三角形宇宙觀」，以「無限小」(the minimal，卽「無有」)對「無限大」(the maximal，卽「全能全有」)，亦卽以「完全無知」去詮釋「極大奧秘」。陷此詭論立場之人，否定「智慧」之餘，致力於另一法門，卽以偏蓋全，以名僭實，以演繹充思維（卽使之公式化），而以永無止境的累積爲整體！這就是古今一轍的「先天無知文明發達公式」，而文明盡在乎斯。

自覺萬幸得生於文明的人，每每油然而生出「幸福感」(euphoria)：驚嘆文明之豐盛華美、感激文明所賜所予，溺於其方便與饜足，信賴於其「安全感」，服膺於其公平、合理、新異、進步……等等一廂情願而實未必的美好寄托。文明意識是這樣滋養著人們一直膨脹的浪漫想像、無所顧忌與節制地慫恿其物慾及相關貪婪，而令「物」的有限本質至於「超負荷」(overload)之窘迫！文明的定單予索予求，地球乃不得不日益縮小，而「世界」卻悄悄擴大！

### （三）荒謬與非理性之批判

文明是黃梁大夢，以「高速意識流」而不眞實，於自然律以外，藉「自由」詮釋遊離於一切片斷當中，擺盪於有無之間。其場景中的主角——語言——脫離現實任想像或幻想所役使，爲溢美的修辭，立獨斷的權威，佈謬誤的網罟，陷人性及其性靈於虛妄。爲夢必醒，凡文明必「幻滅」(disillusion)。事實證明，世界上迄未出現過「永久文明」；過去既無，今者非是，將來必不會出現。文明蓋如帝國，而事實上帝國用文明爲其芻狗，以力興亦以力亡；異己必相凌夷而消長，其自身也不免於興衰而消失，而此即其宿命。文明與荒謬，二而一也，乃在亘古的時間沙灘上留下並行的腳印。誰得否定其爲不然於爾今於未來？

「千古風流，煙消灰滅」，這是文明的結局。人每以所處境遇有逾前此而爲傲，然鑑乎既逝，寧不怵惕？遺跡斑斑，那些衣冠器皿乃至文物宛然，而往昔的精神安在？皆已蕩然不存於代代迥異的「意識型態」。或曰：價值觀不同，故而今非昔比；慨乎言之，則所謂「文明價值觀」，逝水之波而已。人們或有所追求於一時之潮流，然而不旋踵卽失去意義。一時的眞理，永久的謬誤；一則因爲外在假立而不免於錯謬，二則由於寄托於敎條或勢利，故旣非生命之眞實，復無心靈的證可，而不過爲「信仰」或「迷信」的蠱惑而已。

夢幻非眞境，藉強勢崛興的文明，亦同樣沒有任何實體（entity，相等於文初所分析的 identity），自亦無「價值體」（body of values）之可言，有之，則唯「意見」而已。至其通過意見以標揭「新觀念」、「新潮流」云云，莫非爲凌越異己或襲奪固有而行下意識的流露，或爲口給藉詞，意欲壟斷權威——無論屬於政治、宗敎、社會、學術、商業乃至文藝等那一界中的——以利乎「攻人之心防」！中世紀的「護敎論」（apologia）如何張皇其詞以愚其民，今之「價值觀」同樣被用作「移植生活方式」的高尙遁詞。時代不同，文明「理念」居然隨之而異，足見其所倡言的「眞理」之爲僞。所以如此，或則「依他作解」，或則「倒果爲因」，總之是捨本逐末，不反求諸己而侈行「求證」，刻意在語言法則中建立「方法論」，從事完全脫離良知自覺而自求其是的「理論化知識」。可以想見，人文思想一旦走上這條「求眞」的路子，就永遠無法與人性相平行，則其眞也必謬，又何足爲怪。

反之，在智慧的境界裏，並無所謂「嚴密的方法」，而其所說的「格物以致知」，也無騖外之意，而實置其根本大用於「誠意正心」，並以「知其所止」爲終極；「知所先後」則「近道」，「止於至善」則大道在焉。此之謂知，悉在內心的功夫，而不涉及物質文明的任何「知識水平」，故而也不尙言詮之狺狺。所謂「無情者，不得盡其辭」；又曰「誠於中，形於外，故君子愼其獨（言個人良心上的判斷)。」大哉斯言，舉此燭照濁世之洶洶謬妄，及其忿懥、恐懼、好樂、憂患等等，從而批判之，卽可以明其道正其誼矣。

知識秉承文明的意志，常追逐於物質的表面現象；與智慧一致的理性(並非哲學所標榜的「絕對理念」)，則永恒不易於人心的方寸之間。僞(外也)之與誠(內也)，相距不可以道理計，兩者亦不可交換，而知識中偶見的理性，猶如烏雲中乍露的一線光明，原未足爲恃。人所眞正可以信賴的一切，必須於時間爲永久(timeless)而克不腐朽且無所增減。文明現象的興衰交替，猶如曇花一現，而其價値觀也同其爲因循的、權宜的、設計的，於時空兩方面言之皆非普遍。鑒乎此，則知理性實在此(智慧)而不在彼(知識)。

## (四) 儒——獨一無二的文化價値觀

當我們轉過目光，再來看智慧亦卽眞正理性之所在，我們就會明白，「儒」何以沒有浮華的虛飾，又何以從未產生過「炫耀於一時」的文明現象。儒所孜孜以勸者，厥爲「內在性理空間」的光大與充實(卽孟子所謂「吾義吾浩然之氣」)，而略不肆意於「外在物性空間」之佔取與役用，故在實踐上置「禮」爲飲食男女與乎器用服飾之規範，而以「樂」爲性情合宜表露的大體，從而成爲內容至爲「敦厚」而形式亟取「質樸」的禮教文化 (rational culture)。此與任何文明形態中所出現的所謂「道德」(morality)，體用均所不同。首先，儒道設教化民成俗，完全本乎人性之天然，而不托於形上虛構或威權，行於實事求是(pragmatic)。其次，儒於治術不取硬性的規模，故不務於形式主義的法理詮釋及造設繁苛匿奸的法政體制，卻以「刑期無刑」的寬大原則來輕省外在的制裁及其根本消極性的延伸。孔子說：「道之以政，齊之以刑，民免而無恥」。這話該是何等的透徹而明白！此外，儒更有一獨特之處，即對於人性社會所不免的「權」與「利」，恒持「大人君子」的清高立場而爲關切，乃克與熱中者維持「和而不同」及「周而不比」的良質關係。儒有徵乎三代治績而主張「王道」，同時肯定「行仁」的積極功能，以循著「親親，仁民，愛物」的倫理秩序達到「大同」之實現。

西人有謂，儒是一種「君子哲學」(the philosophy of the noblemen)。這眞是「買櫝還珠」的淺識，而事實上儒是「大人價值觀」(values of greatmen)，因爲儒者是本著一已的「誠實人格」(赤子之心）來維繫社會人羣的良心（所謂「道之以德」）。因此，它跟宗教的或道德的價值判斷有異，而成爲世界上唯一的「人文價值體」(a unique body of human values)。再明白以言，這世上，古往今來，再也別無這麼樣「淸白」的理性實體了。別的種種，姑勿論如何「現代」或「進步」，都或明或暗地留著人類「過去黑暗之殘餘」——即「神道」泛意 (theocratic overtone) ——仍奉神聖以行人道，而不視「人性尊嚴」爲第一義。儒於此則至淸至達，世間的榮華富貴，天上的榮耀權柄，悉爲風馬牛。「君子之道，闇然而日章……淡而不厭，簡而文，溫而理，知遠之近，知風之自，知微之顯……」儒人既自淸於怪力亂神四大人性迷惑，可以想見，他的判斷——盡管簡以質，不具理則之說服力——應是何其直接、淸朗而善良！人不從乎此道，反而「問道於盲」，寧不入於乖謬。

孟子嘗舉儒辯俗，以爲一時囂囂莫非「淫辭邪說」，要皆爲「則故」、「以利爲本」的「惡智」。借他的眼光來看「文明現象」裏的知識或形諸言表的紛紜，那無異都等於率獸食人（「率天下之人而禍仁義者」)。今天的世情亦復如此：儒被打倒而埋葬以後，日常之目接耳聞，卽幾乎完全沒有了仁義的形聲，而唯見「功利」的苟且。舉直錯諸枉，用是我們可以斷言，在「現代文明」的巨大而華麗的包裝之下，決無眞正的價值觀，亦決無可稱之爲「文化」的價值創造；我們置身其中——無所主張與覺悟——隨之浮沉的，無他，「通俗流行的鄙陋生活方式」而已！通俗現實挾時勢利害決流而橫溢，吾人竟美稱之爲「現代文明」，實不可思議。

復從另一角度觀之，文明之於帝國，實奴之事主，而凡所發揮，悉爲「愚民」(obscuratism)。帝國(empire)不同於王國(kingdom)，它不事守疆安民（所謂「率土之濱，莫非王土……」），而唯恣其野心於一「無國界」(borderless)的「世界主義」，必藉殖民以行席捲，一伺其蓄意「輸出」的生活方式（包括「文明」之一切雜沓內容）得逞，卽繼之以外交軍事強勢。civilization 者，emperialism 及 colonialism 之 synonyms 也！明乎此，始知所警惕於一日千里之高速「演進」，而看清洪流之眞相，卽：對異己者所本有的時、空、資源及心靈進行全面滲透！

儒無所用心於此，反而本著「天不言」而「予欲無言」的冷靜，雅不願「以巧言亂德」，所以愼戒乎人心的不安「激變」，而不輕啓口舌是非之爭，更不慫恿刺激，以致於「利口喪邦」。儒的智慧雖然得未「大行」於中國的任何一代，然而五千年以來，其恢宏氣度與高尚理念確已「深入人心」，而對歷代的菁英或領導尤有影響，故而帝國之力未見加諸四鄰，而「文明」之弊亦未任其氾濫(於百年以前)。斯土斯民之安全自足，受惠於儒者蓋不可盡書，卽舉此一端以質諸世界其他地區的歷史，已眞可說是得未曾有了。

中國的本質存乎文化，向來都力求植其立國之根基於此一人性的價值觀，故可申言，中國人實爲各族各民的典範，其「先民遺教」的一切，足可放而爲天下列邦的良規，以折衷功利、善變、不可逆測之「世界潮流」。再申言之，中國的安定，即世界的安定，而中國人之美善即世界人民的美善。

## 二、論中國之美

### ㈠中國美的本質：中國的「文」

在「中國」這一總稱之下，有著人性的一切精華，那是炎黃子孫在千萬年裏生活於一個廣大遼濶的環境中，憑睿知及美德，結合了大自然的偉大力量，創造出來的。中國的山川平原，瑰麗無可比擬，然而並非富庶；中國人民的天性聰明多能，然而並非強悍驕佚。以生態的平衡言之，斯土斯民恰好相得無間，形成了「自給自足」(self-con-tained) 的理想 counterparts：適如其份的資源供給知所節制的需欲，使人與土地融合至於一體，而於二元現象之上產生了一元的本體觀，故而共生並存、互濟相益，始終無對立的敵意（hostility，英文中每用此詞來指生存環境裏威脅人的殘酷勢力，在中文並無對應之詞），反在冥冥之中整合，而有所謂人「性」即天「命」的全然理性的「宇宙觀」。反觀在世界別的地方，「黑暗」與「光明」之交戰無時而無，而鬼神也自始至今糾纏著人的靈魂。吾族先天之有幸，由此可知。

中國於太古即已有了昌盛的「文明」，由此而獲致寶貴的智慧的結晶，既了然於天地的一切，也洞悉人性的底蘊，故可以「贊化育」，而又「質諸鬼神而無疑」！這一智慧，大之天下莫能載，小之則天下莫能破，而「煥乎其有文章」，尤其充分說明了其在人文成熟上的卓越。事實上，至乎周代，文華已稱大備（「文王之所以爲文也，純亦不已。」）這種成就，斷非別的三千年乃至一千年的「文明」（未脫蒙昧的光景）所可率擬而可企及的。

中國之「文」，卽世界上唯一的純淨「人性文化」，其中賅括了人所能有的一切優秀品質：智慧其眞，仁義其善，而性靈其美，而卻無任何難爲名狀的 evils。在未遭破壞以前，中國人與「文」的關係極爲周洽，而幾不可遽分以論。文之於中國人有「淑世」之德與用，所以備受尊重，其地位固遠在政教、武備、農事、商賈以上，及至乎極致，則被人推崇之爲「聖人之言」，卽所謂「聖人之經，所以傳天心卽播之。」孔子勗勉弟子，說：「行有餘力，則以學文。」以意逆之，其旨深遠，而不宜拘表面爲解。夫子於此所說的「餘力」，後儒略不經意竟有聯想成爲「文乃餘事」一說，而擬近於博奕嬉遊，則大謬不然。原意實恰在其反面，蓋愼重其事以勸，不欲弟子輕率屬文，墮「斯文」于「詞章蠹學」；卽便果而有心於茲，也必待所學能行於一身而後可，所謂「德植於心而言達於學，明乎義理而後見于文章。」秉這樣的通達見解來看，則「文」的重要也就不言可喻了。

今之「斯文」，實已大違斯旨。慨乎以言，今人所說的「文」，與中國之「文」，幾乎說不上有正式的「血源關係」！更極端言之，那不過是近百年來的文化或教育學者拾西學唾餘所勉強圈籠出來的一個「人文科目」罷了。他們不但昧於「文」在中國固有傳統裏的全稱性價值，而僅卽其部分內涵將它當作「語言、文獻等學科」，且擬於一般知識性科目，以講解、翻譯、強記（應付考試）之法「教學」，終至奪其精神、抑其生氣，變爲刻板無趣的「記問之學」！因此，「文」的現狀實更視宋之訓詁，明清之時文八股等而下之，信乎其爲「斯文掃地」，而令「後學者不得與於斯文」，此寧不可慮？

文道淪落，平心以論，也不是於今爲獨然，而前賢也未始不痛陳當時之弊，所以儆尤於來者。這裏摘錄清儒方苞（望溪）〈送左未生南歸序〉的一段話，以佐參鑑：

「文章之傳，代降而卑，以爲古不可復者，惑也。百物技巧，至後世而益精，竭心焉以求其善耳。然而道德文術之所以衰者，其故可以知矣。周時人無不達於文，見於傳者，隸卒廝輿，亦能雍容辭令。蘇秦……馳說諸侯，而文辭之雄，後世之宿學，不能逮也。蓋三代盛時，無人而不知學，雖農工商賈，其少也固嘗與於塾師里門之教矣。至於秀民之能爲士者，則聚之庠序學校，授之詩書六藝，使究切於三才萬物之理，而漸摩於師友者，常數十年，故深者自能得其性情，而颸流餘燄之發於文辭者，亦充實光輝，而非後世所能及也。漢之文，終武帝之世而衰，雖有能者，氣象薾然。蓋周人遺學、老師宿儒之所傳，至是而掃地盡矣！自是以降，古文之學，每數百年而一興，唐宋所傳諸子是也。東漢南宋，其學者專爲訓詁，故義理明而文章不能兼勝矣。而其尤者，則在有明之世……英華果銳之氣，皆敝於時文。……由是觀之，文章之盛衰，一視乎上之所以教，下之所以學，各有由然，而非以時代爲升降也。」

誠如方氏所指出的，三代文教之盛，雖後世「每數百年而一興」，卻難及其氣象。這個事實，今人恐怕會當作神話來看吧。不過，信史所載，三代前後近二千年，王風郁然而中國安和樂利，「恒數百年不見兵甲」，足見政績文化相與爲功而有以致之。宋儒張載（橫渠）於此也說過可資佐證的話：「三代之人，自幼見聞莫非義理文章。」（〈經學理窟〉）三代文就是中國歷代儒人所主張的「古文」，而其特色，除了嚴於措詞而不事詮釋舖陳外，主要在於其內涵所在的「義理」，而盛唐力倡「復古」的韓愈（退之）即據此而立下了「文以載道」的名言。古文的最高境界，一方面「盡萬物而不過」，超然入聖，同時又使「甿隸皆曉然於心」，達到德化民俗的果效。因此言之，古文的精神就是先聖先王傳下來的一個「傳統」，其大體蓋也庶幾如上文所論的「文化價值觀」。

三代以後有心於繼此道統而發揚之的，就是孔子；他祖述堯舜，憲章文武而外，於文事方面的貢獻是「刪詩以存廢與存亡之道」，其用心至爲深遠。不過，他之於文，始終是「述而不作」，似乎頗有「潔癖」。實則，他這種嚴格謹愼的態度，是本乎「有餘不敢盡」之意，要在不爲苟且而破壞了「文」與「道」的同體本質。不僅如此，在教誨之間，他也無所夸言，所以門人記載說：「夫子之文章可得而聞也，夫子之言性與天道不可得而聞也。」夫子畢生拳拳服膺於「仁」的理念與實踐，而卻「罕言仁」，由此足以想見他之「不以言廢道」的誠切風標。在他當時的「中國」，由於諸侯坐大，綱紀蕩然，許多外來勢力乘隙而入，挾其「百家之言」（彷彿今之「西方學術」），肆其淫詞於士民之間，而呈現爲極爲顚倒混淆的「文風」。然而孔子側身其中，雖或嘆「道之不行」，卻略不易其素行素志。

至乎孟子之世，世情每下愈況，而守孔子之道不言利者，孟子一人而已！孟子力斥百家，致被

「外人」譏爲「好辯」。他之於中國固有的文，同樣一本聖賢遺烈，於亂世汚俗之中力求拯民之心志於一時陷溺。他亟勸人「誦詩讀書」，以達乎「知人論世」，而與今人所說「獨立的判斷」若相符合。他言性，則諄諄於示人以「無放其良心，以異於禽獸」，同時自道其學爲「知言」，意謂知以言之，而別無假借（秉承孔子「知之爲知之」之旨）。他的學問之道，於讀書則「以意逆志」，而於力行「求其放心」而已，而此二端與今日藉詮釋以治學（更遑論藉翻譯以解義）爲大異其趣。總之，他求性理之直悟，全在「踐形養氣，事天立命」，而決不涉於所謂「超越的」、「抽象的」或「純粹形上知識的」議論，是故「孟子之言，雖婦人小子，一旦反之於心，而可信爲誠然！」

二氏所光而大之的儒與文，後來經歷，大抵如方氏所概述，而輾轉傳到今人手上，也竟應了他所說「一視乎上之所教……非以時代爲升降」的見地，儒變成了國家基礎教育（其主體當然是「西方教育」）中的雜沓內容之一，而在深造學府裏成爲「國學」系科（想必是呼應外人搞的「漢學」）。這意味着一種「整理」，剪其枝葉，剷其根苗，依「國際標準」授以 phd.，而得敬陪於泰西諸哲之末，共襄現代學術之盛！至於其文，擱到 languages的窄框裏，顯然方枘圓鑿，乃剖之爲「國語文」及「國文」，並作刻意曲成的安排使入於「課程」，使與曖昧的 literatures（考其主要成分與趣味所在，原是古人目爲不登大雅的「小說」、「戲劇」及「情詩」）搭上，俾可立足學界。英國詩人艾略特氏（T.S. Eliot）論教育（參見附錄 The Aims of Education 一文之部分），有言：（今之西方）教育者，一定知識之傳授以養成一定能力，使學者成爲一定社會所需的好公民云云。作者批評之曰：此何異乎百工技藝之傳習？實則，於彼而言，人在世間，等於參加弱肉強食的「馬拉松」，要活下去就得靠 power，而 power 者，knowledge 是也，而教育卽在賜予「專門性質的」weapons！事情就是這麼簡單，道理也就只能這麼講（parodox＋eloquence＝？）。儒文要進來，以「原住」通融，但須通過「形式」鑑定，經認可為一門「如此這般／不過爾爾」的「知識」而後可！

然而「此」而言之，這一「文明化丕變」眞正是始料所不及的；當初誰也想不到五千年的「漪歟盛哉」竟而「一朝」會淪為「人文科學」！退一萬步設想，起清末任何一個「不足道哉」的腐儒（其如魯迅「夫子」筆下的「孔乙已」那個「僵屍」吧）於地下，他也斷然不肯相信這種「荒唐不經」是光天化日下的事實，一如他會否認「作者」揑造而加於「他」的一切誣蔑！文獻何在，其可徵乎？苟若不爾，民國小子狂謬乃爾！周無孑遺之歎，誠不誣於不肖。

中國之文在中國悠久的歷史裏是一貫的與完整的，百家不能鑠，秦火不能燬，王莽不能竄，元清不能抑……而中國歷史又皆信而可徵，並非「歷史研究」之言詮意造，則皇皇典籍，誰得而懷疑否定之，又有誰不相信其史與文永足為復興的法寶？他觀世界歷史，不過三千年，而其內容則悉為神話鬼譚、宗教神權、帝國爭霸、文明蹂躪、政治陰謀、學術矛盾，而莫非為「毀滅宿命論的謊言」。國人若不識其機玄，輕信弗疑，卽不免傾倒於「現代先進」之福音，乃不辨蟲聲蛙鼓之難及於天籟之百一！韓文忠公有言：「人不通古今，牛馬而襟裾」，更況捨此從彼之為下！

## （二）中國美的第一原理：善（仁義）

綜覽中國偉大歷史所輝映的「王道文化」，德之盛，文之大，其價值之崇高，言下何足盡之，必也如孔子之讚文韶，讚歎之爲：「盡美矣！又盡善矣！」斯樂也，夫子聞之，極許之，說：「不圖爲樂之至於斯也！」夫子知樂，「每與人歌而善，必使反之，而後和之」。他的美言自屬「內行評論」而可信，則此樂雖已「失傳」（姑留一步想，「編鐘」既出，「韶」其遠乎），斯美果可泯乎？他說的美與善，自不宜據現代狹義藝術形式去作揣摩。云何爲善？普遍根本的人性之熙和雍容，而顯非宗教而道德的懸式，故當在巴哈韓德爾管風琴奏出的「崇高」（the supreme，即神性）以外。中國的至善，是性命與天道，是中庸的和平，是仁義的敦厚，是大人的赤子之心，是天下所慕而沛然溢乎四海的德教。這一「唯善價值意識」，求之世界各族爲不可得，在中國則昭如日月，於今仍然依稀留諸人心。

善固如是，美乃成其匹儔，而且是其必然又內在的彰顯。說善是美之存在的首要原理，在西方美學必不免於「說教」（didatic）之譏，因爲——彼人以爲——這是把「積極的美」跟「消極的惡之不在」（the absense of evils 謂爲「善」的本質）置於同位，而病予將轉化的道德感（由外在而內在）充作「直接內在的藝術感性」，等於「借題發揮」，而非「自發流露」（spontaneity）。但若以直證文化觀見之，這個反對說自己原是有毛病的，因爲論者只知前提不妥當（訴諸外在權威），卻不知其辭名（term）本身裏就有一個爲西方的pseudo-values所不能解決的矛盾，即：歸「善」於內，則「神性」云何，若屬之外在，則人心之「消極空間」（不照之以「神性的光明」，即全然黑暗），又何來「內在」（intrinsic，謂爲「固有」）之美？秉「護教論」爲說，「善」係「神賜」而有（being imparted or imputed)，故其人必須先受感化（being converted)，去其「本性」，充以「聖靈」(Holy Spirit or Ghost)，再經修行（exercise，「操練」）以達「堅貞」(chastity or purity)，然後心裏充滿「榮耀」(glory)，再藉藝術形式把它發揮出來，始克有「美」的光輝。教條下產生的「浪漫唯美」普遍見於文藝復興的壁畫，後又重現於英國十八世紀的「前拉菲爾派」(Pre-Raphaelite)的「聖潔抒情」。由於虛幻不眞實（非人間）的風貌，甚受現代美學的批判，終於淪爲「本位美學」的一個異端。雖然如此，從傳統到當代美學諸家之說，都並不眞的驅逐了這個「鬼影子」，而每於論及藝術美的「精神上的」云云，必又借屍以還魂。

可在中國文化裏，這個命題是當然成立而一無可資質疑的複雜性；中國人以「誠」自證而知善之內在固有，所謂：「自誠明，謂之性……誠則明矣。」又謂：「誠者，自成也……不誠無物。」復謂：「誠之者，擇善而固執之者也。」誠是人心本來就有的光明，那是天性，只待明悟其然（「誠之」)，卽可「不勉而中」，並可至於「博厚高明」的內容之充實。根據「誠中形外」(「誠者……所以成物也」)的「自發流露」原理，美的「實現」(realization)就可以臻至，故曰：「充實之爲美」及「充內形外之謂美」。內在的善，一方面直接訴諸感性而醞釀成爲美的意識，乃有所充實於心，一方面間接發揮於形下，表現於行爲、動作或言辭上的美好品質(今之所謂「作品」云爾，端在乎此，而原不在「製作的物品」。美學者，心識行爲的美質之討論，而非作品形式美之分析，後者應屬「藝術理論」之範疇。）由內而外，更復推之，由個體至人羣，則「大我」的美——卽「里仁」——出焉。

除此而外，儒又從同其爲自證的「惻隱之心」肯定了人的「先天純粹理性」的中國範疇，即：「仁」(人也)與「義」(人之道)，並從而自然而然獲致「忠」(盡己)「恕」(推己及人)的美德修養。中國之美，即內而外，中國之德，即理爲行，原毋待乎「設教立誡」而嚴求之。故於實踐要領，亦即「行仁之道(本)」，至簡而明，不過「親親」與「孝悌」二端而已，而「一家行仁，一國行仁」，何難之有？善既內在，乃爲「積極」(positive，以其爲「有」，而非「無」也)，而無慮有任何消極因素來成爲實踐的障碍，因此只要(惟一的條件)其「心」不「放」，所思所行即可不及於「惡」(此即顏淵的「不二過」；「過」之云爾，「惡」也)，斯之爲善，而也所以爲美。由此論之，儒所證明的人心之「善美」，猶一泓內在的清泉，湧之不絕而汲之無竭，可廣泛用於一切藝術形式——包括詩歌、書畫、舞蹈、服飾、宮室、園庭——而爲根本的「美好素質」，而不致因「美」之概念假借乎言詮附會而變爲曖昧，流爲聲色之躭溺與感情之泛濫。其次，善而美所培育出來的感性(sensitivity)恒顯爲溫和穩定，而與一定的外在的「同源性靈」(homogeneity)呼應，移情於高山大澤、長河幽壑、春花秋月、良辰佳氣、暮雲晨光、樹烟草色、平沙淺渚、湖波海濤、城廓人家、高樓舊館、頹垣殘壁、遠鳥近梟等等具生命意趣的一切，而徘徊流連至於不能自已！

中國之善而美，最爲具體而成爲代表的，是「詩的情操」(poetic sentiments)，而其本體就是詩人的「性情」，要爲清澈、高潔而優雅，此徵諸「二十四詩品」的分類即可以知其概括內涵，於此不贅述其詳。中國信爲「詩之國」，而其詩之美，眞不可勝言之，然而，「詩三百，一言以蔽之思，無邪」，卽以唐詩之夥，殆將逾於萬首，卻不見「無病呻吟」，亦無「自怨自艾」，更罕「弄虛道玄」，足見其美之淸而純而高，云爲「大雅」，不亦宜乎。

### （三）中國美的第二原理：氣（自然）

善本生自質樸的純潔天性，故性情卽爲自然至大至剛之「氣」充盈在人生命裏的感性力，以深密蘊藉而成爲靈魂的幽妙內涵。用是中言，人與自然，相生共體，並非一則剝削其資源，稍不珍惜，再則囁嚅其勢力，悚慄怛惕，不違其生。果而生存如此，一息何有，不如捐此渺細而祈求轉生「樂土」，其如各宗教之所慫恿然。所可喜而爲大幸者，吾人宇宙觀裏並無此種「戾氣」。在儒的透悟裡，人天對立實一假相，一經窺破輒無所見病於山河大地。張載〈正蒙〉善言之如次：「天地之氣……其爲理也順而不妄。氣之爲物……適得吾體之聚而爲象，不失吾常……氣不能不聚而爲萬物，萬物不能不散而爲太虛……聖人盡道其間，兼體而不累者，存神至矣。彼語寂滅者，往而不返，徇生執有者，物而不化……失道則均焉。」「以是知萬物雖多，其實一物。」「聚亦吾體，散亦吾體，知死之不亡者，可與言性矣。」「盡性然後知生無所得則死無所喪。」這些卓見眞把孟子「萬物盡備於我」的一元諦要發揮到淋漓盡致，故而終於體認到「中心安仁……天下一人而已矣」的極眞極妙境界，乃可與「天地同流」！

中國之美的次一個與善相應的原理，正是這一「太和觀」所象而名之的氣，質言「自然」（nature）。斯之爲氣，一旦與善的情愫交鳴卽產生幾于天籟之美，而斯感之眞切動人心弦，信非曲說得爲比方。此唯錄示杜甫「促織」一首，君其試爲一吟，則庶幾可意會其所以然：

「促織甚細微，哀音何動人；草根吟不穩，牀下意相親。久客得無淚？故妻難及晨。悲絲與急管，感激異天眞。」

其音雖微，感動親切，入乎人情，誰能免之，此天眞天籟之所以美。梁鍾嶸《詩品》首章，論「氣」之見於詩情，宛然而爲「美學的篇章」。其言曰：「氣之動物，物之感人，故搖蕩性情，形諸舞詠，燭照三才，暉爲萬有，靈祇待之以致饗，幽微藉之以昭告，動天地，感鬼神，莫近於詩。……若及春風春鳥、秋月秋蟬、夏雲暑雨、冬月祁寒，斯四候之感諸詩者也。嘉會寄詩以親，離羣托詩以怨。至於楚國去臣，漢宮離妾，或骨橫朔野，或魂逐飛蓬，或負戈外戍，殺氣雄邊、塞客衣單、孀閨淚盡……凡斯種種，感蕩心靈，非陳詩何以展此義，非長歌何以聘其情？故曰：詩可以羣可以怨。使窮賤易安，幽居靡悶，莫尙於詩矣。」

天地的大塊噫氣，似乎特鍾情於中國人的美感，使於夷俗環伺之間始終保持著一份難能可貴的「淑氣」，而於上下五千年中都能秉著「婉約含蓄」與「典雅大方」的氣質與氣度來屬文、賦詩、作畫、爲書，而無所不盡見其意識之清朗，旨趣之純修與懷抱之豁達。美之於吾人，自始卽是「完整人品」(所以 imtegrated 者，因爲與天地同流故)的表裏兼體，而非瘋狂天才或病態魔執的怪異作爲。更退言之，也非少數才人的專場，故一不易沾市儈的腥餘，二不操之在他人而成爲宣傳的工具，而卓然自立自由以盡天性。中國的「自然主義」因此是亘古常新的人天交融，十分有異於歐洲十八世紀始脫黑暗桎梏而仍挾雜「神秘崇拜」浪漫成分的Naturalism；後者一以恃過分放任的想像而涉于荒誕（the mystic or mysticism），一以刻意於描繪而特重「形似」，致其「寫實」趣味（realism）近於童騃（東坡：「繪畫求形似，見與兒童隣」。）西方藝術裏的這些「俗氣唯美」(aesthete sentimentality）內容，後來爲「達達主義」(Dadaism）整個推翻，可惜繼之以「現代主義」(Modernism)，而其種種「索隱行怪」，更不足爲論矣！

**（四）中國美的第三原理：素（質）**

西方自然主義與浪漫想像摻合，是文化意識上的矛盾，而非「昇華」，而其與拘泥寫實的依傍，則顯示了內容的貧乏。唯有中國之美，始可稱之爲眞純的自然主義，原因在於，它是完全素樸的(pmiitive)。「素」之爲言，爲不事修飾、不尚華麗，以存其本來面目。此一特色見諸中國的文與藝的所有表達形式。素爲無色之練，其色白，故而：不過，管子倒以爲「素爲五色之質」，其意或謂：如無素爲之本質，則加之色而不爲美。果而如此，則素實在是美之本質了。孔子對於這一點，有類似但更進一步的看法。他認爲：素是先在的優越的美，本來卽自然而充分。以下這段出自論語〈八佾〉的師生談話，極富理趣，可供深入的玩味。

「子夏問曰：『巧笑倩兮，美目盼兮，素以爲絢兮。(引《詩經》〈衞風・碩人〉）何謂也？』

子曰：『繪事後素。』

曰：『禮後乎？』

子曰：『起予者商也！始可與言詩也矣！』

子夏之問，原出於他對「素以爲絢」一語有所誤解，以爲「以素爲飾」云云，唯不敢自信如此，故求教於孔子。實則原義恰好相反，於是孔子卽其所疑一語道破之，令子夏領悟，而後者復由是推及另外一個大端，而明白了「禮」之所以然。其見解適足以闡明孔子思想的隱約，故後者極讚其是。然後，知此子可敎，不妨更上一層，就間接（「始可……也矣」）示意子夏說：明白了質（素）與文（飾）二者的先後（priority）及它們與詩的關係，就可以論詩了。

蔣伯潛先生語釋此章如此：「孔子以繪事後素答之者，言「美」在質而文飾次之，若本無巧笑美盼之姿而加以脂粉服裝爲飾，是益增其醜而已，此卽上文諸章所說：『人而不仁如禮何』『禮與其奢也寧儉，喪與其易也寧戚』之意。子夏因此悟到禮之本在質不在文，禮之節文是後來所加的文飾……云云。」蔣釋甚明（雖然個人並不贊成這種依賴釋文來「讀經」的辦法），唯他多加進去的「飾」而「醜」這一衍義，諒非孔氏原意；再，論語各章的編次，是否卽可「縕」而爲「上下文」(context)，而具備「邏輯的」乃至「言詮的」論著形式，其如西學然，可以商榷。至於「言詩」一節，則全爲他忽略了！

孔子思想之博大精深而無不通達，盡見於斯章！我們可由其中窺及他對於今之所謂「美學」或「詩學」的了解；雖然早出於二千餘年以前，並不見得「落伍」，一如他的「仁政」觀念，衡諸「民主」未必「封建」。以中國人的厚樸天性而言，「素」確實是吾人美感的一個「不可分」(inherent)的元素。吾國人文，於大體見之，不少其華麗絢爛的內容，然而，更爲重要的，是其本質上的美，而那也就是「素」。卽此一端言之，東西感性顯然不同，並非如濫言所說是「無國界的」。彼人性情有若水氣，易蒸發而不安定，好動而不喜靜，務華而不守樸，因此在多方面流於「過敏」(over-sensitivity)，兼之好奇特甚，猶如「潘多拉之盒」(Pandora's Box)，藏著數不清的妖精，打開了，就會鬧個沒完沒了。其中有幻想(fantasy)，有錯覺(il-lusion)，有異象(vision)，有魅影(hallucination)等等不一而足，每每觸境猝發，反應逾乎常情，至於奇離誕怪，不知將幾於胡底。至其心神狀態之遊離，又可從心智分裂症 (schizophrenia)、妄想症 (paranoia)、憂鬱症 (melancholy)、苦悶症 (depres-sion)、暴力狂（violence）之普遍病歷現象見其一斑。這種情形又具趨極性，往往而陷於「失落」(being lost) 與「虛無」(nihilism)，甚至「自毀」(suicide)）。在西方文藝裏面，凡此皆所在多有，所以也都成了批評、分析甚至評價的成分。從古典的「狂喜」(ecstasy)到現代的「瘋狂」(insanity)，他們都很「超現實」(sul-realistic)。

相較之下，國人就顯得外而木訥，內而謹厚，而於感性上也有先天的限度與節制，卽身心能自爲調和折衷，而不呈現爲尖銳與失控，故於美感的浸淫沈醉，也必在一定範圍以內，儘管因此而不免於某種程度的重覆與單調，甚至陳腐。然而，究竟說來，美也者，本就不是也不該是「無止境地平線」的誤想錯覺，而實爲人性內裏深處固有的一支高尙清麗的歌曲，會其臻乎精妙卓越，自可一而再三「諷而詠之」，而不致厭倦！

中國美的素樸個性，乃是其健康的價値所不可或無的良質。子曰：「夷狄則夷狄之」，不妨任其所至，而吾人「素」性平和淡泊，自當「抱元守常」，行乎我之所素，而毋需見異思遷，趨新學樣，更不必作那「琉璃蒙眼之人」（語出《楞嚴經》），去捨己從人，爲驥末之犬逐。苟若不然，「中國特色」云爾，竟不知何所指矣！而以中國之大，人民之衆，歷史之久，人文之美，世界之最我居泰半，則世界而無中國，將云何爲世界？省及於斯，當可無餒而自勵矣！

一九九三年三月十七日

＊本文作者**杜若洲**爲美學工作者

# 文學美的新發現

## ——柯慶明的文學美學觀

周慶華

一

一九八六年，王建元所撰〈臺灣二、三十年文學批評的理論與方法〉一文，曾用六頁的篇幅介紹、評論柯慶明的文學批評理論（註一）；一九八八年，李正治所編《政府遷臺以來文學研究理論及方法之探索》一書，曾收入柯慶明一篇分量頗重的〈文學美綜論〉。（註二）從兩位學者不約而同對柯慶明的文學批評理論的青睞看來，柯慶明的文學批評理論在當代有其不容忽視的地位。

這不止是因爲他有許多相關的著作（註三），以及所論能自成體系（註四），更是因爲他有異於常人的創見，就是文學美的新發現。後者使得長期以來曖昧不明的「文學知識」，終於有了比較清晰的「面貌」，可以據爲理解文學或創作文學。這是我們所以選擇他作爲談論對象的主要原因。

在柯慶明的衆多論著中，我們不難發現「文學在做什麼」或「文學是什麼」這類問題是他最常措意的。換句話說，柯慶明的論著幾乎都集中在對「文學在做什麼」或「文學是什麼」這類問題的探討和解答上。因此，我們的討論準備從這裏展開。看他所要解決的問題是怎麼發生的，他又怎樣解決這類問題，而他爲什麼要這樣解決，以及這種解決的根據是什麼（註五）。一般美學（或哲學）的論述，不外有三種情況：一是以介紹主要問題及整理代表人物對這些問題的解答爲主；二是批評式的，除了第一種情況的內容外，並且提出了作者的評價和看法；三是創造性的，其主旨在提出對這些主要問題的解答，成一家之言（註六）。就柯慶明的論述來說，自然屬於後一種情況，而不是前兩種情況。但就我們的論述來說，由於對象的限制，只能是前兩種情況（而且「代表人物」只是柯慶明一人）。而爲了彰顯對方所作論述的「現實意義」，我們不會只做到第一種情況爲滿足。也就是說，我們在整理柯慶明對前舉問題的解答後，還會進一步提出我們的評價和看法。

至於我們的評價和看法怎麼可能，這不必由我們來回答。因爲我們的評價和看法是從我們的詮釋（對方對問題的解答）來的，而我們的詮釋已經隱含了我們的「先期理解」（註七），這一「先期理解」既不必也不須具體說出。但有一點是要考慮的，就是當我們的詮釋得不到原作的充分「支持」時，我們的評價和看法勢必缺乏「可靠性」。因此，我們除了要求自己的詮釋儘量跟原作「相合」，而所提出的評價和看法也有相當的依據，並且還期待他人更精彩的詮釋（註八），以及更有意義的評價和看法（屆時不是修正我們的論述，就是放棄我們的論述）。

## 二

柯慶明的論述，涵蓋面頗廣，計有文學批評（包括理論批評和實際批評）、文學批評史、文學批評的批評（目前只見批評的實際批評，尚無批評的理論批評）等幾部分（註九），而以文學批評的部分最爲「可觀」。他在理論批評方面，提出了「文學是什麼」的問題；而在實際批評方面，探討了「文學在做什麼」的問題。從問題發生的先後次序來看，「文學在做什麼」的問題要先於「文學是什麼」的問題。但從理解詮釋的角度來看，「文學是什麼」的問題卻先於「文學在做什麼」的問題（前者是理解詮釋後者的前提）。現在我們是從理解詮釋的角度來看，假定他先有「文學是什麼」的概念，才能進行「文學在做什麼」的探索，因此，「文學是什麼」就成了他理論體系中的優先問題，也是我們所要關注的對象。

「文學」一語，通常指文學作品。但以它所涉及的活動來說，還得包括文學作品的創作和欣賞。「因爲文學作品是一個目的性的活動（創作）的結果；同時也爲了另一個目的性的活動（欣賞）而存在，而受到價值的衡量。」（註一〇）然而，當文學作品的內涵（性質）尚未確定前，有關文學作品的創作和欣賞也無從談起。這就透露了「文學是什麼」這一問題的發生，是爲了因應文學作品的創作和欣賞等問題（如果文學作品的內涵問題解決了，文學作品的創作和欣賞等問題也解決了）。這是柯慶明理論中的首要前提。另外，「文學是什麼」這個問題要成立，還須要一個前提，就是文學作品有別於其他作品（如哲學作品、科學作品）。因爲文學作品所用作媒材的語言，原具有多方用途的特性，不加以區別，就無法凸顯文學作品的殊異處。

前面兩個前提，都是「顯而易見」的，這只要讀過柯慶明的著作，應該不難發現。但還有一個

「隱藏」着的前提，就不一定人人能察覺了。下面有兩段話，可以供我們尋繹：

往往，我們總是習慣於討論：文學「應該」做什麼？文學「應該」是什麼？而不太在意：文學在做什麼？文學是什麼？之類的問題。因此透過了文學「應該」做什麼的問題，我們的文學討論馬上就可以脫離文學，而進入了各人對於現代世界，或者當今的生存情境，什麼才是最重要的各別「信仰」的表白與爭辯之中。這類表白與爭辯，當然也是重要而具有其獨特的社會、文化上的意義的；但是它們在增進我們對於文學的認識上，其實却沒有什麼太大的幫助。因為它們雖然憑藉了文學的名義，所談論的其實並不是文學。（註一一）

文學，正由於它所用作媒材的語言，原自具有多方用途的特性，因此在它的界義上，往往呈現着某種曖昧隱晦的性格，因而往往總是一種懸而未決的爭論。對於文學界義的這類爭論，一種解決的辦法是，以立即例舉文學所包涵的基本文體形式的方式來闡明：文學就是：詩歌、小說、戲劇……等。……但是在我們清楚明白了詩歌、小說、戲劇……等等文體形式的作品，都是屬於所謂的「文學作品」之後，我們往往並未同樣清楚的了解：在明晰可辨，顯然不同的詩歌、小說、戲劇等文體形式之間，有什麼是我們所可以將它們共同歸諸於「文學」此一名稱之下的因由。……另一種解決的辦法，是強調「文學」的虛構與想像的特徵，希望藉此能夠將「文學」自其他的語言作品中區分出來。但是虛構與想像，却是一種與可經驗的事實對照之後才能成立的概念。……在沒有史實或事實真相的參照之前，我們往往無法立即確定其是否出於虛構想像，或者只是事實的整理描繪。……所以，虛構與想像的性質，雖然或許存在於大量的文學作品之中，但是，恐怕並不是我們所適於確認為文學之所以為文學的特質。（註一二）

前一段話是說大家在談論文學時，往往偏離文學的「主體」，而進入各人的世界觀或存在處境的表白和爭辯。後一段話是說大家在區別文學和其他語言作品的不同時，都沒有掌握到文學所以爲文學的特質。從語義來說，後一段話可以涵蓋前一段話（也就是那少數沒有偏離文學「主體」的談論，仍然未嘗把握到文學所以爲文學的特質），而顯出柯慶明個人對於時下談論文學的「不滿」和「遺憾」。

根據以上三個前提，大略可以勾勒出柯慶明的一段「思路」，就是想要解決文學作品的創作和欣賞等問題，必須先解決文學作品的內涵問題；文學作品的內涵，有別於其他語言作品的內涵；而到目前爲止，還沒有人能把文學作品的內涵說清楚，所以這裏要重新來討論。如果不是基於這樣的理由，柯慶明就沒有必要提出「文學是什麼」的問題了。換句話說，如果文學作品的內涵跟文學作品的創作和欣賞沒有必然的關聯，或文學作品的內涵跟其他語言作品的內涵沒有什麼不同，或別人已經把文學作品的內涵說清楚了，柯慶明再提出「文學是什麼」這個問題來討論，就沒有什麼意義了。

大致說來，前兩個前提幾乎是「不證自明」的，但後一個前提就未必是了。這還得看他所提出的「論據」，才能作決定。現在我們就先來檢查他解決問題的過程。

## 三

柯慶明在檢討有關文學的「實指定義」不能顯示各類文學作品的共同內涵，以及有關文學的「本質定義」尚未點出各類文學作品的共有特質後(註一三)，他也下了一個「本質定義」：「也許，這種足以使文學作品自其他的語言作品中區分出來的特質，就是，也應該是，它具有一種美，一種其他的語言作品所不具有的『文學』的美：『文學美』。」(註一四)這種「文學美」，不是科學或哲學上的「邏輯嚴謹的美」，也不是藝術上的「形式的美」，而是一種跟「內容」配合了之後的現象或屬性。「這種『內容』，在我們不考慮到它是否達成『文學美』的效果，或者它所達到的『文學美』的程度大小，而純粹從現象與描述的觀點來考察時，或許我們可以說使文學不同於其他的語言作品的，正在它是一種生命意識的呈現，而其他的語言作品則否。」(註一五)這裏他把「生命意識的呈現」當作文學作品的內涵，以有別於其他的語言作品；而把跟這種內涵配合後的現象或屬性看成「文學美」，以顯示文學所以為文學的特質。

不論柯慶明本人在論說時是不是有語病(註一六)，我們都可以清楚的看出他所說的「文學」和「文學美」是不同的。前者以「生命意識的呈現」為基本「內容」(又分為「情境的感受」和「生命的反省」兩種根本的型態(註一七))，後者以「生命意識」的「昇華」為基本意義。(註一八)雖然如此，「文學」和「文學美」還是分不開的。理由是「文學美」不得不建立在「文學」之上。我們先來看一段話：

所謂的「生命的反省」，事實上正是一種基於「情境的感受」中對情境狀況與自我反應的同時感知，而發展出來的更進一步的對於自我與世界之適當關係的尋求；這種尋求裏包涵了認識與決定，對於自我與世界之已有或可能關係的認識，以及其適當——亦卽願意成有關係之決定。這種認識，必然是一種存在自覺；這種決定，性質上則是一種倫理抉擇。（註一九）

他從「生命的反省」中，又就它跟具體行動的關係而更區分爲「存在自覺」和「倫理抉擇」兩種不同層次的省識。「所謂『存在自覺』，在這裏指的是不僅意識到我們是生存於與當前的某一特殊情境的連結之中，並且同時意識到我們生存在世界之中的最爲基本的生存境況：我們活着，同時會死。」（註二〇）而「倫理抉擇」，則是「對於自我與世界之已有或可能關係的認識」後，進一步「掌握一己生命的抉擇」（註二一）。由「存在自覺」轉向「倫理抉擇」，就是他所說的「生命意識」的「昇華」。因此，文學的直接目的，「在塑造某種特殊的經驗，同時掌握該一經驗的倫理意義，而呈現爲一種生命意識的昇華歷程」（註二二）；而其最終的目的，「在促醒讀者反觀自己的生命，沈思人我同具的人性潛能，諦念人類共同的命運而有所自覺，因而更能把握生命實踐的種種途徑的眞實意義，而終於能夠開創他自己的充實豐盛的美好人生。」（註二三）總之，「文學美的最終層次，總是涉及生命的倫理意義的發現或提出的」（註二四）；而這一倫理意義的發現或提出，對作者來說是一種「經驗歷程」的塑造（追求自我生命意識的提昇），對讀者來說是一種自我生命的覺醒和開展。

很顯然，柯慶明在解決「文學是什麼」這個問題時，是把它放在衆語言作品中考慮，而以文學具有一種美（文學美），作爲區分文學和其他語言作品的不同（註二五）。而他所說的文學美，不止是其他語言作品所欠缺，也是其他藝術作品所欠缺。文學就在這裏顯現它的獨特本質。

# 四

在柯慶明的觀念裏，文學是人類繼續在進行而有特定目的的活動，而不是一種自然的既成現象。「因此，即使我們對於所謂文學作品的『內容』，從現象與描述的觀點，有一種初步的認識，事實上我們仍然未能算是眞正把握了文學之爲文學的特質。因爲一切人類的活動基本上都是目的性的，只有透過其所以活動的意圖的掌握，否則我們並不能眞正對此活動得到充分的了解。……這種意圖，我們確信，一如本文起始所述的，乃是在於一種『文學美』的追求。」（註二六）文學活動在於追求「文學美」，而「文學美」不同於其他語言作品的美（如邏輯嚴謹美之類），必須透過比較來「貞定」它，所以有了上述的作法。

不過，區別「文學美」和其他語言作品美（甚至其他藝術美），還不是他的目的（只是手段），他的目的是要解決文學的創作和欣賞等問題：

文學，不只是一種物品，當我們了解它的永不可忽略的真正性質，乃是一種人類繼續在進行中的活動時，那麼擺在我們面前的真正與文學有關的兩端，就只是文學作品的創作與欣賞了。我們所作的一切對文學作品的討論，其實真正論述的都只是我們對於文學作品的創作或欣賞的經驗，而不是那作為媒介客體的文學作品。雖然基於語言的方便省略，我們習慣說某某作品如

何；但事實上未經創作或欣賞心靈所經驗的文學作品的客體，假如不是不存在，至少是不具任何文學意義的。（註二七）

雖然「文學美」是透過文學創作和欣賞的經驗所「加諸」媒介客體的，對媒介客體本身並無意義（只對創作者或欣賞者有意義），但是媒介客體未經這一「塑造」過程，往後的文學創作和欣賞將無所「憑依」。因此，先就「文學美」的現象加以描述或論說，是絕對有必要的。

對於「文學美」有這一初步的認識後，就可以從創作的立場來談「文學美」的追求。首先，他又把「文學美」的性質，分爲三種層次：

「文學美」的性質，事實上正包涵了彼此相關但並不完全相同的三種層次的素質：首先是文字型構的諧律，造句遣辭的靈巧與優美。這往往正是詩歌或駢體文一類的作品所具的最顯著的效果。其次則是作品所描寫的「經驗歷程」中所蘊涵的經驗的「直接意義」的變化與豐富。這正是一切「有個故事」的文學類型：史詩、小說、戲劇等等的表現基礎。……最後則是透過文字型構與「經驗歷程」以表出的觀照生命的「智慧」，一種生命的倫理意義的發現與提出。（註二八）

理論上，「文學美」可以分爲這三個層次；實際上，「文學美」是一體呈現的（前兩個層次不能脫離後一個層次而各別構成「文學美」）。這也就是前面所說的「文學美」是「一種跟『內容』配合了之後的現象或屬性」的意思所在。其次，他就把這種能體現觀照生命的「智慧」的「文學美」，當作文學創作的目標：

這種觀照生命的「智慧」，事實上永遠表現在對於「自我與世界的關係」的「發現」與「決定」上。……通常這正是一種對於永恆人性的回歸，而朝向人類全體命運的承擔和諦造的努力。在其中不可少的，永遠是對於人性可能的深邃洞察，人類生存的基本情境的充量了解。而涵攝着這同時旣是沈潛，又是廣大的兩個向度的「智慧」，正是一種高度開展了的「生命意識」。透過了這樣的「生命意識」，各別的經驗也才能被納入一種「經驗的秩序」中，而顯現為一種具有「全體意義」的「經驗歷程」。這樣的「全體意義」不論是暗含或者明說，不論是蘊藏在「經驗的歷程」中，或者藉着優美的語言直接表出，總之，它永遠取決於作者在創作之際所能到達的「生命意識」的高度。因為高，所以才有深與廣。一個文學作品的感人，正因為它的能夠訴諸我們內在的深刻人性，而它所反映的外在世界廣大豐富。……文學美，就創作的心靈狀態而言，正是一種「生命意識」的「昇華」。（註二九）

在這裏「文學美」成了文學創作所以必要的唯一因素（反過來說，去掉了「文學美」，也就無所謂文學創作了）。這是柯慶明以「文學美」界定「文學」的一個用意。

再從欣賞的角度來看，「文學『欣賞』，並不完全等於文學作品的閱讀、觀看，或聆聽；雖然文學欣賞必須透過某種具體的外在途徑去領會文學作品。但是正如文學『創作』並不就是一種文學作品的書寫，基本上它是一種具有特殊性質的心靈活動。」（註三〇）換句話說，文學欣賞是對於已經體現的「文學美」的追求。它跟文學創作有某種程度的類似性：

基本上它們都是一種具有美感意義的複雜的心靈活動。事實上我們可以說，文學「欣賞」是一種對於文學「創作」所要透過語言加以捕捉的精神狀態的，透過語言的再捕捉。……文學「欣賞」所指向的正是一種與文學「創作」相同的目標。正如作者在「創作」中透過的塑造，追求自己的生命意識的提昇；讀者透過語言的領會，在「欣賞」中追求的，其實亦是一種自我生命的醒覺與開展。(註三一)

正因爲文學欣賞跟文學創作同具有美感意義的心靈活動（不同於普通的閱讀、觀看，或聆聽），所以才要詳述「文學美」的性質，來「保障」文學欣賞的可能性。這是柯慶明以「文學美」界定「文學」的另一個用意。

## 五

從許多跡象看來，柯慶明很有意要建立一套文學批評（理論批評）的體系。這套體系包含文學作品、文學創作和文學欣賞三個範疇。其中又以文學作品一個範疇最爲基本（其他兩個範疇都要依據它來展開）。它可以單獨構成一套「知識」，就是有關人類自覺精神（生命意識）的經驗。而實際的文學批評(註三二)，就以闡釋、整理、統合這套「知識」爲任務：

在比較積極性的意義下，文學作品本身就是一種知識的傳達，它自身的創造過程中，原就已經涵蘊了一種知識探求的活動；文學批評只是對於這些知識成果的進一步的統整和闡發，正如傳疏的之於經籍或哲學學者的闡釋哲學家的原創的哲學著作一樣。在比較消極性的意義下，文學作品只是可供知識探討的原始材料，知識探討的活動，只存在於文學批評的知識探索中。……雖然文學批評的性質可以因上述積極或消極性的意義的不同而有所不同。但這只是作為知識之探討活動所取的立場的不同，文學批評的探究活動的立場的不同。這兩種不同程度、層次的意義並不必然彼此排斥。特別是在前者為真的情形下，它依然不妨礙後者的恆真。(註三三)

因此，文學作品所提供給讀者（或批評者）知識的可能性，顯然具有以下三個層次：「一、主體經驗的語言表達與溝通的可能性，二、精神的種種變化或提昇的可能性，三、生命意義與生活的種種的抉擇的可能性，之探索所綜合而成的特殊的知識範疇。」(註三四)而讀者（或批評者）也要具有「不僅是對語言的多種層次的信息能有充分的反應，更重要的是能夠經由想像在『設身處地』之餘，『身歷其境』的參與語言陳述所指涉的情境，而對於該情境與發一種既入乎其內，又出乎其外的主體性的覺知。」(註三五)總之，「文學批評作爲知識的性質，並不是一種『歷史知識』，而是與『文學作品』的知識尋求相同的，是：一種以人類的主體性覺知，以及基於此種覺知而有的存在與倫理意義的探索——因此也就是人類『精神』的眞實的開展——爲範疇的知識，爲了方便我們可以稱之爲：『文學知識』。『文學知識』的進展，才是文學批評的最終的考慮與關心。」(註三六)

很顯然柯慶明所「期待」的實際批評，完全是根據他的理論批評來的。而有關他在理論批評中所作的論述（尤其是對於文學的界說部分），到底是依據什麼而成立的，我們也很想知道。

從文學被視爲是一種以語言爲媒材的藝術開始（註三七），它結構語言的目的，就跟繪畫的結構形色、音樂的結構聲響、舞蹈的結構律動等相同（註三八）。但是它却有迥異於其他藝術的特質，就是它的媒材是一種象徵性的符號（語言），而不是可以直接訴諸感官的感覺基料。因此，「文學雖然總是在構作上兼顧或尋求形式的美感，但却無法像其他的藝術，產生純粹的以追求形式美感爲目的的作品。……這使得文學的直接目的，和其他的藝術比較起來，就只局限於模擬對象或表現情感，也就是陸機〈文賦〉中所謂的『體物』與『緣情』兩類了。」（註三九）這兩類藝術（模擬對象或表現情感）結構媒材的目的，「都是在表現對於某些事物的感受；而這種感受自然又是指的是人性，也就是人類的生命性……簡而言之，就是通常所謂的：生命的感受。」（註四〇）而當我們確認這兩類藝術所反映的是我們的生命感受時，其實也肯定了文學的直接目的在呈現我們的生命意識。「因爲語言作爲一種符號系統的特質，它所代表的正是我們的意識，也就是意義化了的感知。當我們將經驗或感受加以語言化，我們正是將我們的感知意義化，而使它轉化爲一種明顯的意識。就在這一點上，文學呈示了它的迥異於其他藝術的特質：當某些其他的藝術，可以就它所觸及的感覺領域去追尋該領域中的純粹美感形式時，文學却沒有這種獨具的感覺領域；但是其他的藝術只能反映或表現生命感受之際，文學却可以將這種生命感受意識化，使它具有意義的體認而成爲一種生命意識的呈露。」（註四一）就因爲文學能將生命感受意識化，才有別於其他藝術，而自成一個領域。可見柯慶明所作論述的依據，就在藝術各類別的理論分判上（至於文學跟其他語言作品的不同問題，由於有「藝術」在範圍文學，已經足以看出彼此的差別，就不必再多加證明了）。換句話說，在理論上藝術各類別的表現方式，只有文學可以把生命感受意識化，必然能「摶成」本身獨特的性質。因此，「文學是生命意識的呈現」這一定義，也就能「通行無阻」了。(註四二)

## 六

柯慶明從現象和描述的觀點，確認了「生命意識」的呈現爲文學的內容，並且分辨這種「生命意識」可以因其階段發展的不同，而區別爲「情境的感受」和「生命的反省」兩種形態。在「情境的感受」這一階段裏，又因其意識對象的性質，而辨析爲「情境狀況的覺知」和「自我反應的覺知」兩種不同形態的知覺。在「生命的反省」中，又就它跟具體行動的關係而區分爲「存在自覺」和「倫理抉擇」兩種不同階層的省識。「這種種的論析，除了企圖對於一般所謂『文學』作品的內容，在理論上提出一種具有描述性質的照明之外；事實上更希望能夠就此論辨，發展出一套有效而足以應用於討論文學作品之內容的概念架構，以作爲對具體作品的實際分析與掌握的工具。」(註四三)

現在我們不管運用這套概念架構去分析具體作品的成效如何，只從這套概念架構本身來看，就頗有耐人尋味的地方。首先，他以凡是能反映「生命意識」（不論只有「情境的感受」或連帶「生命的反省」）的作品，就可以稱爲「文學」；而以能達到「生命意識」的「昇華」狀態（就是由「生命的反省」中的「存在自覺」轉向「倫理抉擇」）的作品，才構得上「文學美」。顯然「文學美」不是

「文學」的必要條件，也不是「文學」的充分條件（只能是規範條件）。這就會使他想以「文學美」界定「文學」的努力落空。其次，他把「文學」視爲是「生命意識」的呈現，這固然可以徵得已經存在的部分文學作品的「印證」，但是在文學類別（或文學指涉的對象）沒有確認前，「文學是生命意識的呈現」只能是規創定義，而不是事實定義。這也會使他所標明的「從現象和描述的觀點來論述，成了語言的弔詭（事實上他無法窮盡文學的現象）。再次，他讓「文學」只「承受」創作者的「生命意識」，而實際批評也以發掘此一「生命意識」爲鵠的，却忽略「文學」隱含的創作者所未自覺的個人慾望和信念或社會價值觀和社會關係。這也會使他所陳述的理論出現「偏枯」的現象。因此，我們想要知道他的理論的價值，就必須先解消他所使用語言的「矛盾」，才有可能。

如果我們不執着「文學美」和「文學」這兩個概念的「分合」關係，就他所殷殷致意的「文學具有一種美」來說，它的命題「文學美在於含有主體性覺知，可以促進人類『精神』的開展」，要比既有的任何一個命題有啓發性。在這一點上，他自然可以「聲稱」別人對於「文學是什麼」這個問題的解答，都不盡理想。只是他的理論還有一些他所不自覺的難題存在，如人類藉由文學從事存在和倫理意義的探索，要如何保證它是沒有偏差的；而對於那潛在的個人慾望和信念或社會價值觀和社會關係(註四四)，又要如何看待它（給予必要的「安頓」），他都沒有進一步加以反省。因此，「文學是生命意識（主體性覺知）的呈現」，只是柯慶明爲「文學是什麼」這個問題所找到的暫時解答（卽使是暫時解答，也已具有「里程碑」的意義）(註四五)，而不是最後的定論。人類終究要繼續追問（探討）

「文學是什麼」（或文學美是什麼），直到不存在文學爲止。

## 【注　釋】

註　一　見賴澤涵主編，《三十年來我國人文及社會科學之回顧與展望》（臺北，東大，一九八七年四月），頁一〇八－一一三。

註　二　見李正治主編，《政府遷臺以來文學研究理論及方法之探索》（臺北，學生，一九八八年十一月），頁五一－一〇九。

註　三　柯慶明已經出版的文學評論集，有《一些文學觀點及其考察》、《萌芽的觸鬚》、《分析與同情》、《境界的探求》、《境界的再生》、《文學美綜論》、《現代中國文學批評述論》等。

註　四　王建元說：「柯氏的文學批評理論自成體系，解決了很多前人遭遇到的困難，和處理了一些理論上的爭辯……。」（見註一所引賴澤涵書，頁一一二）

註　五　這個討論模式，來自朱光潛（見朱光潛，《西方美學史》臺北，漢京，一九八二年十月），〈序論〉，頁一二）。爲了方便論說，我們作了少許「調整」。

註　六　參見劉昌元，《西方美學導論》（臺北，聯經，一九八七年八月），〈自序〉，頁一。

註　七　「先期理解」是詮釋所以可能的一個重要條件（另外一個是「興趣」）。參見張汝倫，《意義的探究》（臺北，谷風，一九八八年五月），頁一〇五－一一〇；霍伊（D. C. Hoy），《批評的循環》（陳玉蓉譯，臺北，南方，一九八八年八月），頁一一三－一四二。

註　八　所謂更精彩的詮釋，是指相對我們的詮釋來說，具有更高的相互主觀性（能獲普遍認同）。這不論是西方近代所發展出來的一般詮釋學（包括哲學詮釋學、方法詮釋學、批判詮釋學）或今人所發明的創造詮釋學（從現象學、辯證法、實存分析、日常語言分析、新派詮釋學理路等等現代西方哲學之中較為重要的特殊方法論之一般化過濾，以及其與我國傳統以來的考據之學與義理之學，乃至大乘佛學涉及方法論的種種教理之間的「融會貫通」），都保證了它的可能。有關創造詮釋學，見傅偉勳，《從創造的詮釋學到大乘佛學》（臺北，東大，一九九〇年七月），頁一—四六。

註　九　文學研究的範圍，包含文學史、文學批評（包括理論批評和實際批評）、文學批評史、文學批評的批評（包括批評的理論批評和批評的實際批評）等四部分，柯慶明大多涉獵了。有關文學研究的範圍，參見劉若愚，《中國文學理論》（杜國清譯，臺北，聯經，一九八五年八月），頁二—三（劉書把前兩部分視為文學研究，後兩部分視為文學批評研究。這種區分沒有多大意義，還是統稱文學研究，比較不會割裂文學批評和文學的關係）。

註一〇　見柯慶明，《文學美綜論》（臺北，長安，一九八六年十月），頁一。

註一一　同上。

註一二　同上，頁一一—一三。

註一三　「實指定義」和「本質定義」是兩種常被人使用的定義法（參見勞思光，《哲學淺說》（香港，友聯，未著出版年月），頁一五—一九）。柯慶明所檢討的兩種文學定義，就是分屬「實指定義」和「本質定義」。

註一四　同註一〇，頁一三。

註一五　同上，頁一四。

註一六　如他以「生命意識」的有無，來區別文學作品和其他語言作品，已經足够了，不必再攪進一個「文學美」相湊合（他在前後兩段話中，各用了「文學美」和「生命意識的呈現」，來顯示文學作品不同於其他語言作品）。因爲「文學美」是比「文學」進一層的概念，不須由它來「擔負」跟其他語言作品區分的任務。還有他以「文學美」來界定「文學」，也很「詭異」，眞讓人不解這怎麼可能。

註一七　柯慶明說：「我們以爲『生命意識』事實上包涵着尙可加以區分的兩種類型的意識。它們各爲生命意識之完整的呈現所不可或缺的條件。其一是時空中的具體情境的意識；其二爲意識者的自身意識。……因此生命的意識，其實就是這種生命自身與時空中具體情境的連結的意識。這樣的連結的意識，就一般的文學現象考察，往往呈現爲兩種連續而性質不盡完全相同的階段：初步發生的階段與充分開展的階段。……我們各別分稱這兩種階段的意識爲：『情境的感受』與『生命的反省』。『情境的感受』與『生命的反省』正是生命意識的兩種根本的型態；事實上也正是一般文學作品的根本『內容』。」（同註一〇，頁一五）

註一八　同上，頁三〇。

註一九　同上，頁一六—一七。

註二〇　同上，頁一七。

註二一　同上，頁一八。

註二二　同上，頁七。

註二三　同上，頁二一。

註二四　同上，頁四五。

註二五　在別的語言作品中，以哲學和文學最爲接近，但彼此還是有相當大的差別：「文學的這種對於倫理意義的關切，和哲學不同：並不只在於文學必須同時是一種藝術表現；或者文學不討論倫理判斷的一般問題，基本架構，或不尋求發展出一套謹嚴周備的倫理體系；更在於文學所直接表達的永遠就是一種獨特的、實質的倫理判斷。而這種文學所表現的倫理判斷永遠不是懸空的普遍的命題；却永遠是緣生於某一特殊人生經驗、某些獨特的人格形相，並且呈現爲某些獨異的生命抉擇。」（同上，頁七）

註二六　同上，頁二八—二九。

註二七　同上，頁二九。

註二八　同上，頁四五。

註二九　同上，頁四五—四六。

註三〇　同上，頁四六—四七。

註三一　同上，頁四七。

註三二　就柯慶明的分類來說，實際批評是指狹義的文學批評（廣義的文學批評還包括理論批評和文學史）。這有別於文學欣賞，「當我們不能『欣賞』的時候，我們就開始了『批評』。……『批評』基本上是一種受了挫折的『欣賞』的渴望。這種『挫折』或許來自於作品本身的不值得去『欣賞』；或者來自於讀者的未能在作品引導之下，進入作者精神的堂奧。批評的寫作者，只有透過自已的能夠『欣賞』才能在他的批評中幫助讀者克服他們的未能『欣賞』；只有透過他自已的極高的『欣賞』能力，才能在『欣賞』的經驗之中，發覺作者的創作精神所未能超越或突破的障蔽，而能指明作品的缺失。但是這一切的所作所爲，都應該基於『欣賞』，也爲了『欣賞』。」（同上，頁六三—六四）不論文學批評和文學欣賞是否可以這樣截然劃分（像王建元就曾指斥這種劃分沒有什麼道理（見註一所引賴澤涵書，頁一一一—一一三）。此外，開頭那兩句話也很費解），我們都不能忽略文學批評在柯慶明論述中的特殊地位。

註三三　見柯慶明，《境界的探求》（臺北，聯經，一九八四年三月），頁一一一—一一二。

註三四　同上，頁二七。

註三五　同上，頁二六—二七。

註三六　同上，頁二八。

註三七　見康德（Kant），《判斷力批判》（宗白華、韋卓民譯，臺北，滄浪，一九八六年九月），上册，頁一七二。

註三八　柯慶明說：「這些藝術，就既存的作品看來，它們結構媒材的目的約可分爲三類：一是模擬對象，例如繪畫的寫生、舞蹈的模仿禽鳥等狀；二是表現情感，例如通常所謂的哀歌喜舞，頌曲靈樂等；三是純粹形式美感的追求，例如抽象畫以及表現抽象樂念的音樂等。這三類藝術結構的目的，在文學的語言構作裏自然都是存在的：詩歌或駢文的講求對仗叶律，自然是純粹形式美感之追求的結果；使用意象、比喻或者描寫具體情境，當然是一種模擬對象的努力；文學的抒情性質，更往往是我們據以區分，特別在散

文的場合，文學與非文學的根據。」（同註一〇，頁二一）

註三九　同上，頁三—四。

註四〇　同上，頁四。

註四一　同上，頁五。

註四二　這跟第三節所說的並沒有衝突。柯慶明以「生命意識」的有無，來區分文學和其他語言作品，這是就同爲語言成品必要的考慮。但是最後還得通過各類別藝術的考驗，才允許文學特立獨行。因此，藝術各類別的理論分判，就成了他定義文學的「最後」依據（雖然他仍以「生命意識」作爲文學的內涵）。

註四三　同註一〇，頁二二。

註四四　人類任何一項「作爲」，不全出於自覺，那潛在的個人欲念和歷史文化及社會環境等，也在對它起作用。參見沈清松，〈解釋、理解、批判——詮釋學方法的原理及其應用〉，收於臺大哲學系主編，《當代西方哲學與方法論》（臺北，東大，一九八八年三月），頁三〇—三一。

註四五　李正治稱它爲「以生命意識爲中心的文學理論」（見李正治，〈四十年來文學研究理論之探討〉，刊於《文訊》第七十九期，一九九二年五月一日），頁八），頗能概括此一理論的旨意。此一理論比起「以情感爲中心的文學理論」、「以情性爲中心的文學理論」等既有的理論要具體而能使人信服。

※本文作者**周慶華**講師兼任於淡江大學中文系